个人成功论

李晓明　著

中国财富出版社

图书在版编目（CIP）数据

个人成功论／李晓明著．—北京：中国财富出版社，2013.6
ISBN 978－7－5047－4684－9

Ⅰ.①个… Ⅱ.①李… Ⅲ.①成功心理 Ⅳ.①B848.4

中国版本图书馆 CIP 数据核字（2013）第094119号

策划编辑 寇俊玲　**责任印制** 何崇杭　王　洁
责任编辑 曹保利　彭佳逸　**责任校对** 杨小静

出版发行 中国财富出版社（原中国物资出版社）
社　　址 北京市丰台区南四环西路188号5区20楼　**邮政编码** 100070
电　　话 010－52227568（发行部）　010－52227588 转307（总编室）
010－68589540（读者服务部）　010－52227588 转305（质检部）
网　　址 http：//www.cfpress.com.cn
经　　销 新华书店
印　　刷 北京京都六环印刷厂
书　　号 ISBN 978－7－5047－4684－9/B·0356
开　　本 710mm×1000mm　1/16　**版　　次** 2013年6月第1版
印　　张 18.75　**印　　次** 2013年6月第1次印刷
字　　数 317千字　**定　　价** 48.00元

作者简介

李晓明，1969 年 8 月出生，湖南省沅江市人。天津大学管理学博士，“系统成功学”理论创立者。曾经先后在企业、政府、高校工作多年，现为苏州大学商学院教师。

李晓明博士是对“成功”理论保持长期密切关注，并对“成功”问题进行了系统研究的国内学者。在他长达20 多年不间断的知识积累与理论研究过程中，他以锲而不舍的执着精神、严谨治学的为学态度、求真务实的研究作风，对“成功”问题进行了深入、系统的研究，并最终创立了自己独具特色的“系统成功学”理论体系。

他对有关“成功”问题的理论研究成果即“系统成功学”理论，主要体现在其先后出版的三部理论专著之中。这三部理论专著分别为：

1. 《人的基本需求与自我成长》；
2. 《个人成功论》；
3. 《系统成功学导论》。

在这三部有关“成功”理论的研究专著中，作者全面而系统地论述了他所提出的“系统成功理论”思想。上述三部理论专著既相互独立，并自成体系；同时又相互联系、相互补充、相互衔接。它们组合起来，构成了一个完整的个人成功学理论体系。

系统的个人成功理论必须全面回答如下三个基本理论问题：

1. 成功为了什么？
2. 成功是什么？
3. 怎样获得成功？

以上三个问题，实际上构成了系统的个人成功理论的基本内容。《个人成功论》是作者有关“成功”研究理论的成果之一，即其“系统成功学”理论专著的第二部。本书着力于解决系统的个人成功理论的第二个基本理论问题——“成功是什么？”

前言
PREFACE

一

任何存在的生命都有其自身需要，完全没有任何需要的生命是不存在的，也不可能存在。生命存在的过程，也就是生命体不断寻求自身需要满足的过程。生命体的需要能否得到有效满足，直接关乎生命能否存在以及生命存在的质量与状况如何。因此，对于生命体来讲，需要满足与生命存在，是一个问题的两个方面。

作为一类特殊的生命存在物，人的需要具有其自身的特殊性。相对于其他生命来说，人的需要具有两个基本特点：一是人的需要的无限性。或者说，人是一类充满无限欲望的特殊动物。二是人的需要的自我调节性。或者说，人是一类能够有目的、有选择地满足自身欲望的，并且具有高等智能、主观能动性和意识能力的特殊动物。正是人的需要的特殊性，决定了人的存在必然会不同于其他生命的存在。

然而，无论处于何种存在状态，人的现实存在都必然要遵循人的本然存在内在基本规律。人的本然存在内在基本规律集中体现为人会追求自我的持续成长。人的本然存在内在基本规律，也就是人的自我成长内在基本规律。

人的自我成长的内在基本趋向就是要形成一个健康的自我，而人的需要的有效满足是实现自我健康成长的根本途径。事实上，需要满足与健康自我形成之间存在着确定性的内在因果关系。一方面，需要满足是健康自我形成的基础与前提。正常情况下，个人最想要的往往也是对自己最有益的。人的需要包括基本需求与欲望两个基本层次。其中，基本需求是人的需要的内在依据，而欲望是人的需要的外在表现。由于人的基本需求为人所必需，因而，基本需求的有效满足最能促进自我的健康成长。实际上，任何一次基本需求的有效满足都是一次促进自我健康成长的良好机会。另一方面，自我的健康成长反过来也会影响个人需要的满足——它能为个人需要的满足创造良好的内在条件。总之，致力于寻求自身需要的合理而有效的满足以形成一个健康的自我，既是人的自我成长内在基本趋向，同时，也是人性的内在基本诉求。

因此，需要是人类所有生命活动的内在根本动力。为了获取自身需要的满足，人会有意识地确立自己的目标、坚持自己的目标，并且致力于最终实现自己的目标。目标确立的过程，是一个围绕着自身需要满足而在自我主导下的复杂的自我决策的过程；目标坚持的过程，是一个对自我进行有效管理的复杂的自我完善的过程；而目标的实现不仅意味着个人实现了自身需要满足的目的，而且还将会对个人的自我成长产生积极而有意义的促进作用。正是在为追求自身需要的合理而有效满足而不断地确立目标、坚持目标，并且最终实现目标的过程中，个人成功地实现了自我存在、成功地获取了自我幸福、成功地完成了自我实现。

二

完整的个人成功理论必须全面而系统地回答以下三个基本问题：

1. 成功为了什么？
2. 成功是什么？
3. 怎样获得成功？

以上三个问题，实际上构成了系统的个人成功理论的基本内容。本书主要着力于解决个人成功理论的第二个基本问题：成功是什么。

成功是什么？这是任何一个希望获取成功的正常人都必须要首先搞清楚的一个基本问题。同时，它也是个人成功学研究的基本理论出发点。

从内涵上讲，个人成功可从两个层面来进行理解：狭义的个人成功与广义的个人成功。狭义的个人成功是指个人实现了自己想要达到的既定目标。一般意义上讲，任何成功都必然包含三个基本要素：目标确定、目标坚持、目标实现；或者说，任何成功都必然包括目标确定、目标坚持、目标实现这三个基本环节；或者说，个人获取任何成功都必须要经历目标确定、目标坚持、目标实现这三个基本步骤。因此，个人能否获得成功完全取决于个人能否在成功的这三个基本环节上都能做出成功的应对，亦即个人成功的基本要略，就在于个人必须要有明确而坚定的目标；并且必须要对目标做出执着而持久的坚持。唯有如此，个人方能实现自己想要达到的既定目标。

广义的个人成功是指个人获得了系统的成功，亦即个人获得了一个成功的人生。成功人生是指个人在自己人生的所有主要的方面：健康、家庭、事业、亲子教育都获得了成功。如果说狭义的个人成功是一种局部性的或阶段性的成功的话，那么，广义的个人成功则是一种整体性的或长期性的成功，亦即个人获得了整个人生的系统的成功。显然，一次狭义的个人成功并不必然会导致个人的整个人生的成功；然而，一系列相互联系、相互影响、相互促进的狭义的个人成功相互耦合起来，并且形成一个有机统一的整体之后，就有可能促成个人的整个人生的成功，亦即广义的个人成功建立在狭义的个人成功的基础之上。另外，由于人的需要满足具有无限性，人的自我存在、自我幸福、自我实现是一个永无止境的过程，人的自我成长也是一个永无止境的过程，这就决定了个人的成功人生也必定永无止境，亦即个人成功存在着一个成功境界的问题。

从内容上讲，个人成功的基本内容包括技术层面的成功与价值层面的成功两个方面。技术层面的个人成功理论，就是要从系统的角度来研究个人成功，从而形成个人成功的系统观。价值层面的个人成功理论，就是要从系统的角度来研究个人的整个人生的成功，从而形成系统的个人成功观。

技术层面的个人成功观是一种个人成功的系统观，亦即要对个人成功进行技术层面的系统思考。对个人成功进行技术层面的系统思考，就是要将成功的三个基本环节：目标确定、目标坚持、目标实现视为一个有机统一的整体，并对其进行系统思考。在此基础上，对它们做出系统的规划，然后采取系统的行动。

价值层面的个人成功观是一种系统的个人成功观，亦即要对个人成功进行价值层面的系统思考。系统的个人成功观包括两个方面的基本内涵：①系统的个人成功是一种成功。这就意味着，系统的个人成功必须建立在个人获取技术层面成功的基础之上，个人达到了自己预定的目标。个人只有获得技术层面的成功，他才可能实现价值层面的成功。当然，获得技术层面的成功只是实现价值层面成功的必要条件，而非充分条件。②系统的个人成功是一种基于系统意义上的成功。这就意味着，系统的个人成功不是局部性的成功，而是整体性的成功；不是单项指标意义上的成功，而是指标体系意义上的综合性的成功；不是暂时性的成功，而是整个人生的成功。总之，系统的个人成功观，也就是成功的人生观；个人追求系统的个人成功，也就是要追求一个成功的人生。

三

本书在整体结构上分为三部分，共计 6 章。三部分之间相互关联，共同构成一个有机的整体。

第一部分（第一章）研究个人成功。首先，对个人成功的基本内涵、基本要素、基本性质进行了研究。其次，对个人成功的基础进行了研究。在此基础上，提出了个人成功的基本原理。最后，对个人成功学进行了初步探究，包括成功学的理论体系、个人成功学的层次、个人成功学的基本理论问题、个人成功学的理论基础、个人成功学的研究方法。

第二部分（第二章、第三章）研究系统的个人成功。第二章在对成功理论研究成果进行梳理的基础上，提出了系统成功的基本思想。系统成功的基本思想包括成功的系统观与系统的成功观两个基本层次，它们分别对应于个人成功的两个基本层面：技术层面的成功与价值层面的成功。第三章对成功人生进行了深入研究，包括成功人生的基本内涵、成功人生的基本性质、成功人生的研究视角、成功人生的基本内容、成功人生的实现、成功人生的境界。

第三部分（第四章、第五章、第六章）分别从自我存在、自我幸福与自我实现三个视角对个人成功进行了深入研究。其中，第四章从自我存在的角度对个人成功进行了研究，包括自我存在的基本内涵、自我存在的基本层次、自我存在的价值、自我存在的需要基础、自我存在的实现。第五章从自我幸福的角度对个人成功进行了研究，包括自我幸福的基本内涵、自我幸福的价值、自我幸福的内在机制、自我幸福的障碍、自我幸福的实现。第六章从自我实现的角度对个人成功进行了研究，包括自我实现的基本内涵、自我实现的内在机理、自我实现的基本途径、自我实现的境界。

李晓明

2013 年 2 月

目 录
CONTENTS

第一章　个人成功概论

第一节　什么是个人成功

什么是个人成功？这是任何一个希望获得成功的正常人都必须要首先搞清楚的一个基本问题。同时，这也是个人成功学研究的基本理论出发点。

一、成功的基本内涵

个人成功的基本内涵可从狭义与广义两个层次来理解。

（一）狭义的成功

狭义的成功是指个人实现了自己想要达到的某一既定目标，如，一个人想当一名教师，经过自己的努力，结果他当上了，那么，我们就可以说他已经取得了成功。狭义的成功意指个人实现了自己预定的某一具体目标，它所能带给个人的利益只是局部性的或阶段性的，因而，它对改善个人未来生活的作用是有限的，并且常常带有某种不确定性。

（二）广义的成功

广义的成功是指系统的个人成功，亦即个人获得了整个人生的成功。成功的人生是指个人在自己人生的所有主要方面：健康、家庭、事业、亲子教育都获得了成功。如果说狭义的成功是一种局部性的或阶段性的成功的话，那么，广义的成功就是一种整体性的或长期性的成功，亦即个人获得了整个人生的系统的成功。显然，一次狭义的成功并不会导致个人的人生成功，但是，一系列相互联系、相互影响的狭义的成功耦合起来，并且形成一个有机统一的整体之后，就有可能促成个人的整个人生的成功。

二、成功的基本要素

成功就是个人实现了自己想要达到的既定目标。从成功的定义可知，任何成功都包含三个基本要素：目标确定、目标坚持、目标实现。

个人能否取得成功，完全取决于个人能否在成功的三个基本环节上都能做出成功的应对。亦即个人成功的基本要略在于个人必须要有明确而坚定的目标，并且要对目标做出执着而持久的坚持。唯有如此，个人才有希望实现自己想要的既定目标（如图1－1所示）。

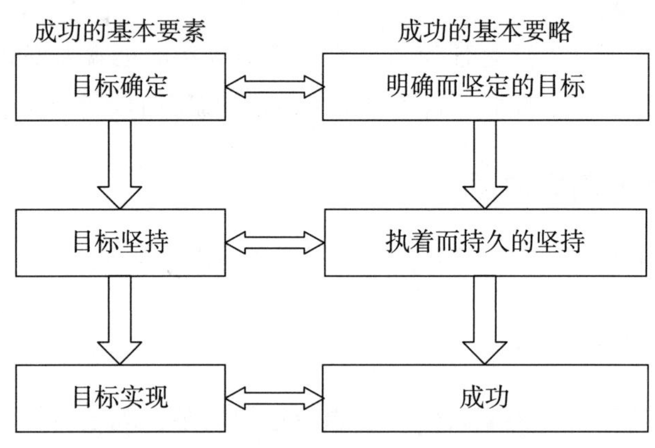

图1－1　成功的基本要素与基本要略

三、成功的基本性质

正确把握成功的基本性质，对于个人成功至关重要。总结起来，成功具有以下基本性质：

（1）成功是人的一种内在基本诉求。成功是人性的基本诉求，也是自我成长的内在根本动力。显然，每一个正常人都渴望成功，每一个正常人都希望自己能够拥有一个成功的人生。当然，这种成功必须是一种自我导向、自我选择意义上的成功，而不是一种屈从于内外压力下的所谓成功。

（2）成功既是一门科学也是一种能力。老子曰：“形而上谓之道，形而下谓之术。”成功既是一种“道”，同时又是一种“术”。成功为什么？成功是什么？怎样成功？这些有关成功的关键问题，就是既包含成功之“道”又包含成功之“术”的一些基本理论问题。个人只有弄清了成功理论的这些基本问题，才可能获得系统的成功。实际上，搞清楚这些有关成功的基本理论问题，也就是在提高个人获取成功的基本能力。正因为不同的人在获取成功的能力方面存在差异，才导致了个人在成功结果上的差异。

（3）成功是多种因素综合作用的结果。影响个人成功的因素包括内在的自我因素与外在的环境因素。为了获取成功，个人必须综合考虑这两类因素，亦即个人成功是在综合考虑并且成功应对这两类因素之后的一种必然结果。有时，面对某一些目标，个人需要特别强调某一类因素的影响与作用，但这并不意味着可以忽视或否认其他因素的影响与作用。

（4）成功既是一个过程也是一种境界。成功是过程与结果的内在有机统一。事实上，过程本身有时也可作为目标。如个人可将爬上山顶作为目标，也可将爬山的过程作为目标。此时，能否爬上山顶并不十分重要，重要的是经过爬山的过程之后，个人达到了锻炼身体的目的。成功具有阶段性。成功的阶段性具体体现为，在人生的不同时期或自我成长的不同阶段，个人所追求的目标以及实现目标的方式存在很大的差异。成功的阶段性决定了个人成功必然存在一定的境界。首先，成功的目标具有一定的层次性，一个大目标往往同时包含许多小目标，各小目标的实现是对大目标的一种渐次逼近。实现人生的总目标是一种成功，实现不同阶段的小目标也是一种成功，只不过成功的境界不同而已。其次，成功没有最好，只有更好。个人永远都可以更成功，个人的成功人生永无止境。

（5）成功既是一种追求也是一项修炼。成功意味着个人必须不断地调整自我，以便自己能够适应不断变化的外部环境，并在此基础上，去努力实现自己想要达到的既定目标。成功人生实质上是一个不断完善自我的过程。只有能够为着一个长远目标而不断自我完善的人，才可能成为一个成功的人。正因为个人确立了自己想要的目标，才使得个人的注意力能够保持高度集中，并在目标坚持的过程中持续地完善自我，从而促进了自我潜能的充分发展与有效发挥，并最终促成了健康自我的形成。成功是自我实现的基本方式。正因为个人不断地选择、确立，并实现自己的目标，才能彰显个人的存在价值与生命意义。

（6）成功培训是一项促进个人健康成长与自我实现的教育。正因为成功是人性的内在基本诉求，所以，成功培训一直以来都受到人们的普遍关注。理论上，成功培训应该着眼于促进个人的健康自我形成与自我实现。然而，现实情况并非完全如此。许多成功培训机构由于受商业利益的驱动而背离了成功教育的基本宗旨。绝大部分成功学培训缺乏成功之“魂”，更谈不上终极关怀。许多成功学培训课程商业气息过于浓烈，功利动机过于明显。如，有的成功培训课程鼓励人们为了成功而投机取巧、急功近利，甚至诱导或倡导人们为了达到目的而不择手段，教导学员如何去突破法律、道德、伦理的底线，努力做到“厚”与“黑”等。有些成功学“大师”甚至认为“市场经济没有任何道德和规则可言”。他们声称自己善于学习，有的甚至扬言自己一年要读500本书。显然，对于一个商务缠身的人来说，这是一项不可能完成的艰巨任务。他们深谙授课艺术，善于激励与表演；善于从听众状态出发调动听众的情绪，并营造良好的课堂气氛；善于通过发问、举例等来设置悬念以提高演讲的现场效果等。事实上，这些所谓的“大师”只不过是营销高手。他们的成功与其说是教育的成功，还不如说是商业的成功。也正因为如此，以至于现在社会上一提到成功学，许多人就会把它同“传销”联系起来。

第二节　个人成功的基础

个人成功需要具备一定的内外条件。在影响个人成功的所有内外因素中，以下三类因素最为关键：经济基础、社会基础与自我成长。它们是个人成功的基础。其中，尤以经济基础最为重要，从很大程度上讲，个人的社会地位与自我成长也是由个人的经济基础所决定的。

一、经济基础

在影响个人成功的所有因素中，经济因素居于最基础性的地位。事实上，拥有财富并过上富足的生活，不仅是个人最强烈的内心愿望，同时也是个人所追求的最重要目标。然而，长期以来，我们似乎在刻意回避这一问题，有时甚至还将金钱置于与“仁义”“诚信”等相对立的位置。几千年以来，我们信奉“勤于教子，耻于经商”“君子不言利”等。这种轻商薄利的主流文化意识形态严重阻碍了人们对个人财富的创造与追求，也严重妨碍了个人成功。理论研究与客观现实反复证明，经济基础是个人成功的必要条件，经济基础对于个人成功至关重要。

（一）经济基础是确保自我存在的基本前提

个人成功本质上都是为了确保自我存在，并且不断改善自我存在状态。为此，个人必须首先具备一定的经济基础。人生最迫切的任务就是确保自我生存，并在此基础上追求自我幸福与自我实现。人类创造出越来越多的物质产品，发明出越来越好的医疗技术，创造出越来越好的生活环境等，无不着眼于改善人类自身的存在状态。人类的一切消费性活动、生产性活动与娱乐性活动，都是为了确保人的自我存在，并且不断改善人的自我存在状况。实际上，人的各类活动都直接或间接地服务于人的存在需要。个人所追求的许多具体目标，如美食、华服、豪宅等，其背后也无不隐匿着一个根本性的共同目标：致力于维持自我存在并改善自我存在状态。也正因为如此，这些具体目标对于个人来说才具有真正的现实意义。

（二）个人幸福离不开一定的经济基础

足够的财富意味着个人能够支付得起生活所需，能够进行娱乐消费，能够获得一种心理上的安全感等。一般来说，经济状况越好的人越有条件获得幸福。事实上，金钱最易让人失去自尊，有时甚至还让人被迫做出一些违心之事。尤其是当个人尚处于生存状态时，经济收入几乎意味着一切。此时，经济状况的改善能够极大地提高个人的幸福度。

当然，个人为了自我幸福而努力改善自我经济状况并不意味着纯粹的物质崇拜。事实上，纯粹的物质崇拜是一种人格上的不健全。较之于一般正常人，物质崇拜者情绪往往更不稳定（如更易动怒），自我健康状况往往更差。由于他们误认为个人的社会地位完全决定于个人财富，因此，他们将自己的全部精力都用于攫取更多的个人财富。他们常常喜欢在财富上跟人攀比，并且因过于看重物质利益而忽视正常的情感，最终将导致自己精神上极度孤寂，心理上严重缺乏安全感。为了填补内心的孤寂，他们常常自我放纵；为了寻求心理上的安全感，他们又会致力于获得更多财富。然而，财富并不能真正解除个人的内心孤寂，也无法提供心理上的安全感。相反，他们所拥有的财富越多，就越会害怕失去已有的财富，并将因此而被迫一直生活于怀疑与恐惧之中，其内心将会感到越来越孤寂，越来越缺乏安全感。这反过来又会促使他们去追求更多的个人财富，最终形成一种恶性循环。

大量实证研究表明，财富并不能用作衡量个人幸福的绝对标准，人们的幸福程度也并不必然会随财富的增加而提高。在大多数国家，收入和幸福之间的相关度其实很低。只有当人们尚处于生存状态时，收入的增加才会极大地增进个人幸福。

（三）个人的自我实现必须借助于一定的物质手段

人性的发展建立在一定的物质生活基础之上，物质生活条件从根本上决定着个人发展的基本方向。借助于物质财富，个人不仅可以满足自我需要，而且还可借此实现自己的许多内心愿望。此外，财富创造本身也可成为个人实现自我的方式。当然，个人在创造财富时，必须始终意识到，财富只具工具性价值，而不具终极性价值。个人在充分发挥自我才能以创造更多财富的同时，必须确保自己始终不会受制于财富。

个人的自我实现以个人自我人格的独立与自由为基本前提，而要实现自我人格的独立与自由，个人必须首先具备一定的经济基础。一方面，个人只有获得经济上的独立，才可能获得人格上的独立。另一方面，个人只有具备基本的经济条件，才可能获得人身上的自由。所谓个人自由，就是在不妨碍他人自由的前提下做自己喜欢做的事，过自己想要的生活。显然，个人要想做自己想做的事，过自己想要的生活，就必须首先具备一定的经济基础。更好的物质基础往往意味着个人可以获得更大的自由。

总之，一定的经济基础不仅是自我存在的基本前提，而且也是自我幸福与自我实现的基本条件。只有当个人具备了一定的物质条件之后，他才有可能获得基本需求的有效满足，并且具备一定的条件去做自己喜欢做的事，过自己想要的生活。事实上，个人在财富创造与财富积累上的成功，不仅能为个人的成功人生奠定坚实的物质基础，而且财富创造与财富积累本身也是人生成功的重要体现。

二、社会基础

个人成功不仅需要具备一定的经济基础，而且还需要具备一定的社会基础。社会基础的形成并非完全由自我决定。萨特对“人”的存在曾经有过形象的描述：“它存在，因为它在它并没有选择过的条件下显现——它存在，因为它被‘抛入’一个世界之中，弃置于一种‘处境’之中——它存在，因为在它自身中有某种它并不是其基础的东西：它得面对世界的在场。”这充分说明，人的存在并非完全由自我决定。显然，个人无法选择自己出生于什么样的家庭、国家或社会。同时，个人面临既定的社会基础也并非完全无能为力，个人仍然可以通过自己后天的努力来构建、维持、调整并优化自己的社会网络关系。个人致力于构建、维持、调整并优化自己的社会网络关系的过程，也就是个人的社会化成长的过程。

个人的社会化成长过程是一个自我全面、协调而持续发展的过程。当然，历史在演变，社会在发展，人的社会化成长的内涵也在发生变化。但不管怎样变化，致力于获取更高的社会地位，致力于建立良好的社会性人际关系，都是每一个正常人永恒不变的追求。

（一）社会基础的实质

个人成功是一个自我决定、自我导向的过程。强调个人的独立自主与个性自由，并不意味着个人的生命存在是一种完全孤立的存在。相反，人与人之间相互依存，任何人的存在与成长都离不开外在的社会支持。人的存在本质上是一种社会性的存在，社会性是人的本质属性之一。个人的生命价值存在于并且实现于他与别人所结成的各种社会关系之中，个人的生命意义也必须复归于他与别人所结成的各种社会关系才能最终得以体现，脱离了社会关系的纯粹的人生意义是完全不存在的。因此，个人必须首先通过社会化学习以适应社会才可能求得自身的存在与成长。人的主要社会活动就是要建立、维持、调整并完善自己的各种社会关系。人的社会交往活动的形式多种多样，有时是以个体的形式进行，有时是以群体的形式进行；有时是直接建立或改变某种社会关系，有时是为建立或改变某种社会关系创造条件。个人与他人之间进行社会交往的主要目的，就是要建立更加适合自我存在的各种社会关系，同时摆脱不利于自我存在的各种社会关系。个人正是通过自己与他人的社会交往活动才最终实现自我的社会存在的。

为了确保自我的社会存在，个人必须尽可能地多了解与理解他人，并且充分地接纳与欣赏他人。因为个人生命力的表达需要其他生命的承受与容纳，个人的生命价值也只能体现于他与其他生命的有序交流与相互合作之中。一定意义上讲，个人的生命意义与自我幸福就在于能否融自我于他人的生活之中。个人越能更好地做到这一点，个人的生命价值就越能得到更大限度的体现，个人的自我个性就越能得到更充分的发展，个人为社会所做出的贡献也就会越大。否则，个人不仅无法正常地发展自我，甚至还可能遏制或毁灭自我。如，尼采喜欢独处，并力图摆脱社会对自己的干扰，他曾表示："作为一个哲学家，我必须摆脱职业、女人、孩子、祖国、信仰等而获得自由。"正因为他逆人性而为，才最终导致自己走上了绝路。

（二）社会基础的本质特征及其进化心理学解释

社会地位与等级现象是社会基础的本质特征。社会地位与等级现象揭示了人类进化的最根本问题——适应性。

在远古时期，人类过着群居生活。当时，人们所获取的生活资源很少，各成员之间的生活水平也非常接近。为了求得自身的生存，个体之间必然会经常发生激烈冲突。对于任何个体而言，如果每次都拼个你死我活将是十分愚蠢的策略：失败者会受到伤害，甚至死去；而胜利者也会受伤。如果冲突双方一开始就知道孰强孰弱，就不必在争斗上枉费代价。于是，一种地位与等级的社会结构安排便应运而生了。这一结构的形成源于人类进化所形成的某种适应性心理机制——地位追求模块。

心理模块是人类在进化过程中所形成的一种旨在解决适应性问题的心理机制。某种心理模块之所以能够进化出来，是因为它能够解决与生存与繁殖相关的适应性问题。在恶劣的自然环境下，人类祖先面临着巨大的生存与繁衍的选择压力，于是，人类慢慢进化出了"地位追求"心理模块——个人尽力争取获得较高的社会地位与等级，以便能够占有更多稀缺的生存资源，并获得更多的繁殖机会。对于女性而言，无论其社会地位如何，只要具有生育能力，通常都能获得繁殖机会。男性则不然。如果某些男性占有超出平均份额的繁殖资源，就必然会导致部分男性失去繁殖机会。

进化心理学研究表明，男性通常偏好那些具有高繁殖能力的女性。在男性眼里，年轻和性魅力是女性繁殖价值的两大主要指标。尽管所有男性在择偶时都看重这一点，但只有那些社会地位较高的男性才可能真正实现这一点。如古代国王、皇帝或君主的后宫中就聚集着大量年轻漂亮的女性。现代社会中，尽管许多国家的法律都明文规定一夫一妻，但实际上，地位较高的男性仍然能够通过各种方式（如婚外情等）占据更多具有高繁殖价值的女性。相关研究表明，一方面，男性的社会地位与妻子的性魅力高度正相关——地位高的男性，其妻子的性魅力通常也高。另一方面，女性也只青睐那些占据较高社会地位的男性。投资理论认为，女性在生育和哺乳后代过程中独自获取食物与保护后代的能力在减弱，这就必然导致她们会自然而然地倾向于选择那些能够提供足够食物与保护能力的男性作为自己的配偶。研究发现，在一夫多妻制的社会里，一个女子宁可同其他女性共侍一夫（地位高、占有资源多的男性），也不愿意和一个地位低、占有资源少的男子结婚。

自然选择还设计出了许多其他心理机制来适应这种与社会地位与等级的变化，如人类的情绪变化就是一种适应性反应。当社会地位提高时，人的情绪也会变得更加积极，并且其助人性的行为也会增多。如比赛中的获胜者往往情绪更好，并能表现出“胜利者的友好姿态”。这种行为实际上是为了化解失败者的嫉妒情绪，以便让失败者能够获得某种微妙的心理平衡，这实质上是胜利者所采取的一种适应性策略。反之，地位下降将引发人的许多消极情绪（如社会性焦虑、羞愧、愤怒、嫉妒和沮丧等）。潜在的后果对地位的影响越大，消极情绪的强度就会表现得越大。这些消极情绪同样具有适应性功能，它们能激发个人采取适应性的应激反应。社会地位追求模块在人类心理功能的其他方面也发挥着重要作用，如人们的社会性推理就受到社会地位的影响。在社会生活中，个体往往会采取欺骗的策略来增加自己占有资源的机会。研究发现，人们对“欺骗者”的记忆往往比其他人更深。如果欺骗者的社会地位较低，这种记忆偏差会表现得十分明显；而如果欺骗者的社会地位较高，这种记忆偏差通常就会较小。

人的适应性心理机制存在着确定的生物学与生理学基础。在漫长的自然进化过程中，人类早就进化出了一套适应社会地位变化的内在生理机制。研究发现，人的某些激素水平与生理特质同人的地位与等级密切相关。如社会地位的改变会导致人的睾丸激素水平的变化。在许多动物中，睾丸激素水平与其支配地位直接相关。尽管人类的睾丸激素与支配地位之间的关系并不像动物那样表现得直接而明显，但是，睾丸激素水平确实与社会地位之间存在着密切关系，这一点在男性身上表现得尤为明显。睾丸激素水平较高的男性通常会表现出更多的支配性行为，这实际上有助于提升其社会地位；而社会地位的提升反过来又会提高人的睾丸激素水平。此外，人的大脑中还存在着另外一种同社会地位的变化密切相关的化学物质——5-羟色胺。5-羟色胺含量的增加有助于提高人的亲社会行为与合作行为，从而有益于提升自己的社会地位。实验研究发现，选择性5-羟色胺再吸收抑制剂能有效改变个人的社会表现，进而促成其社会地位的变化。

总之，追求更高的社会地位与等级是人类的普遍动机。正是这一动机的存在促使个人去努力追求更高的社会地位与等级。因为更高的社会地位与等级意味着个人可以占有更多、更好的社会资源，从而为个人成功创造更好的条件。

三、自我成长

自我成长是个人成功的内在基本条件，个人成功所必备的许多良好素质都是在自我成长的过程中形成的。由于自我成长内在基本趋向是形成一个健康的自我，而健康自我的形成又以基本需求满足为基本前提，因此，基本需求满足对于个人良好素质的形成具有决定性的影响。以下就是基于基本需求满足所形成的并为个人成功所必备的一些自我良好素质。

（一）健康

健康是个人成功的第一良好素质。人的自我成长内在基本趋向就是要形成一个健康的自我。广义地讲，个人在自我成长过程中所形成的所有有利于自我成功的良好素质，都是健康自我形成以后的一种必然结果，或者说，都是自我健康的一种外在表现。自我健康包括身体健康与心理健康两个方面。无论身体健康还是心理健康，都必须建立在基本需求的有效满足的基础之上。

（二）安全感

足够的安全感是个人成功所必备的另一良好素质。安全感的获得是个人安全基本需求长期得到有效满足之后的一种必然结果。特别是当个人尚处于自我成长外部主导期时，安全基本需求的有效满足对于个人长大成人以后自我安全感的建立至关重要。一般情况下，一个具有足够安全感的人通常也是一个敢于尝试的勇敢的人。勇敢并不意味着个人没有任何害怕情绪，而是尽管个人心存害怕，但仍然敢于面对、敢于承担，并且敢于尝试。如果个人在自我内心深处总是存在着某种自然而稳定的安全感，那么，他就更有可能深刻地理解、坦然地接受并且充分地接纳他人，同时，也更有可能充分尊重并且欣赏他人的独特存在价值。一个内心深处总是充满着安全感的正常人，其自我调节能力也会更好，并且极少担心失去自我。这使得他在社会化的人际交往过程中更有可能与他人维持某种自然而良性的互动关系——他不会强求他人总与自己保持一致，更不会擅自干涉别人独立自主地发展自我的自由。相反，如果个人缺乏最基本的安全感，他就可能难以深刻理解、坦然接受并且充分接纳他人，更难以充分认识到他人的独特存在价值。一个内心深处总是缺乏安全感的人，其自我调节能力也往往较差，并且难以保持自我人格的独立。这将使得他在社会化的人际交往中难以与他人维持某种自然而良性的互动关系——他可能总是希望别人能与自己保持一致，并且常常有意无意地干涉他人独立自主地发展自我的自由。

（三）高情商

高情商是个人成功所不可或缺的一项良好素质。高情商是个人情感基本需求长期得到有效而健康满足之后的一种必然结果。高情商者往往具有较强的自我情绪管理能力，仅此一点就足以使他较低情商者更易取得成功。高情商者不仅能够正确认识并且有效管理好自己的情绪，而且还能够准确理解、充分接纳，并且共情于他人，这使得他们更容易与他人建立起助益性的人际关系。高情商者通常更加独立自主，并且更少受制于他人——他们通常不会因为别人的抑郁而气馁，不会因为别人的恐惧而害怕，不会为他人的愤怒情绪所压制，不会被他人的情感依赖所拖累，不会为他人的情绪变化所束缚……一般情况下，高情商者往往不良情绪也更少，而积极情绪会更多。研究表明，不良情绪通常会非理性地降低个人的自我效能信念，而良好的情绪往往能提高个人的自我效能信念。因而，高情商者往往也同时更具自信。

（四）自信心

个人的自信心源自个人尊严基本需求的长期而有效的满足。事实上，个人对于自我成功的坚定信念本身就能极大地促进自我成功。因为个人信念往往决定着个人会在多大程度上坚持自己的目标，以及个人愿意为自己的目标付出多大的努力。显然，为了实现自己的目标，个人首先必须相信自己能够实现这一目标，因为只有当个人确信某一目标很有价值，并且坚信自己能够实现这一目标时，他才会努力坚持这一目标，并且会在目标的坚持过程中持续地完善自我。反之，如果个人认为自己不可能实现自己的目标，那么，他要么会竭力回避这一任务，要么会尽量为自己将来的失败寻找各种理由或借口。

个人对于成功的信念并非是一种抽象而空洞的信念，而是一种具体而实在的自我效能信念。自我效能信念是指个人对自己具有能够处理某一具体任务的技能或能力的信心。这种信念通常并不是个人关于自己的基本信念，而是一种与某项特殊任务相关的具体的信念。个人的自我效能信念可以后天习得。如个人通过对达成某一目标所必需行为进行练习就有助于增强个人实现该目标的自我效能信念；个人将注意力集中于实现目标的具体步骤上而非集中于最终结果上，也能一定程度上提高个人的自我效能信念。事实上，个人对目标坚持得越持久，就越能累积起足够的自我效能感。因为每当完成某一项任务以后，个人都能从中获得某种激励；如果再辅之以积极的自我陈述、自我暗示与自我强化，则个人的自我效能感还会不断增强。当然，自我效能感本身并不能消除个人所面临的困难或问题，但是，个人对自己能力的自信将有助于个人尽快开始自己的追求，并有助于个人对目标的持续坚持，同时，也有助于个人克服或解决自己所面临的各种困难或问题。

个人的自信心与个人所取得的成功之间相互联系、相互影响、相互促进，并且互为因果。个人所取得的每一次成功都能现实地增强个人的自我效能信念，从而使得个人更有勇气、更有信心地去应对今后的更多挑战；这反过来又会促使个人去争取获得更多、更大的成功，最终将会形成一种良性循环。

（五）特有能力

个人成功很大程度上取决于个人能否充分发展并且有效发挥个人的自我

潜能。个人所具有的特有能力是个人立足于现实社会并实现自我的内在依据。个人的特有能力源自个人偏好基本需求的有效满足，或者说，个人的特有能力的形成是个人偏好充分发展的一种必然结果。一般情况下，当偏好基本需求得到有效满足时，个人的自我潜能就会在后天的社会化成长过程中形成个人兴趣，进而发展成为特有能力。事实上，“潜能—兴趣—特有能力”的发展过程，就是个人偏好基本需求的充分发展与有效满足的过程，同时，也是个人后天的社会化成长的过程。

（六）信念与价值观

个人追求成功人生的过程，也就是个人自我实现的过程。个人的自我实现以个人的自我信念与自我价值观的成功确立为基本前提，或者说，自我信念与价值观的确立是个人成功的基础。在个人走向成功的整个过程中，无论是目标的确立还是对目标的坚持，都是在自我信念与自我价值观的指导之下所进行的，自我信念与自我价值观在个人成功的每一阶段与每一环节都发挥着至关重要的作用。事实上，自我信念与自我价值观的确立不仅是个人成功的必备条件，同时也是自我健康的重要标志。

个人获取成功的过程，是一个在自我选择、自我导向下的能动过程。个人的自我信念与自我价值观往往决定着个人将会选择什么样的人生之路，并且决定着个人在通往成功人生的道路上到底能走多远。信仰的力量是无穷的。个人通常提出什么样的问题，往往就会朝着什么样的方向成长；个人通常崇尚什么，往往最终就会成为什么样的人。

第三节　个人成功的基本原理

成功包括目标确定、目标坚持与目标实现三个基本环节。相应地，个人成功的基本原理也包括目标确定原理、目标坚持原理与目标实现原理。

一、目标确定原理

确定目标实质上是个人在对自己的未来做出选择。人生就是选择。显然，一个人要想获得一个成功的人生，首先就必须学会选择。

目的性是所有自组织系统的基本性质。当然，处于不同进化层级的自组织系统，其目的性的表达方式各不相同。人是一类具有自我认识、自我调节、自我保存和自我超越能力的特殊的生命系统。作为一类具有高等智慧的特殊动物，人类与其他动物在行为性质方面存在着本质差异——动物的行为是一种本能的行为，而人类的行为是一种具有明确目的性的有意识的活动。正是这一点使得人类能够从动物界中分离出来。

（一）目标的价值

确定目标是走向成功的第一步。目标对于自我存在与自我成长意义重大。显然，个人必须首先明确自己想要干什么，然后才会有有意识、有目的的行为的发生。在人生的道路上，目标就是方向。没有目标，个人就会迷失在现实生活之中，更谈不上个人成功。

目标的确立体现了个人智慧。智慧不同于智力，聪明的人未必就是有智慧的人。许多聪明人之所以最终没有好结局，往往由于他们对成功缺乏正确理解，亦即他们在成功方面缺乏智慧。同时，个人通过确立目标也能让自己变得更有智慧。因为，个人确立目标的过程，同时也就是个人提高自我认知能力与认知水平的过程。通过确立目标，个人不仅能够明白自己的真实需要是什么，而且还能养成面向未来的思考习惯，并且提高自己认识环境与适应环境的能力。

设定目标不仅能够帮助个人明确自己的努力方向，而且还能帮助个人实现自我聚焦——聚合起成功所必需的所有内外资源。目标让人的注意力有了聚焦的方向，从而可以避免个人在时间与精力上的浪费，并且避免个人行为上的盲动。事实上，个人决定自己想要得到什么本身就能对结果产生积极影响。如果个人确立了自己明确而坚定的目标，那么，个人的行为就会变得更加积极、主动，并且富有意义。反之，如果个人不能确定自己真正想要什么，那么，个人生活就会变得没有中心，个人的行为就会表现得被动、消极，并且缺乏意义，行为的结果也会变得完全不可确知。

人的大脑具有让内在期望与外在现实趋于一致的能力。因此，个人一旦设定目标，大脑就会去主动构思实现目标的各种方案，并会自动地重塑自我与现实——积极调动各种内外资源以促成自我及周围环境向着有利于目标实现的方向发生积极而有意义的变化。明确的目标将为个人提供源源不断的精神动力。个人设定目标并且坚定自己能够达成目标的信念，实际上是在给自己以成功的积极暗示。坚定的目标意味着个人给自己下达了只许前进不许后退的指令。个人一旦确定了目标，实现目标就变成了一种自我承诺。个人的自我创造力将会因此而被慢慢地激发出来，个人的思维、情绪与行为也将因此而变得更加积极、主动。

实证研究表明，现实生活中的许多人，虽然其人生起点大致相同（如大学同班同学），但若干年后，他们的现实状况往往相距甚远，他们的最终人生境遇也会大相径庭。究其原因，乃是因为他们在目标确立上存在差异。

以人生目标为依据，可将现实生活中的人们分为如下四种基本类型：①没有目标；②目标模糊；③有清晰的短期目标；④有清晰的长期目标。研究表明，只有那些有清晰的长期目标的人才能够一直保持朝向同一方向努力的趋势，最终成为了受人仰慕的成功人士与社会的中流砥柱；那些有清晰的短期目标的人一旦实现了自己的短期目标，就会失去进一步成长的内在动力，最终，他们只能成为社会的中、上阶层人士，如，成为某一领域的专业人士等；那些目标模糊的人往往安稳而闲适地生活着，他们很难有特别的作为与成就，最终，他们将只能停留在社会的中、下阶层；而剩下的那些没有目标的人将注定会生活得很不如意。然而，恰恰是这些人最喜欢抱怨——抱怨他人、抱怨社会、抱怨这个“不肯给自己机会”的“可恶的世界”。

（二）目标的自我决定理论

虽然个人成功受到环境因素的影响，但是，从根本上讲，个人成功并不决定于环境，而是决定于自我——目标的确定完全由自我决策，而非为外界所强加；目标的坚持只能由自我来完成，而不可能由他人来完成；成功的意义只能由自我来评判，而不是由他人来评判。

自我成长是在自我导向下的成长。人是一类具有自我导向、自我成长、自我完善、自我实现能力的并且具有高等智慧的特殊动物。特别地，人具有一种自我决定的内在倾向性。人的这种自我决定内在倾向性是人最根本的行为动机。人的这种内在行为动机内源于自我潜能，外显于个人兴趣。正是这种自我决定的倾向性引导着个人去从事自己偏好的并且有益于自我潜能的充分发挥的活动。个人潜能的充分发展与有效发挥就实现于个人对于自我目标的确立、追求与实现之中，亦即实现于个人对于成功的追求过程之中。

目标的确立通常源于两类因素：内在动机与外在压力。相应地，个人就拥有了两类不同性质的目标：基于内在动机的目标（内在目标）和基于外在压力的目标（外在目标）。个人对于不同性质目标的追求将会带来完全不同的自我成长促进效果。研究显示，个人的幸福感和自我实现感与人的内在目标正相关，而与人的外在目标负相关。亦即，如果个人所追求的目标并不是基于个人内在动机的目标，那么，即使个人实现了目标，他也不可能从这种“成功”中获得深刻的幸福感与自我实现感。研究表明，这一结论具有跨文化的普遍适用性。正因为如此，我们通过对一个人的自主水平的检测，能够有效地推断出他的自我成长水平与个人幸福程度。

人的内在动机是人类本质特征的一个重要方面，它深刻地影响着人的行为、情绪、思维，最终将对人的自我形成与自我成长产生深远的影响。自我主导下的自我选择是一种基于自我内在动机的选择。研究表明，基于自我内在动机的选择通常与较高的自我创造力、更强的认知灵活性、较高的幸福感、较低的焦虑感、较好的生理与心理健康等相关联。也正因为如此，自我主导下的自我决定能够从根本上促进自我的健康成长与自我实现。

人的自我决定倾向性本质上是一种基于自我内在动机的自我形成机制，它对人的内在精神体验与外在行为表现都将产生深刻而持久的影响。个人在某一活动上的自我决定意识越强，说明行为背后的内在动机越强。特别是当基于内在动机的生活目标能给个人带来基本需求的满足效果时，个人将能从这种目标的实现中体验到一种深刻的幸福感与自我实现感，从而极大地促进自我的健康成长。

实际上，自我内在动机的充分表达与自我决定倾向性的尽情发挥是自我成长的重要前提。特别是当个人尚处于自我成长早期阶段时，自我内在动机的充分表达与自我决定倾向性的尽情发挥对于个人一生的健康成长都将起到关键性的促进作用。这主要取决于个人所受到的早期家庭教育。一般情况下，控制、冷漠型父母的养育方式倾向于促进儿童的外在动机的发展，而自主、支持、积极参与型父母的养育方式倾向于促进儿童的内在动机的发展。因此，由冷漠、控制型父母抚养的孩子长大以后更可能发展成为外在动机（如物质主义）取向者，而在良好环境下成长的孩子长大以后更可能发展成为内在动机取向者。这种现象在诸如运动、音乐等领域已经获得了明确的实证支持。

既然自我成长是在自我导向下的成长，个人成功是由自我决定下的成功，那么，认识自我就成为个人成功所必须解决的首要问题。因为个人只有深刻地认识自我，他才可能清楚自己到底想要什么，到底想要成为什么，从而确保个人能够更加合理、更加有效地自我主导。事实上，认识自我是个人成功的基本前提。个人只有在“认识自我”的过程中搞清楚自己的需要到底是什么，他才可能确立自己真正想要的目标，并为自己的人生发展找准方向。正是由于个人在对目标的持续坚持的过程中不断地完善自我，最终才能实现自我，进而实现对自我存在的持续超越。

（三）目标的决定因素

目标的确定受到多种因素的影响，其中既包括自我因素，也包括环境因素。在所有影响因素中，以下三类因素最为关键。

1. 现实需要

需要是人类活动的原动力，人类一切活动都是为了满足人类自身的某种需要。人类自由、自觉的有目的的生产劳动，归根结底都是为人类自身需要所驱动。需要迫使人类去劳动，去改造或利用客体来满足自身需要或要求。正是人类的需要推动着人类不断地向前发展。

个人的自我存在与自我成长以个人的现实需要满足为基本前提。事实上，个人一生中的所有行为都紧紧围绕着个人的自身需要而展开。正是个人的现实需要使得个人的生命活动有了明确的目的性。个人努力寻求自身需要的满足以确保自我存在与自我成长，是个人确立自我目标的最根本依据。事实上，个人的每一次成功，都包含着个人需要获得满足的具体内涵。如果从个人的整个一生来看待个人的自我存在与自我成长，那么，个人致力于寻求自身需要满足的过程，也就是个人努力寻求自我存在与自我成长的过程。同时，也是个人追求系统的个人成功的过程。

2. 自我价值观

自我价值观是个人确定目标的另一决定性因素。自我价值观或个人信仰是一个人的内在精神支柱。人怎么信仰，往往就会怎么生活；个人的自我价值观不同，个人所追求的目标也会相应地不同。个人成功的关键，就是要确立起与自我价值观高度一致的人生目标。

显然，每个人都会追求自己认为最值得追求的东西。个人认为最值得追求的东西，往往也就是个人最在乎的目标。个人最在乎的目标，也就是最契合于自我价值观的目标。当个人目标与自我价值观高度契合时，个人对目标的追求就会十分投入。研究表明，目标与个人价值观之间的耦合度越高，个人取得成功的可能性就会越大。

个人成功是过程与结果的内在统一。只有当个人目标与自我价值观高度一致时，个人才能成功地实现成功的过程与成功的结果的内在统一。个人争取成功的过程，实际上也就是个人努力实现目标与自我相匹配的过程，而只有当个人目标契合于自我价值观时，个人才可能真正实现目标与自我的完美匹配。此时，个人对目标的坚持也就是在持续地完善自我并且充分地发展自我。个人将不仅能从走向成功的过程中充分地发挥自我潜能，而且还将能从目标的实现结果中充分地体验到生命的意义感与存在的价值感。

3. 环境影响

人是环境的产物，人的一切行为必然受到环境因素的影响与制约。人的需要能否最终得到有效满足，人的自我价值观能否最终得以实现，不仅取决于个人的自我主观努力，而且还取决于环境对于人的主观努力的支持或限制情况。因此，当个人确立自己的目标时，必须充分考虑到环境因素的影响与制约。

（四）目标确定的基本原则

个人在确定自己的目标时必须遵循以下基本原则：合意性原则、合理性原则、分合原则与耦合原则。

1. 合意性原则

成功就是个人确立自己想要的目标，然后，集中自己的全部精力去实现这一目标。在人生的道路上，个人需要不断地选择和放弃。事实上，选择什么并不重要，重要的是，自己所选择必须是自己真正想要的。许多成功者之所以能在自己的领域内取得成功，就在于他们所追求的正是他们自己真正想要的。

生命的过程是一个不断选择与放弃的过程——放弃自己不想要的东西，然后，集中精力去抓住自己真正想要的东西。唯有如此，个人方可成就其成功的人生。为此，个人在规划自己的人生前，必须首先搞清楚自己到底真正想要什么，自己到底真正想要成为什么。然后，以此为依据来确立自己的目标。

只有自己真正想要的东西，才是值得个人去努力追求的东西。事实上，知道自己想要什么是个人的一个巨大进步，因为只有知道自己真正想要什么，个人才能确立起对自己真正有意义的目标。也只有这样的目标才能给个人带来持久的动力，并且实现之后才会给人带来自我实现感。因此，最好的目标一定是自我选择的，而不是被外界所强加的。这样的目标反映了个人的真正愿望，而并非是为了去满足外在的要求或期望，也不是为了向他人炫耀。个人追求这样的目标并不是因为他人觉得自己应该这么做，也不是为了所谓的外在责任感，而是因为这样的目标对自己具有真正的现实意义——目标一旦实现，将能有效改善自我存在状态，并将带给自己以生命的意义感与存在的价值感。

然而，现实情况并非完全如此。在现实生活中，许多人所追求的其实并非是自己真正想要的。这种“成功”实际上并不是个人想要的成功。毫无疑问，如果目标不是自己想要的，那么，“成功”就不能给人带来自我幸福感和自我实现感。事实上，我们不难找到这样的经历：当自己达到某一目标之后，竟然发现自己并不能从中获得预期的满足感。我们经常可以发现，许多人都在孜孜不倦地为着实现自己的某一重大“目标”（如，追求好成绩、追求高薪的工作等）而不懈努力，然而，在他们追求这些目标的过程中，他们很少能够从中体验到快乐感与意义感。究其原因，乃是由于他们所追求的并不是自己真正想要的。

选择自己真正想要的目标意义重大。首先，选择自己真正想要的目标能让自己变得更快乐。显然，对于个人来说，只有自己真正想要的才是最重要的。心理学研究表明，精神力量是快乐的一个重要来源。如果个人认为某事很重要，其精神力量就会发挥得更好，个人也就能够从中获得更多的快乐。其次，确定自己想要的目标能够消除自我内心的矛盾、困惑、焦虑、不安全感等。如果个人生活中总是充斥着许多模糊性与不确定性，那么，其内心就会萦绕着许多存在性困惑，产生许多基于不确定性的自我焦虑感与自我不安全感。合意的目标能有效化解个人的这种内心困惑、焦虑、不安全感等。事实上，选择自己想要的目标本身就回答了“我是谁?”“我要干什么?”“我为什么存在?”等一系列存在性问题。最后，合意的目标能让自我内心变得更加宁静、快乐与和谐，从而大大提高了个人成功的可能性。研究表明，能够设定自己想要的目标的个人往往会表现得更有活力、更能全身心地投入工作，工作的效率也更高。显然，这将有利于个人实现自己的目标。此外，如果个人都能选择自己想要的目标，那么，整个世界也会变得更加美好。

现实生活中，人们往往同时面临着许多可以相互替代的选择。此时，个人应该选择自己真正想要的并且真正适合自己的目标，因为只有这样的目标才是合意的目标。合意的目标意味着目标本身既体现了个人的内在需要或要求，并且契合于自我价值观，同时又能为环境所允许。也只有这样的目标，实现之后才会产生促进自我健康成长的积极效果。具体来讲，合意的目标必须符合以下基本条件：

（1）有助于个人基本需求的满足。自主确定目标，并且能够积极、主动地选择不同的手段或工具来实现自己的目标，是人类心灵存在的主要标志，同时，也是衡量人的心智水平的主要标准。个人通过各种方式寻求自我基本需求的有效满足，最能充分体现并且有效改善个人的内在心灵与自我心智。个人的内在心灵与自我心智就在那些为实现自我基本需求的有效满足的目标而采取行动，并在对达成目标的手段或工具进行选择的过程中得到了最有效的改善与最充分的体现。

（2）有助于促进健康自我的形成。健康自我的形成是自我成长的终极目标，个人寻求基本需求的有效满足，就是为了形成一个健康的自我。

（3）有助于自我存在状态的改善。人的自我成长与自我存在状态密切相关。人的自我成长并不是抽象的成长，而是一种具有具体内涵的成长。其最根本体现，就是个人的自我成长必然伴随着自我存在状态的持续改善。个人成功的基本任务之一，就是要努力改善自我存在状态。个人选择某些现实目标的最基本的理由之一，就是因为这些目标的实现能够有效地改善自我存在状态。

（4）有助于个人所面临的现实问题的解决。无论是基本需求满足、健康自我形成，还是自我存在状态改善，最终都必须具体落实到个人所面临的现实问题的解决上来，都必须具体体现于每一现实问题的具体解决之中。也只有实现之后能真正解决个人所面临的现实问题的目标，才对个人具有真正的现实意义。

2. 合理性原则

如果说目标的合意性原则强调的是目标必须是自己真正想要的，那么，目标的合理性原则强调的则是目标必须是自己真正所能要的。

合理的目标应该明确、具体、可以达成，同时，又具有一定的弹性与挑战性。首先，目标必须明确、具体，而不能模糊、抽象，否则，就不具有可操作性。明确而具体的目标是成就一切事业的基础。其次，目标必须具有一定的弹性。如“每星期学习 15 小时”这样的目标就比“星期五晚上从 8 点学习到 10 点”这样的目标更好。目标如果过于僵化，个人势必难以根据情况变化进行动态调整。而一旦无法按时完成任务，个人又会因此而产生挫败感，甚至可能导致个人放弃努力。最后，目标必须具有一定的挑战性。人生的目标必须高远，生活的目标不能太过容易实现，否则，就不足以激励自我。当然，目标的挑战性只具个体价值，而不具普遍适用价值。因为，对于某个人来说很容易的事，对于另一个人来说可能很难。

目标合理意味着目标既不能过高，也不能过低。如果目标定得过高而脱离了自己的实际能力，个人势必难以实现自己预定的目标。并将可能导致个人从希望的巅峰跌入失望的谷底，从而对自我心理造成巨大冲击。几经失败之后，个人的精神或心理就会遭受重创，并将因此而严重伤害个人的自尊心与自信心。目标定得过低，虽然目标容易实现，个人所需承受的精神压力也很小，但这样的目标完全不足以激励自我，并且即使实现，也难以让人从中体验到生活的快乐感与意义感。因此，个人应该结合自己的实际情况制订出合理的人生目标与生活目标。

确定合理的目标意味着个人必须正确地评价自己。正确地评价自己意味着个人既不能过于低估自己，也不能过于高估自己。过于低估自己的人虽然可能经常获得些意外的成功，并能因此而体验到意外成功的喜悦。但这种低估本身就是对自我的一种压抑，最终将抑制自我的发展；而过于高估自己的人将被迫长期承受永远无法达到目标的挫折感，最终将导致个人所期待的成功人生永远都只能是一种水中月、镜中花。

3. 分合原则

目标的分合原则是指个人必须对自己的目标进行分解，同时又能将分解后的目标整合成为一个有机统一的整体。这样的目标体系将既具可操作性，同时又表现出一定的层次性。

一方面，对目标进行分解意味着个人要在整体目标的框架内将整体目标逐级分解成为各级子目标。如将长期目标分解成为中期目标与短期目标；将总目标分解成为各分目标；将核心目标分解成为各支撑目标等。整体目标（长期目标或总目标等）虽然能给人以前进的方向，但整体目标本身并不具有可操作性。因此，只有将整体目标分解成为各级子目标，或者说，只有将整体目标具体落实到各级子目标上，整体目标的实现才具有可能性，个人成功也才成为可能。当然，对目标进行分解之后，在努力确保各子目标明确、具体的同时，也应使各子目标具有一定的挑战性和灵活性，并且还要确保各目标的实现方式不会仅止一种。

另一方面，分解后的目标又必须能够合并起来，亦即各目标之间要能保持相互衔接、相互关联、相互协调。显然，如果没有长期目标，也就没有中、短期目标；如果没有总目标，也就没有各分目标。短期目标或分目标等能给个人提供成功的起点，而长期目标或总目标等能确保个人在目标坚持的过程中始终不会迷失方向，并且当个人遭遇挫折或面临困境时仍能稳步前行。子目标（短期目标或分目标等）的存在除了使目标具有可操作性之外，还在于它能确保个人在整体目标没有实现以前，个人仍能体验到阶段性成功或局部性成功的快乐感与意义感，并能因此而获得某种自我效能感，从而增强个人获取进一步成功的信心。

总之，遵循目标的分合原则对于确保个人成功至关重要。如果不对整体目标进行分解，个人势必将陷入某种无法成功的困境之中。因为没有了可以很快实现的子目标，个人也就没有了行为的切入点和付诸行动的理由。那些虽然确立了自己的“目标”，但总是迟迟不见行动，或者行动起来拖拖拉拉的人，往往就在于他们正在受到这一问题的困扰。

4. 耦合原则

耦合原是一个物理学用语，意指构成某一整体性物体的各组成部件之间能够保持运动的相互协调与一致。在这里，我们借用这一词汇来表示各目标之间能够保持相互协调、相互支持、相互补充、相互促进。目标之间的相互耦合，既包括整体目标与各子目标之间的相互耦合，也包括各子目标之间的相互耦合，以及各阶段性目标之间的相互耦合等。如果能够保持目标之间的相互耦合，那么，个人追求成功的一切行为就能整合成一个有机统一的整体。这样，个人追求成功的所有行为就能形成合力，个人争取成功的努力就会显得更有效率，行为的最终结果也会表现得更好。反之，如果目标之间不能保持相互耦合，那么，个人追求成功的一切行为就无法整合成一个有机统一的整体。这时，个人追求成功的所有行为就无法形成合力，甚至还可能相互抵消，行为的整体效率就会很低，行为的最终结果也就必然会令人失望。

总之，分解后的目标必须能够保持相互耦合，亦即个人在遵循目标的分合原则的同时，还必须遵循目标的耦合原则。实证研究表明，当个人的当前目标能够与自己的人生目标保持相互耦合时，个人的努力程度往往会更高，而个人取得成功的可能性也会更大。

二、目标坚持原理

所谓成功，从技术层面上讲，就是个人确定自己的目标，并制订达成目标的计划，然后循序渐进地执行这一计划，最终实现了自己预定的目标。成功是个人专注于自己所追求的目标的结果。一旦个人确立自己的目标之后，成功就取决于个人对目标的坚持。为此，个人必须充分发挥自我意志力。事实上，即使一个天资迟钝愚鲁之人，只要他能确立自己的目标，并且锲而不舍地坚持自己的目标，最终，他也必定能够取得骄人的成就。

（一）目标坚持的实质

目标坚持，就是个人不断地调控自我，并且不断地完善自我，以确保自己能够最终实现自己预定的目标。目标坚持的实质，就是个人围绕着目标的实现而对自我进行有效的调控或管理。

自我管理是一种以目标为导向、以自我为对象、以实现自我与环境相互耦合为最终指向的系统的管理。自我管理的过程，也就是个人围绕着目标的实现而主动地对自我进行调控或管理的过程。首先，自我管理是一种目标管理，亦即自我管理的内在依据是自我所预先确立的某些具体而明确的目标。不管自我管理的目标是消除某些不良的自我思维、情绪、行为或者获得某些良好的思维、情绪、行为，还是为了提高个人绩效以达成某一特定的目标，自我管理都是从当前自我状态出发指向未来某一目标自我状态，同时努力缩小两者之间的差距。其次，自我管理的对象就是自我本身。在目标坚持过程中，个人需要不断地调整自我，如控制自己的不良情绪、思维、行为或获得良好的思维、情绪与行为。目标坚持的过程，实际上也就是个人不断完善自我的过程。正因为如此，成功的自我管理必将能够促进自我的健康成长。最后，自我管理的最终指向是要实现自我与环境的相互耦合。任何目标的实现，都必须得到外部环境的支持。个人只有实现自我与环境的相互耦合，自己所预定的目标才可能最终得以实现。也只有实现了自我与环境的相互耦合，个人的现实存在状态才能得以不断改善，从而为个人的成功人生奠定良好的基础。

自我管理是个人围绕目标的实现所进行的一种系统的管理。首先，自我管理涉及成功的整个过程。主要包括以下步骤：设定目标、制订计划、监控和评估自我行为、做出相应的自我调节、完善自我、实现目标等。其次，自我管理涉及成功的每一个环节。如当个人面对多种可能的选择时如何在认识自我的基础上为自己确定富有挑战性的目标；如何有效监控自我行为以确保自我行为与既定目标之间的相关性；如何在外在约束和激励机制缺失的前提下根据预定的标准对自我认知、情绪、行为以及外在环境进行有意识的调控；如何对自己所拥有的时间及相关资源进行合理分配以促成既定目标的最终实现等。上述任何一个问题得不到有效解决，或者说，任何一个自我管理环节出现问题，都将可能对个人成功产生严重影响。

在自我管理过程中，个人需要运用各种自我管理策略来对自己的思想、情绪、行为及所处环境进行有效调控。最常用的自我管理策略包括自我观察、自我记录、自我反思、自我评估、自我强化、自我激励、自我惩罚等。当然，各种策略的使用效果存在着较大的个体差异性。个人对自我管理策略的使用效果主要依赖于个人的自我成长水平，并受到自我经验与所受教育的影响，亦即个人的自我管理能力是后天习得的。教育、医学和工业等领域的实证研究已经证明：个人的自我管理能力具有极高的可塑性。

（二）目标坚持的意义

坚持一以贯之的目标对于个人成功至关重要。如果个人能够将自己的全部精力长期集中于某一既定的目标，那么，假以时日，他就一定能够取得连自己都感到吃惊的骄人成绩。即使个人不能完全实现自己的预定目标，他也一定能够最大限度地接近目标。

每个人都希望自己能够拥有一个成功的人生，可事实上，成功者要远远少于碌碌无为者；每个人都有自己的梦想，可事实上，真正能够实现自己梦想的人却寥寥无几。究其原因，就在于能够长期心无旁骛地坚持自己既定目标的人只有极少数。成功者与失败者的最大区别，就在于成功者能够长期坚持自己既定的目标，而失败者常常半途而废。两者的差异，本质上是个人在目标坚持意志上的差异。

个人意志是决定个人成功的一个主要因素。人的心理活动包括认知、情感与意志三个基本要素。在人的所有心理活动中，三者同时存在，并且相互联系、相互影响。研究表明，有坚定意志参与的认知与情感活动，其效率往往更高，其效果往往更好。反之，如果个人的认知或情感遭受意志的不良影响或阻碍，那么，认知或情感的效率或效果就会受到严重影响，甚至可能因此而导致认知或情感活动无法正常进行。

当个人为目标的实现而持续努力时，他实际上是在进行一场改变自我命运的旅行。人生就是由许许多多这样的旅行所构成的，美好的人生就是由许许多多这样的成功的旅行所构成的。无疑，每一次旅行都充满了挑战，而经验丰富的旅行者会在旅程开始之前就思虑周全，并且做好充分准备。然而，如果个人过于夸大自己可能遭遇的困难或挑战，也会对自己的人生旅行产生不良影响。个人如果将自我精力过多地花在臆想自己可能遭遇的困难上，势必严重消减自己奋勇向前的勇气。其实，只要个人开始自己的旅行，困难未必有自己原来想象的那样多，结果也未必有自己原来想象的那样坏。此外，个人在目标坚持过程中也并非只会遭遇困难或挑战，同是也充满着快乐感与意义感。事实上，人生的绝大部分快乐都来源于个人走向成功的目标坚持过程中，而并不主要来源于目标实现之后。美好的生活总是处于运动变化的自我形成过程之中。当个人朝向自己所确定的目标奋勇前行时，自我往往就处在最佳的形成状态之中。在走向成功的过程中，个人可能面临许多挫折，甚至还需经受一些苦难。然而，没有任何一种挫折或苦难能够成为自我放弃的理由。事实上，如果个人在艰难困苦之中仍能坚定自己的信念，仍能坚持自己既定的目标，那么，一个美好的未来、一个成功的人生是完全可以期待的。

因此，在走向成功的过程中，个人不应一味地抱怨，一味地寻找客观原因，而应认真审视自己到底有没有目标，到底有没有坚持自己的目标，以及坚持的情况究竟怎样。这才是决定个人成功的关键之所在。

（三）目标坚持的基本要略

个人能否长期坚持自己既定的目标，主要取决于以下因素。

1. 信念坚定

通常情况下，个人设定目标之后，当妨碍目标实现的障碍出现时及时应对，是正确的做法。然而，如果障碍源于消退的内在动机——自我信念，则这种做法通常就会失效。

信念是一种积极而有效的自我暗示，它能激发并调动个人的一切内在潜能来服务于自我目标的实现。显然，只有信念坚定者才可能最终实现自己的目标。在个人对自我目标的坚持过程中，坚定的信念有助于平息由困难与挫折所引发的内心冲突。尽管信念本身并不能消除内心冲突，但是，只要有坚定的信念作后盾，个人通过综合运用认知引导机制与自我防御机制等，最终总能顺利地平息这些冲突。事实上，个人一旦下定决心并且信念坚定，往往就会变得更富远见，以往的经验似乎也开始变得更有价值，原本以为不可克服的困难似乎也变得更加容易了。于是，个人努力的动机越来越强，工作也越来越轻松、高效。最终，自己坚信的东西真的一步步地变成了现实。

为了充分发挥信念的积极作用，个人可将自我信念转变成为语言——自我指令。自我指令有助于坚定自己的决心。一旦人的大脑接受语言指令，它就会在大脑中形成某种清晰的图像。而大脑分不清什么是虚幻的图像，什么是真实的现实。一旦形成了某种明确的目标图像，大脑就会自动地去构思出各种解决问题的方案，并且主动地去寻找一切机会努力将这种主观图像转化成为客观现实。

总之，坚定信念是目标坚持的第一基本要略。个人无论做什么事，只有信念坚定才会表现出高效率，并取得良好效果。因此，个人心里想什么，一定要真实；嘴上说什么，一定要三思；自己做什么，信念一定要坚定。

2. 分解目标

个人的总目标只有分解成各类子目标才具可操作性。伴随着分解后的子目标的不断实现，个人将能看到自己的努力正一步步地取得成果，自己的理想正一步步地变为现实。个人将能从这一过程中不断地体验到阶段性成功的愉悦感与自我实现感，这将有助于个人坚定争取进一步成功的信心。

当个人将总目标分解成各级子目标之后，在每一层级的子目标中，必有一个关键性的子目标。如果将各层级的关键性子目标整合起来，将能得到一条关键目标链。同时，为了确保各层级子目标的实现，个人需要完成一些相应的事项。在确保各层级关键子目标实现的所有事项中，必有一个关键性的事项。如果将各层级的关键性事项整合起来，将能得到一条关键事件链。寻找到这一导向成功的关键事件链，对于目标的实现至关重要，因为成功本身就是由这一条关键事件链所直接促成的。事实上，这一关键事件链恰好与关键目标链之间形成逆向耦合，亦即个人沿着关键事件链而展开行动时，恰好能够确保关键目标链上的各级关键子目标的顺利实现。个人循着关键事件链的所有努力，正好将自己一步一步地推向最后的成功——总目标的实现。

3. 提升能力

在目标明确的前提下，个人能否更快更好地实现目标，不仅取决于个人的努力，同时也取决于个人的能力。不同的目标需要不同的能力组合。个人偏好不同，个人所确立的目标也不同，相应地，实现目标所需具备的特有能力也会有所不同。

从根本上讲，个人能力的形成取决于个人的自我成长。特别是个人的偏好发展对于个人能力的形成起着决定性的作用。事实上，只有当自我潜能经由个人兴趣而发展成为特有能力时，个人能力才具有了实际内涵。因此，个人的自我完善必须紧紧围绕着自我潜能的充分发展与有效发挥这条主线来展开，因为个人的自我潜能的充分发展与有效发挥从根本上决定着个人的自我成长，进而决定着个人能力的形成。

总之，在目标坚持过程中，个人紧紧围绕着自己的人生定位有针对性地提升自我能力，是个人成功所必须做好的基础性工作。在坚持理想牵引与目标导向的前提下，个人努力提升自我能力，以便实现理想与能力相匹配的过程，也就是个人的自我完善的过程。同时，也是个人获取成功人生，并且最终走向自我实现的内在根本途径。

4. 方法得当

努力地工作是个人成功的基础，聪明地工作是个人成功的关键。失败有原因，成功有方法。重视达成目标的可能性与实现目标的方法，对于个人成功至关重要。

成功方法的获得既要靠自我探索，也要善于向成功者学习。在向他人学习时，应该坚持自我观察与直接向成功者寻求建议相结合的原则。此外，在条件许可的情况下，努力寻求成功理论研究者及相关专业人士的帮助也非常有益。然而，不管是通过自我观察还是通过寻求专家建议所得到的方法，都必须经过自己的理性思考与自我实践验证，而切不可机械地照搬照抄。否则，将不仅可能无益，甚至可能反而有害。一言以蔽之，只有适合自己的方法才是最好的方法。

5. 化解挫折

个人在目标坚持的过程中将不可避免地遭遇挫折。挫折可能引发自我消极情绪与内心冲突，为此，预先准备好应对挫折的方案显得十分重要。个人化解挫折的方法很多，如坚定自我信念、积极的自我暗示、积极地归因、参加体育运动与锻炼、找人倾诉、寻求心理帮助、转移注意力至自己感兴趣的事情上、短期旅行、更换环境等。除此之外，充分利用自我防御机制也能有效化解由挫折所引发的消极情绪与内心冲突。

自我防御机制是弗洛伊德提出的概念，弗洛伊德认为，防御机制是人的一种本能，是在潜意识中运作并在不自觉中发生的。弗洛伊德的女儿安娜对这一概念做了进一步发展。一般认为，所谓防御机制，就是指自我用来应付来自“本我”和“超我”压力的一些防御性的心理过程。当自我受到本我和超我的威胁而引发强烈的自我焦虑或罪恶感时，就会无意识地激活一些心理活动，并通过以某种歪曲现实的方式来缓和或消除内心的不安或痛苦，从而最终达到保护自我的目的。常见的自我防御机制包括以下几种：

（1）压抑（Repression）。压抑是指把意识中不能被超我接受的观念、情感或冲动等压抑到无意识中去，以使个体不再因此而产生焦虑、痛苦等情绪。

如，对痛苦体验或创伤性事件的选择性遗忘就是压抑的一种表现。这些观念、情感或冲动等虽不能随意回忆，但它们仍然可能通过其他心理机制的作用，并以伪装的形式表现出来。

（2）否认（Denial）。否认是指对某种痛苦的现实无意识地加以否定。如，有的人在听到亲人突然去世的消息后会对自己说："不！不可能！这不是事实！"希望借此减轻或缓解这一突如其来的不幸消息对自己所造成的巨大打击。

（3）合理化（Rationalization）。合理化是指为了掩盖失败、逃避挫折、保持内心安宁而无意识地用一些似乎合理的解释来为难以被接受的情感、行为或动机提供辩护，以使其变得可以被接受。合理化有两种不同的表现形式：一是"酸葡萄心理"，即把得不到的东西说成是不好的东西；二是"甜柠檬心理"，即在得不到葡萄而只能得到柠檬时，就说柠檬是甜的。有的父母虐待孩子，却说"不打不成器"等，这实际上是在对自己的不当行为实行合理化，希望借此以减轻自我内心的不安与冲突。

（4）抵消（Undoing）。抵消是指以象征性的行为来抵消已经发生的痛苦事件，以此达到解除自我内心焦虑的目的。人们常常在说了不吉利的话就吐口水来抵消不吉利的感觉，做了不吉利的事情就说句吉祥的话来进行抵消。如，打碎了东西，却说"岁岁（碎碎）平安！"丢了钱，却说"舍财免灾！"强迫症病人固定化的仪式性动作实际上就是为了抵消无意识中的某种痛苦体验。

（5）升华（Sublimation）。升华是指将被压抑的原始冲动或欲望用符合社会要求的某种建设性的方式表达出来。如将对于性爱的冲动升华为诗歌、绘画、音乐等艺术创造，将愤怒的冲动升华为体育运动等。

（6）幽默（Humor）。幽默是指以幽默的语言或行为来应对紧张的、悲哀的情境或表达潜意识的某种欲望或冲动（如攻击性欲望或性冲动等），因为这样做可以不必担心受到自我或超我的抵制。在人类的幽默中，许多有关性爱、死亡、攻击等话题颇受欢迎，究其原因，就在于在这些幽默的背后隐含着许多长期以来一直受到压抑的思想、感情或欲望，幽默实际上成了宣泄这些受到压抑的思想、感情或欲望的一种替代方式。

（7）移置（Displacement）。移置是无意识地将指向某一对象的情绪、意图或幻想等转移至另一对象或替代物身上，借以减轻自我内心的精神负担，并求得心理上的安宁。迁怒行为就是一种典型的移置。如一个被母亲打后的孩子转身踢倒身边的凳子，把对母亲的怒气转移到身边的物体上。此时，行为的客体虽然变了，但冲动的性质及其目的仍未变。在心理治疗中，情感的无意识移置既是移情的基础，也是反移情的基础。

（8）投射（Projection）。投射是指个体依据其需要或情绪的主观指向将自己的某些特征转移到他人身上的现象。投射实质上是个体将自己身上所存在的心理行为特征推测成在他人身上也同样存在。投射心理防御在婴儿身上常常被认为是正常的，但如果成年人仍然极度歪曲现实，则可能演变成偏执或妄想症。

（9）反向形成（Reaction Formation）。反向形成是指对内心的一种难以接受的观念或情感以相反的态度与行为表现出来。如一个有着强烈性冲动但受到长期压抑的人可能会积极参与核查淫秽制品等活动。

（10）认同（Identification）。认同是指无意识中取他人（一般是自己崇敬之人）之长归自己所有，并作为自己行为的一部分去表达，借以排解自我内心焦虑的一种适应性的心理防御机制。如没落的显贵之后常常有意无意地向他人述说自己先辈的荣耀，希望借此平衡由自己目前的窘迫境遇所产生的失衡心理。

（11）过度代偿（Overcompensation）。过度代偿是指一个真正的或幻想的躯体或心理缺陷通过代偿而得到超乎寻常的纠正。这是一个有意识的与无意识共同参与的过程。如有些残疾人为消除自我残疾的心理阴影，通过超乎寻常的努力，最终成为了一名杰出的运动员；有些口吃者努力克服自己的口吃缺陷，最终成为了一位说话流利的演说家等。

6. 形成习惯

个人在目标坚持的过程中，信念坚定、意志坚强等固然重要。然而，对于目标坚持更为重要的是要将自己对目标追求的行为转化成为一种自动化的自我反应，亦即形成自我习惯。

虽然大多数人都希望拥有更高的自我约束能力和更强的意志力，然而，自我约束能力即使最高，也必然具有一定的限度；自我意志力即使最强，也必然存在一定阈值。而自我习惯一旦形成，个人行为就能摆脱它对自我约束能力与自我意志力的依赖而演变成为一种自动化的反应。

目标坚持的过程，同时也是自我完善的过程。而自我完善的实质，就是要用良好的习惯去替代不良的习惯，同时养成更多的新的良好的习惯。“性格决定命运，习惯决定成败。”实际上，是良好习惯成就了个人的成功。一旦个人养成了良好的习惯，生活就会变得井井有条，行为就会变得更具效率，自我就会变得更加积极。反之，个人一旦放弃了自己的良好习惯，个人生活中的一切都会被打乱，成功自然也就会变得十分困难。因此，与其强化自律性，不如建立良好习惯。事实上，自律性只有在良好习惯建立之前，或在良好习惯的建立过程中，才会显示出其应有的作用与价值。

养成良好习惯的关键在于行动。因此，个人一旦确定了新习惯的内容，就应马上付诸行动。刚开始时可能并不容易，并且可能还会感到有些不适应。但是，只要能够坚持下来，大约一个月左右，一个新的行为习惯就可以初步建立起来。

三、目标实现原理

成功是过程与结果的内在统一。成功的过程就是个人确立自己的目标，并且坚持自己的目标；成功的结果就是个人成功地实现了自己预定的目标。

（一）目标实现与成功标准

在定义了什么是成功之后，接下来，成功理论需要回答两个重要问题：目标实现到底算不算成功？成功存不存在某种统一的社会性衡量标准？如果不从理论上回答这两个基本问题，我们就很容易从逻辑上陷入一种自相矛盾的窘境之中，并可能在追求成功的实践中误入歧途。比如，我们可能一方面提出“成功就是达到自己想要的既定目标”；另一方面，我们又可能会在对不同行业的许多“成功者”进行归纳总结的基础上，提出衡量个人成功的所谓“成功标准”。

显然，这种通过归纳总结所得到的所谓“成功标准”与成功的基本内涵并不具有内在的同一性。首先，提出基于社会比较意义上的所谓成功标准——实际上就是成为某一行业的所谓佼佼者——与狭义的个人成功并不是同一回事。狭义的成功就是指个人实现了自己预定的目标；而归纳所得的成功标准是指达到一流的个人成就，而并不意味着仅仅只是实现自己既定的目标，显然，两者之间并不具有内在的同一性。其次，提出基于社会比较意义上的所谓成功标准与广义的个人成功也并不是同一回事。广义的个人成功是一种系统的成功，亦即个人获得了一个成功的人生。诚然，成为某一行业的佼佼者或许也是一种成功，然而，如果个人在确定自己的目标时并没有遵循目标的合意性原则，那么，成为某一行业的佼佼者就不能说是个人已经获得了系统的成功。如现实生活中不乏所谓的佼佼者，可他们并不感到幸福，而是痛苦不堪，有的甚至自残、自杀。显然，他们的人生并不是一个成功的人生，而是一个失败的人生，尽管他们已经成为了本行业中事实上的佼佼者。总之，无论从狭义的成功角度还是从广义的成功角度，成为某一行业的所谓佼佼者都不能作为衡量个人成功的成功标准。实际上，立志于成为某一行业的所谓佼佼者，实质上是一种基于外在导向的成功，而不是一种基于自我导向的成功。追求这种方式的成功其实已经违背了自我成长的内在基本规律，也背离了个人成功的基本原则。显然，这种成功并不是我们所倡导的个人成功。

因此，只有当目标的确定遵循合意原则的前提下，目标的实现才具有真正的成功价值。个人成功本质上是一种基于合意原则下的成功，而非致力于成为基于社会比较意义上的所谓成功者。亦即成功只具个体价值，而不具社会比较意义上的群体价值。

（二）目标实现的成功价值

在目标的确定遵循合意原则的前提下，目标的实现就具有了现实意义上的成功价值，并将对个人的健康自我形成产生积极而深远的影响。

首先，目标的实现能让人体验到一种成功的快乐感与意义感，进而促进自我的健康成长。个人所实现的具体目标与个人的整体目标的关联度越高，个人从目标实现中所体验到的快乐感与意义感就会越强，目标实现对于健康自我形成的促进作用就会越大。此时，个人能从目标实现中获得一种已经确证的自我效能感和自我实现感。目标的合意性程度越高，个人从目标实现中所获得的自我效能感与自我实现感也就越强。

其次，个人的每一次目标实现都将对下一目标的实现产生积极的影响。系统的成功是由相互关联、相互协调、相互耦合的一系列局部性目标或阶段性目标所构成的一个有机统一的整体。某一具体目标的实现意味着个人已经实现了系统成功目标体系内部的某一局部性目标或阶段性目标，而正是这些众多的局部性目标或阶段性目标之间相互耦合，才共同促成了个人的整个人生目标的实现。如果个人的整体人生目标经过了科学而合理的分解，并且各层级目标之间已经实现了高度的耦合，那么，个人一旦实现了自己的某一子目标，实际上，他就已经成功地启动了走向成功的自我内在促进机制——每一次局部性目标或阶段性目标的实现不仅为下一个目标的实现提供了有利的前提，而且还将为下一个目标的实现提供现实的激励与直接的强化。于是，个人所取得的成功越多，个人就越是渴望能够获得更多的成功。

最后，个人在争取每一具体目标实现的过程中，必须不断地完善自我。正是这种基于目标导向的自我完善最终促成了个人的自我实现与自我超越。事实上，只有懂得怎样确立自己的目标，并且懂得怎样围绕着自己的目标去周密地计划自己的时间和自己所掌握的众多资源来实现自己预定目标的人，才可能不断地发展自我，不断地发挥自我天赋与自我才能，并且不断地完善自我，从而最终赢得了一个成功的人生。

总之，梦想是美好的，实现梦想之路是艰难的，而梦想实现之后的收获是巨大的。

（三）目标实现的有效利用

个人所追求的成功应该是一种系统的成功。系统的成功意味着各目标之间相互依存、相互促进、相互耦合。为此，个人必须充分挖掘每一次具体的目标实现所具有的成功价值，并且充分利用每一次目标实现对下一个目标实现所产生的强化或促进效应，以便促成系统的个人成功的最终实现。

首先，系统的个人成功是由相互耦合的局部性成功或阶段性成功所组合而成的一个成功序列，每一次局部性目标或阶段性目标的实现都将给个人带来一种成功的快乐感与意义感。个人应该充分享受这种阶段性成功或局部性成功所带给自己的快乐感与意义感，因为这才是现实生活的真谛，这才是个人生命的本质。

其次，个人应该充分利用局部性目标实现或阶段性目标实现所带来的强化效应。个人正是在这种不断获得局部性成功或阶段性成功中不断地体验到生活的美好、生命的意义与存在的价值，从而获得了持续的自我激励与自我强化。也正是在这种局部性目标实现或阶段性目标实现的过程中，个人持续地走向自我完善与自我实现，最终成就了自己的一个美好人生。

总之，个人应该在充分享受每一次局部性成功或阶段性成功所带给自己的快乐感与意义感的同时，充分利用每一次局部性目标实现或阶段性目标实现对于个人成功所产生的积极效应，并且努力促成不同局部性成功或阶段性成功之间形成一种相互依存、相互影响、相互促进的关系。事实上，各类目标之间的相互耦合程度越高，各类成功之间的相互促进效果就会越好。个人从局部性成功或阶段性成功中所体验到的自我实现感越强烈，个人从现实生活中所能体验到的幸福感就会越深刻，个人的整个人生就会越辉煌。

第四节　个人成功学

成功是人的内在基本诉求。显然，每一个正常人都渴望自己能够成功，每一个正常人都渴望自己能够拥有一个成功的人生。虽然成功问题很早就受到人们的重视，但时至今日，成功学仍然没有形成一个相对成熟的理论框架与学科体系。

一、成功学在我国的兴起

随着中国经济的快速发展与综合国力的持续上升，国人越来越重视自我成功的问题。事实上，成功已然成为人们日常生活中的一个重要议题。伴随着改革开放步伐的向前迈进，国外有关成功的书籍开始大量进入中国，相关的社会培训机构也如雨后春笋般地涌现出来，并且呈现出一片欣欣向荣的气象。总结改革开放以来成功学在我国的发展轨迹，大致可以划分为三个阶段：萌芽阶段、推广阶段与全面发展阶段。

第一阶段：萌芽期。我国成功学发展的萌芽期大约发生在20世纪80年代。80年代初，弗洛伊德、弗洛姆、马斯洛等一大批心理学名家的著作开始进入中国，并且很快形成流行之势。80年代中后期，以戴尔·卡耐基、拿破仑·希尔等为代表的个人成功学思想受到人们的普遍接受与广泛推崇，形成了成功学在我国传播与发展的第一次热潮。

成功学思想之所以能够在中国萌芽，除了追求成功是人之天性以外，还源于国人长期以来遭受到现实政治的严酷压抑，因而人们需要在心理上或精神上寻求释放或返正的客观现实。长期以来，有关“自我”“自我实现”“人性”“人道主义”等一些概念一直受到官方意识形态的排斥，甚至批判。随着改革开放以来，官方对个人自由限制的逐步放松，人们开始关注自身与自我，并且尝试着追求个人成功。

第二阶段：推广期。成功学在我国的推广期大约发生在 20 世纪 90 年代。进入 90 年代以后，成功学的相关概念开始为人们所熟知，并被广泛接受。在市场经济的大潮面前，人们开始感受到越来越大的现实压力，人们迫切希望能够充分挖掘自身潜能，以便能够适应社会经济的发展。人们越来越意识到单纯的智力并不足以确保个人成功，原本一直受到广泛推崇的智商理论开始受到人们的质疑。于是，从 1997 年开始，社会上开始陆续出现以情商（EQ）理论为代表的“商”数理论。与此同时，国外成功学理论的相关成果也被及时引入到中国来，如安东尼·罗宾提出了神经语言成功学，主张通过调节人的思维和语言达到控制人的情绪和命运的目的；罗伯特·T. 清崎的《富爸爸，穷爸爸》提出了“财商”的概念；史蒂芬·柯维的《高效能人士的 7 个习惯》《领导者准则》等著作开始对成功理论进行理性分析和理论建构等。

20 世纪 90 年代初，开放的中国市场同时出现了两个新生事物：直销和保险。直销这一营销手段和保险这一营销品种都需要大量推销员。在相关培训中，培训者开始向学员大肆灌输国外成功学理论及相关的操作技巧。接受过这些培训的人们不管以后是否从事直销和保险业务，他们都普遍接受了一些以往从未留意过的观念。1998 年，南京还专门成立了成功学培训学院。

第三阶段：全面发展期。进入 21 世纪以后，成功学在中国开始进入全面发展期。1999 年 4 月，湖北人民出版社推出了《成功》月刊，以此为标志，成功学在中国开始进入正规化发展阶段。另外，成功学开始走进大学校园。2000 年，烟台大学率先成立了大学生成功学协会。2000 年 9 月，西安交大哲学与社会学系专门开设了个人成功学选修课，受到在校大学生的热烈欢迎。在此基础上，该校还组建了成功与创业训练中心，以便能够为更多的在校大学生提供成功学培训。北京大学学生组织“新经济成才促进会”在 2001—2002 学年邀请来北大讲学的嘉宾中，就包括有关成功学方面的专家，演讲的内容包括神经语言成功学、潜能开发、应用心理学等。成功学进入大学校园与大学课堂对于成功学在中国的传播与发展产生了积极的推动作用，其影响极为深远。

二、系统成功学理论体系

任何行为主体都渴望成功，并且都会追求成功。所谓成功，就是行为主体根据自己的使命要求与主观价值判断，并在综合考虑自身能力与环境条件的基础上，通过确定目标、坚持目标，最终实现自己既定目标的过程。成功学理论通过对行为主体追求成功这一现象进行研究，旨在揭示出行为主体获取成功背后的内在基本规律。简言之，成功学就是研究行为主体追求成功的这一特殊现象及其内在基本规律的科学。

成功的行为主体包括如下两类：个人与组织。相应地，系统成功学理论体系也包括两个分支：个人成功学与组织成功学。

（一）个人成功学

个人成功学研究个人这一特殊行为主体追求成功的现象及其内在基本规律。个人成功学以个人这一特定行为主体作为研究对象，通过对个人追求成功这一特殊现象进行深入研究，最终揭示出个人成功的内在基本规律。同时，个人成功学还研究如何将这种个人成功的内在基本规律应用于个人追求成功的实践，以便能够帮助更多的个人获取更多的成功。一般情况下，人们通常所说的成功学是指个人成功学。本书的研究内容属于个人成功学范畴，而暂不涉及组织成功学。

（二）组织成功学

组织成功学研究组织这一特殊行为主体追求成功的现象及其内在基本规律。组织是相对于个人的另一类特殊的行为主体。组织成功学以组织这一特定行为主体为研究对象，通过对组织追求成功这一特殊现象进行深入研究，最终揭示出组织成功的内在基本规律。同时，组织成功学还研究如何将这种组织成功的内在基本规律应用于组织追求成功的实践，以便能够帮助更多的组织获取更多的成功。

三、个人成功学的层次

个人成功学包括技术层面的成功学与价值层面的成功学两个方面。所谓技术层面的成功学，是指从纯技术的角度研究个人如何有效地确立目标、坚持目标，最终实现自己预定的目标。所谓价值层面的成功学，是指从价值的角度研究个人成功到底为了什么、个人成功到底是什么以及个人到底怎样才能获得成功。相对于技术层面的个人成功研究，价值层面的个人成功研究更为困难、更为复杂，也必然存在更多的争议，因为它涉及个人的主观价值判断。

技术层面的成功学是一种形而下的“小的成功学”，价值层面的成功学是一种形而上的“大的成功学”。然而，无论技术层面的成功学还是价值层面的成功学，都需要以系统理论为指导，亦即都要对个人成功进行系统分析。人生是一个复杂而漫长的过程，在这一过程中，个人需要确立、坚持并且实现许多目标。为了能够实现个人的预定目标，并将所有目标耦合成为一个有机统一的整体，以便能够最终促成一个成功的人生，个人既需要技术层面的“小的成功学”的指导，也需要价值层面的“大的成功学”的指导。

（一）技术层面的成功学

技术层面的成功学是一种成功的系统观，亦即要求从系统的角度去看待成功。技术问题是一个相对简单的问题，主要涉及成功的技术方法、技术手段与技术路径等。技术层面的成功学的研究重点是个人如何有效地实现自己预定的目标，并从技术层面去探讨成功的内在基本规律。

技术层面的成功学通常采用以实证研究为主、以规范研究为辅的研究方法。其核心问题就是研究如何以更高的效率、更低的成本，并在更短的时间内去有效地实现个人预定的目标。

（二）价值层面的成功学

价值层面的成功学是一种系统的成功观，亦即要求从系统的角度去看待个人成功。相对于技术层面的成功，价值层面的成功是一个更为复杂的问题，它涉及人的本性、人的自我成长及其内在基本规律、人的需要及其满足、人的健康自我及其形成、人的自我价值体系建构及其发展，等等。价值层面的成功学的研究重点是什么才是有价值的目标，它的衡量标准是什么，以及个人应该如何设计自己的有价值的目标等。

价值层面的成功学通常采用以规范研究为主、以实证研究为辅的研究方法。其核心问题是目标的价值性及不同目标之间的耦合性。如果目标没有价值，那么，即使个人从技术层面来说已经获得了成功——实现了自己预定的目标，这种成功也不能算是一种有价值的成功；而如果各类成功之间不能实现相互耦合，那么，再多的成功也不足以促成一个成功的人生。

四、个人成功学的基本理论问题

个人成功学必须解决以下三个基本理论问题：成功为什么、成功是什么、怎样成功。

（一）成功为什么

个人成功学关于“成功为什么”理论问题的研究，解决的是行为主体——个人——人生目的及其使命的问题。只有首先回答这一问题，个人成功学才具备了进一步研究的理论基础。

（二）成功是什么

个人成功学关于“成功是什么”理论问题的研究，解决的是行为主体——个人——追求成功的实践本质的问题。搞清楚成功是什么，成功学研究就获得了一个理论上的基本出发点，进而可以确立起一个理论上的分析框架。

（三）怎样成功

个人成功学关于“怎样成功”理论问题的研究，解决的是行为主体——个人——获取成功的技术的问题。技术问题是一个“形而下”的问题，主要针对某一个（类）问题提出有针对性的具体解决方法，或为某一个（类）具体问题开发出可具操作性的实用性工具。

五、个人成功学的理论基础

成功学是一门建立在其他相关科学发展基础之上的交叉性科学，它具有边缘性、复杂性、开放性等特点。成功学是一门正处于形成之中的年轻的科学。成功学的建构必须以以下理论为基础。

（一）哲学

哲学是成功学的第一大理论基础。追求成功是个人与组织这一类特殊生命主体的一类特殊现象，而生命问题始终是哲学关注的核心问题。因此，成功——无论是个人成功还是组织成功——首先是一个哲学问题，需要进行哲学思考。如研究个人成功，就必须对人的本质、使命、存在及其存在价值等问题进行哲学思辨。

（二）系统科学

系统科学是成功学研究的最重要的理论基础。成功的行为主体是一类特殊的生命系统，而行为主体的成功本身也是一个系统问题。因此，研究行为主体的成功就必须对行为主体及其成功进行系统分析。

（三）生命科学

成功的行为主体是一类特殊的生命系统。首先，个人的自我成长本质上是一个生命的形成、发展、成熟与死亡的过程。其次，组织也是一个具有生命基本特征的类生命体，它必然也要遵循生命形成与演化的内在基本规律。因此，借鉴生命科学的研究方法与研究成果来研究个人成功或组织成功，显得十分必要。

（四）社会学

社会性是人的本质属性，而组织本身就是一个社会性群体。因此，成功学研究需要借鉴社会学研究的基本方法，并且需要吸收社会学研究的相关理论成果。

（五）管理学

成功的过程是一个行为主体自我决定、自我导向、自我控制与自我管理的过程。因而，管理学的研究方法与研究成果可为成功学研究提供必要的理论支持。

（六）行为科学

成功是行为主体的成功，或者说，成功是行为主体充分发挥自我行为的综合效能而导致的一种必然结果。从根本上讲，个人成功决定于个人的行为能力，因为个人成功是一个自我决定、自我导向、自我控制与自我管理的过程，它是个人充分发挥自我主观能动性的一种必然结果；组织是一个具有生命本质特征的“类生命体”，组织行为是组织成功的决定性因素。因此，行为科学，尤其是心理学，是成功学研究必不可少的理论依据。事实上，心理学自诞生之日起就被赋予了三项基本使命：①治疗人的精神或心理疾病；②帮助普通人生活得更丰富、更充实、更有意义；③发掘并培养具有非凡才能的人。亦即心理学自诞生之时起就肩负着帮助个人获取成功的神圣使命。至于心理学理论在组织行为领域的研究与应用，目前已然成为一种普遍现象，并且已经变得相当成熟。

六、个人成功学的研究方法

成功学研究需要采用多种研究方法，既包括规范研究法，也包括实证研究法；既包括演绎研究法，也包括归纳研究法等。理论上，成功学可以借鉴所有相关理论的研究方法来研究行为主体的成功问题。然而，个人成功学最常用的也是最基本的研究方法包括以下两类。

（一）系统分析法

对于个人成功的研究存在着两种基本思路：一种思路是把成功当作一个“物体”，先对它进行解剖、分解、放大，然后再来进行研究；另一种思路是把所有相关事物联系起来，并从整体的角度来进行研究。这两种思路其实都很重要。系统分析法就是综合运用这两种基本思路——既对成功进行分解，又不隔断系统内部各要素之间的内在联系；既对个人成功进行要素与结构分析，又对个人成功进行整体分析。

（二）案例分析法

个人成功既是一个理论问题，同时又是一个实践问题。因此，现实生活中的各类成功案例既是个人成功理论研究可资利用的基本素材，同时又是佐证个人成功理论是否科学、合理的最直接、最可靠、最现实的实证检验依据。

第二章　系统成功论

第一节　个人成功理论综述

人的问题是哲学研究的核心问题。西方哲学以自我反思与认识人自身为发端，以探索与追问人的本性为主线，思考的是抽象的“人”的自我发展与自我实现。中国哲学以追问“天—人”关系为发端，以道德为主要范式，以修身为基本途径，以齐家、治国、平天下为主要目的和最终归宿，思考的是如何成为理想的圣贤之人。虽然国内外人学思想源远流长，然而只有到了近代，以成功为主题的理论探究才真正开始。

一、西方成功理论

西方成功理论的发展经历了两个阶段：人学思想阶段与成功思想阶段。西方人学思想集中体现在三个方面：西方古代人学思想、西方近代人学思想与马克思主义人学思想。自近代以来，成功思想开始在西方悄然兴起。经过近一个世纪的发展，西方成功思想研究已经取得了丰硕成果。

人学思想与成功思想是成功理论发展不可割裂的前后两个阶段。成功思想以人学思想为基础，或者说，成功思想是对人学思想的进一步拓展、丰富与提高。成功思想的出现，标志着成功理论已经进入到了一个以专业化探究与学科化发展为特征的重要阶段。人学思想的形成为成功理论的发展奠定了基础，然而，只有当成功思想基本形成之后，成功理论才可能最终形成。成功思想的成熟是成功理论正式形成的根本标志。

（一）西方人学思想

西方哲学很早就开始关注人的问题。西方哲学以自我反思与认识人自身为发端，以对人性的探索与追问为主线，以抽象的“人”的自我实现为旨归，形成了独具特色的西方人学研究思路。

为了揭开人性之谜，西方思想家们苦苦思索了几千年，也激烈争论了几千年。西方哲学在各个不同发展阶段提出了不同的人性模型。从希腊神话中有关人的描述到古希腊、古罗马时期的自然人性论；从古代本体论到近代认识论，再到现代与后现代的语言哲学的转向；从古代理性论到中世纪的神性论；从近代理性人论到现代非理性人论等，西方哲学虽然经历了研究主题与思考路径的变化，但西方哲学家们从未停止过对人及人性的思考，并为后人留下了许多有价值的人性模型与人学研究成果。西方思想家有关人的问题的研究的历史轨迹，反映了人类认识自身的艰难历程的一个重要方面。

1. 西方古代人学思想

西方哲学家们很早就提出了“认识你自己”的口号。在这一古老格言的启蒙下，西方自然哲学开始了对人的问题的真正哲学意义上的思考。但是，西方自然哲学主要是从自然原因和物质方面来认识并思考人本身的，它所探索的主要是人的自然本性。

西方人一直存在着视理性为人的本质的人学思想传统。以苏格拉底、柏拉图和亚里士多德等为主要代表的古希腊哲人首先提出了人的理性本质，从而开创了西方理性人论的先河。苏格拉底突出强调人的理性本质，“人是一个对理性问题能给予理性回答的存在物”。他认为，认识自己，就是要认识自己的灵魂。人的灵魂是神圣的，因为它是人类理性与智慧的所在地。柏拉图认为，理性在灵魂中起着统率作用，人的理性通过对人体器官的控制来调节人的情绪、欲望和感觉。亚里士多德则看到了人与动物的根本区别在于语言与理性，进而认识到了人的社会本质。他提出了“人天生是一种政治动物”的著名论断。古希腊哲学积淀起了人类理性自觉的深厚传统，它为西方人学思想的最终生成，进而转向现实生活世界提供了最重要的逻辑前提。

这种从古希腊时期所开创的理性主义传统，即使到了黑暗的中世纪也未曾改变过。在宗教神学统治与压迫下的中世纪，人的理性被夸大为神性，进而出现了神性论。在基督教看来，上帝是智慧的化身，是绝对的理性，是绝对真理的代表；而人类只是因为偷吃了智慧之果才成为了“人”。

2. 西方近代人学思想

文艺复兴和近代科技的发展为西方哲学的发展提供了新的契机。倡导人文精神、强调知识理性，成为这一时期最显著的人学特点。文艺复兴时期和近代启蒙时代的思想家们无不推崇人的思想权利，他们用人的理性代替上帝的智慧，用古希腊的理性精神反对中世纪人们对君主与宗教神祇的绝对盲从。他们主张将一切都置于人的理性法庭中来进行审判，主张用人的头脑来判断是非，坚持理性是判断、仲裁人的一切行为乃至所有社会事务的尺度或准绳。以笛卡儿、康德、黑格尔等为主要代表的近代西方哲学家们的人学思想就充分体现了这种风格。在他们的理论逻辑中，理性至上原则的确立就是要为自然欲求与本能冲动设定一个天然的合理秩序。法国哲学家笛卡儿运用理性主义原则和普遍怀疑的方法，以“我思故我在”这一哲学命题为人学基点，对人的存在做出了全新的解析，从而创立了近代理性人学。他强调理性的绝对权威，认为在任何时候、任何条件下都永远只能听从于理性的证明，而理性就是人的判断和辨别真假的能力。笛卡儿和斯宾诺莎等则力图从数学理性出发来全面论证“理性人”的合法地位，并认为理性是人本然具有的一种天赋能力，是人的最高本质，是人的存在与发展的最后根据。他们认为，理性具有一种自我规定、自我运演的人格属性。因此，理性的地位是至高无上的。理性在取代上帝的同时又拥有了上帝的原有功能。康德认为，人的本性是理性存在物，它能按先天的理性原则去行动。自由理性是人的最高本质。康德不仅将人看作是自身的目的和最高价值，而且还把人看作是世界的“立法者”与终极理想目标。黑格尔将近代理性人学推至了顶峰。他把人的理性客观化、绝对化，从而极大地提高了理性的地位，空前地夸大了理性的作用，使得理性成为了独立自存与自行发展的“无人身的主体”。他甚至将理性看作是整个宇宙的创造者，而人反而成为了从属于理性的东西。

19 世纪以来，工业革命引发了西方政治、经济与社会发展的危机。反映到哲学领域，就是出现了理性危机。以叔本华、尼采等为主要代表的西方思想家们开始呼吁并强调人的意志、本能等，从而将西方人学思想带入一个非理性的探索与争鸣时代。时至今日，西方后现代哲学的这种非理性论的人学思想仍在发展之中，尽管它并没有也难以最终成为西方人学思想的主流。

总之，西方人学以对人的本原性探究为逻辑起点，以对人性的探索与追问为基本主线，旨在完成对人的生存与发展的终极关怀。理性、神性、非理性，世易时移，研究主体在变，人性假设在变，但是，西方哲学关怀人的生存与发展的主旨却从未改变。西方哲学所提出的各种人性模型，体现了西方哲人对人的问题的不懈思考和对解决人的终极关怀问题的执着精神。他们为人类人学思想的发展和人的终极关怀问题的解决贡献了宝贵的思想资料，也提供了一种成熟的研究思路。然而，这种脱离现实实践所进行的抽象的人的本质探究与人性思辨的研究模式并不能提供从根本上解决人的生存与发展问题的逻辑思路，这也凸显了西方哲学在人学研究方面仍然存在着某些不足。

3. 马克思主义人学思想

马克思主义哲学从现实人的生活实践出发，它在深入挖掘社会现实背后的人的全面发展与人类解放的深层次根源的基础上，提出了自己独特的人学思想。马克思主义人学思想的提出为西方人学思想的发展做出了杰出贡献。

马克思主义人学思想以社会实践为基础，以实现人的全面发展为基本宗旨。马克思主义关于人的全面发展的学说，是在实践基础上的对人的本质的全面展开与实现。他认为，人的全面发展是人在劳动、社会关系、需要、能力、个性等诸方面的全面、自由而充分的发展。人的发展实质上是人的本质力量的发展，因为人是什么决定着人将会怎么样。由于“人的本质并不是单个人所固有的抽象物。在其现实性上，它是一切社会关系的总和。”因此，个人应该注重社会实践与现实生活，并从社会实践与现实活动出发来问询人的本质，并思考个人的自我发展。

马克思主义哲学还从历史发展的纬度阐释了人类个体的自由与全面发展同实现全体人类的解放的辩证关系。他指出，“每个人的自由发展是一切人自由发展的条件”，只有实现了每个人的全面发展，才能真正实现全人类的彻底解放。马克思主义注重从外在社会关系、经济、政治制度等因素和劳动、需要、能力等人自身因素两个方面来研究人的全面发展，并且强调只有从这两个方面来实现人的全面发展，才能最终实现全人类的自身解放。

（二）西方成功思想

虽然西方人学思想源远流长，但只有到了近代，对个人成功的专门研究才真正开始。

1. 卡耐基的成功学理论

使“成功”成为一种专门理论、一门新兴学科的始作俑者是美国的戴尔·卡耐基，他也因此而被誉为当代成功学的先驱。

卡耐基出身于一个贫苦的农民家庭。由于从小家境贫寒，少年时代的卡耐基便面临着一条艰难的求学之路。1904 年，他读完高中后考入了密苏里州华伦斯堡州立师范学院。毕业后，他说服纽约的一个基督教青年会的会长答应晚间租给他一间房子，以此作为他为商界人士开设实用演讲培训班的场地。自此，他便走上了一条呕心沥血却又矢志不渝的成人教育事业的艰辛之路。

卡耐基在美国享有“成人教育之父”的美称。他的许多著作（如《人性的优点》《人性的弱点》《美好的人生》《快乐的人生》《伟大的人物》《语言的突破》等）很快畅销美国，风靡欧洲，进而影响全世界。在这些著作中，卡耐基运用心理学理论对社会上某些成功者之所以取得成功的普遍规律进行了卓有成效的分析与探究，最终形成了自己独具特色的成功学思想。他将演讲术、推销术、为人处世术、智力开发术等融为一体，并采取全新的教育方式将自己的成功学思想传授给学员，取得了良好的经济与社会效益。

2. 拿破仑·希尔的成功学理论

正当卡耐基为寻找一位有责任感并且富有智慧的年轻人来继承自己的事业而绞尽脑汁的时候，拿破仑·希尔走进了他的视野。希尔是卡耐基从 200 多个被考察的青年中发现的。从此以后，将成功学建造成为一门独立学科的重任便历史性地落在了希尔的肩上。希尔花费了 20 多年的时间，先后走访了美国 504 位成功之士，其中包括钢铁大王安德鲁·卡内基、总统罗斯福等，最终形成了自己独特的成功学理论。他的许多著作（如《成功规律》《思考致富》《成功学教程》《人人都能成功》《成功到永远》等），就像当年卡耐基的著作一样，成为了风靡世界的畅销书。

希尔将自己归纳总结所得到的成功法则简称 PMA 计划——积极的心态（Positive Mental Attitude）。心态是指人的情绪和行为的固有倾向。他认为，积极的心态是正确的心态，而正确的心态总是具有某些正性的特点，如忠诚、正直、希望、乐观、勇敢、创造、慷慨、容忍、机智、亲切、通情达理等。具有积极心态的人总是怀有较高的目标，并且希望通过自己的不断努力来达成自己的目标。最后，他总结出了个人走向成功的 17 条定律：

①积极的心态；

②明确的目标；

③丰富的经历；

④正确的经历；

⑤高度的自制能力；

⑥培养领导才能；

⑦建立自信心；

⑧迷人的个性；

⑨创新精神；

⑩充满热情；

⑪专心致志；

⑫合作精神；

⑬正确看待失败；

⑭永葆进取之心；

⑮合理安排时间和金钱；

⑯保持身心健康；

⑰养成良好习惯。

3. 乔瑟夫·摩菲的潜意识成功学

乔瑟夫·摩菲博士是继戴尔·卡耐基、拿破仑·希尔之后，在世界范围内影响较大的另一位成功学研究者。摩菲博士是精神法权威，他以自己的亲身体验探讨了个人成功的内在依据。他认为，潜意识在个人成功中起着关键性的作用。因此，只要能够活用自己的潜意识，个人就能获得自己想要的理想生活，并依照自己的所思所绘实现自己的人生构想。

摩菲的潜意识成功学从全新的视角恰到好处地回答了长期以来困扰人们的一系列不可思议的问题。它为人们参与激烈的社会竞争，进而获得诸如事业、财富、婚恋、健康等方面的成功提供了一种全新的思路。

4. 史都瓦的成功态度理论

史都瓦是一位盲人，他因为发明帮助有视力障碍的朋友以一种新的方法看电视而荣获艾美奖，并被提名为美国十大杰出青年洁西奖。

他信奉“上帝为你关上一扇窗子，必将为你开启另一扇门”这样的人生信条。因此，他提出，成功实际上是一种态度。所有存在于自我心中的想法就像种子，只要个人愿意去浇水施肥，精心培育，它们便会茁壮成长起来。

每个人都有自己思想的种子，这是人类的本能，人类借此而思考、想象，并最终形成了自己的美好理想。

5. 斯腾伯格的成功智力理论

智力是决定个人成功的重要素质，智商（Intelligence Quotient，IQ）是描述智力的指标。世界上第一个正规的智力量表是1905年由法国人比奈与西蒙共同编制的《比奈—西蒙量表》（Binet-Simon Scale），主要用于鉴别出智力落后儿童，以便让他们转到特别班去接受特别教育。1911年，德国心理学家施特恩（L. W. Stern）正式提出了IQ的概念。1916年，施特恩提出了计算智商的公式：IQ = MA（智力年龄）÷CA（实际年龄）×100。其中，MA（Mental Age）是指在某个特定年龄级别中的孩子所能达到的平均智力水平。智商为200分制，分数越高说明智力越好。90～110分者属正常智力，120～140分者为聪明人，140分以上者为天才，70分以下者属智力低下者。智商测验通常采用一组量表，并由专业人员进行测试。测试宜在环境安静、光线适宜的场所进行，被测试者应情绪稳定。在测试过程中，测试人员不能给予任何提示。试题既有文字式的，也有图画式的。有一些让被测试者回答，有一些要求被测试者操作。

传统智力理论与智力测验存在诸多不足。一是传统智力测验以因素分析理论为基础，智力测量学家虽然注重对测验技术的改进，但忽视了追问何为智力及IQ分数在多大程度上代表了智力等理论问题。他们专注于行为结果，但较少关注行为的内部过程。二是传统智力理论认为人的智商有高低优劣之分，并认为智商高者干什么都成功。实际上，不同行业或工作等对人的智力要求各不相同，因而不能用单一的标准来衡量所有人。三是传统智力测验只反映了智力的较少部分。如它没有关注智力的实践性和现实性以及社会文化对智力发展的影响与制约等问题。四是传统智力测验在筛选智力落后儿童上有用，但它不能作为一种理论解释结构。五是传统智力测验一般限时测验，遵循“快就是好”的原则。这一原则并不适用于所有人和所有操作，因而这样的测验结果难以反映受测者的真实智力状况。六是传统智力理论认为人的IQ相对稳定，并且无从发展与培养。事实上，个人在儿童和青少年时期所表现出来的学业智力并不意味着他在其他情境下完成不同任务时也具有同样的智慧，更不能决定其人生能否成功等。

正因为传统智力理论存在着上述诸多不足，许多心理学家很早就开始着手对它进行完善。其中，罗伯特·斯腾伯格（Robert J. Sternberg）所提出的成功智力理论就受到人们的广泛推崇。

（1）三元智力理论——对 IQ 理论的第一次超越。1985 年，斯腾伯格提出了三元智力理论。他认为，智力分为三种搜集和加工信息的方式，正是人们在信息加工方面的差异才导致了人的智力的差异。三元智力理论包括如下三个亚理论：

①成分亚理论（Componential Sub-theory）。成分亚理论是一种信息加工模型，它由三个基本要素构成：元成分、操作成分和知识获得成分。元成分控制信息加工的过程，它构造策略、支配操作成分和知识获得成分，并将它们协调成为一个指向目标的程序；操作成分执行元成分所构建的计划；知识获得成分进行选择性编码、联结新信息、选择性地比较新旧信息，以使个人掌握新信息。成分亚理论抛开行为的特定内容而直接考查构成智力行为基础的心理机制的内在模式，它确定了个人适应、选择和改造环境的认识过程，并对某种行为在多大程度上属于智力行为进行了定义。

②经验亚理论（Experiential Sub-theory）。个人应付新事物的能力和信息加工的自动化程度高度依赖于个人经验。只有面临新任务、新情境或在特定任务或情境的自动化操作过程中，个人的智力才能更好地展现出来。自动化加工与新异刺激加工相互作用：自动化加工可将多余的资源分配给新异刺激加工，而个人对新异刺激的有效适应又能使自己产生在新任务与新环境经验中的自动化加工。

③情境亚理论（Contextual Sub-theory）。个人所处社会文化环境决定了智力行为的内涵，因而，不同的社会文化环境应有不同的智力行为标准。该理论明确了具有智力特征的情境行为的内容。一般情境智力行为包括适应现实环境、选择比现实环境更恰当的环境、改造现实环境并使之更适合个人能力与兴趣及价值取向等。

三元智力理论较好地描述与解释了个人的智力差异。成分亚理论明确了构成智力行为的心理机制，它将智力与个人的内部世界联系起来，回答了“智力行为是如何产生的”问题。经验亚理论将智力与内、外世界联系起来，回答了“行为何时是智慧的”问题，表明在某项任务或情境中智力与经验存在联系。情境亚理论将智力与外部世界联系起来，回答了“智力行为在何处才显示出智慧”问题。三者结合起来，便构成了一个内在统一的有机整体——个人通过内部心理机制（成分亚理论）去解决有利于个人更好地适应、选择和改造环境的任务（情境亚理论），而这些任务又必须处于经验连续体的特定位置上（经验亚理论）。

三元智力理论实现了对传统IQ测验的第一次超越。首先，三元智力理论以主体的内部世界、现实的外部世界，以及联系内、外世界的本体经验世界三个维度来分析、描述智力，它较之于传统智力更为全面。其次，正因为三元智力理论在智力内涵上更全面，因此，以三元智力理论作为新的智力测验表的编制理论基础能更好地解决测验的真实性、公平性等问题。再次，传统智力理论仅关注个人的内部世界的一部分，而三元智力理论将智力行为的评价测量拓展到了内部世界、经验世界和外部世界三个方面，因而具有更高的效度。最后，成分亚理论完成了对差异理论和认知理论的联结与深化；经验亚理论和情境亚理论揭示了智力的情境权变性，它是对传统智力理论的新发展。此外，三元智力理论还涉及了智力的实践性问题等。

（2）成功智力理论——对IQ理论和三元智力理论的新超越。在三元智力理论的基础上，斯腾伯格进一步提出了成功智力理论，力图从智力行为的机能本质上更深入地把握智力的精髓。他强调，智力不应只涉及学业，更应指向真实世界的成功。所谓成功智力，就是能导致个人以目标为导向并采取相应行动来达成目标的智力。它包括以下三方面的基本内容：

①分析性智力（Analytical Intelligence）。分析性智力是指有意识地规定心理活动的方向，以便找到问题的有效解决办法。分析性智力是唯一与传统智力有所交叉的部分，但它并不等同于传统的学业智力。分析性智力不仅涵盖了传统学业智力的基本内涵，而且还指向广泛的现实生活。认知心理学家一般将问题分为结构良好问题和结构不良好问题两类，传统学业智力通常以解决结构良好问题的能力来衡量智力，而成功智力则以解决结构不良好问题的能力来衡量智力。

②创造性智力（Creative Intelligence）。创造性智力是一种超越已获知识与信息而产生新异思想的能力。在传统IQ测验中，创造力一度同智力相割裂。一般认为，如果IQ分数或学业考试分数高，那么，智力就没有问题。但现实

证明，IQ出色者并不一定能够在现实生活中取得成功。事实上，成功者往往并不是那些学业成绩出众的“天才”。正是认识到创造力之于成功的重要性，斯腾伯格首次明确地将创造力纳入智力的范畴，并且强调创造力不仅是成功的必要条件，而且是智力的主要内核。创造力不仅是形成思想的能力，而且还是一个使成功智力三方面——分析性、创造性和实践性都得到均衡发展与运用的过程。

③实践性智力（Practical Intelligence）。实践性智力是指个人在实践中获取经验知识和背景信息、定义问题实质并解决问题的能力。斯腾伯格将解决实际问题的能力视为实践性智力的核心，认为经验知识是成功智力的一个主要方面。实践性智力能够帮助人们适应、选择与塑造周围环境，并将分析、思考的结果用一系列富有创造性的操作方法加以具体实施。斯腾伯格的突出贡献正在于他将“实践性智力”作为智力的一个要素提了出来，并将它同“分析性智力”与“创造性智力”区分开来。

成功智力的三个方面是一个相互联系、相互作用、相互影响的有机整体，只有当三者相互协调、相互平衡时才可能产生最佳的智力效果。具有成功智力的人不仅具备这些能力，而且还善于思考在什么时候、以何种方式来有效运用这些能力。一般来说，成功智力较高者通常具有以下特点：

①能自我激励；

②学会了控制自己的冲动；

③知道什么时候应该坚持；

④知道如何充分发挥自身能力；

⑤能将思想转变为行动；

⑥以成果为导向；

⑦完成任务并能坚持到底；

⑧都是带头者；

⑨不怕冒失败的风险；

⑩从不拖延；

⑪接受合理的批评和指责；

⑫拒绝自哀自怜；

⑬具有独立性；

⑭善于寻求克服困难的办法；

⑮能集中精力达成自己的目标；

⑯既不对自己要求过高，也不对自己要求过低；

⑰具有延迟满足的能力；

⑱既能看到树木，也能看到森林；

⑲具有合理组织的自信与实现目标的信念；

⑳能均衡地进行分析性、创造性和实践性思维。

成功智力理论是对传统智力理论的又一次成功超越。首先，成功智力注意到了智力要素之间的相互联系，正确处理了整体与部分的关系，强调分析性、创造性与实践性能力三者兼备并协调发展才能获得成功。它将解决实际问题的能力归结为智力，并注重智力的实际性应用，一定程度上改变了人们对学习能力的理解。其次，成功智力全面分析了智力的影响因素，突破了传统智力结构理论孤立地分析智力的局限性。它十分重视元认知能力、个性以及文化因素对智力的影响，强调智力训练和开发的可能性，提高了智力对未来成功的预测性，更好地描绘了智力的真实结构等。最后，成功智力理论重新界定了智力的概念，它从智力发展的全面性、效用性、终身性等方面表现出了对传统智力理论在广度与深度上的全方位超越。如果说三元智力理论是对 IQ 的一种横向超越的话，那么，成功智力理论则是一种对 IQ 的横向与纵向的双重超越。成功智力从人的内部世界拓展到了人与内外环境的相互影响，是对 IQ 在空间上的一种横向拓展；从关注一时一事拓展到了关注人的整个一生，是对 IQ 在时间上的一种纵向深化。

成功智力还实现了对三元智力理论的超越。首先，三元智力理论从智力发生的各个层面来描述智力，虽然理论上比较全面，但非常烦琐。成功智力理论提出了一种新的智力结构，它直接从智力行为的结果上去把握智力，较之于三元智力理论更为直观，也更易理解。其次，成功智力理论将创造力纳入智力的范畴，是对三元智力之经验亚理论中应对新情境和新任务智力行为的一种发展与深化，从而丰富了智力概念的内涵。最后，虽然三元智力理论已非常成熟，但不易操作与测量，成功智力理论正好弥补了这一缺憾。

6. 安东尼·罗宾的成功素质理论

安东尼·罗宾（Anthony Robbins）是西方著名的成功学大师。他认为，成功绝非偶然，成功者与不成功者的主要区别就在于是否具备某些成功素质。他将成功素质归纳为以下七个方面：

（1）热情。热情对于成功十分重要。成功者的热情源于他有一个值得付出并能激起个人兴趣的长据心头的目标。目标给予他开动成功列车所需的动力，驱使他追求成长或更上一层楼，并释放出其内在潜能。

（2）信念。世上每一本宗教典籍都在诉说着信仰和信心如何给人类带来力量。个人的信念往往决定着个人的未来。

（3）策略。策略就是组合各种才能的计划。万事俱备并不能绝对地确保个人成功，除此之外，个人还必须拥有一套最佳的组合计划。达成目标的方法很多，到底哪一种更好、更有效，要看个人做事的策略。

（4）价值观。正确的价值观能让人分辨是非黑白，并明白人生的真谛。成功者始终清楚自己的基本原则是什么。有些人之所以经常事后懊悔，往往由于他们没有明确的价值观。

（5）活力。成功者必定具有活力。欠缺活力的人几乎不可能进入卓越之林。

（6）凝聚力。几乎所有成功者都有一种凝聚众人的超凡能力。这种能力能将一群不同背景、不同信仰的人聚合起来，建立共识，并采取统一的行动。那些能够成就大业的人都具有聚合众人的能力。固然，偶尔也会有个别鬼才发明出影响世界的东西来，但如果他终生都只孤零零地守在实验室里，虽然也可能会在某些方面做出成绩，但他失去的东西会更多。

（7）善于传送信息。个人传送信息的方式会影响个人的一生。只有那些善与人沟通，并具有传送见解、需求、快乐与信息能力的人，才可能成为最后的成功者。

7. 成功“商”束理论

所谓成功“商”束理论，是指强调除“智商”以外的其他自我素质对于成功的重要性而形成的一类理论。由于这些理论通常都以“智商”为参照，并且都冠名以某某“商”理论，故通称为成功“商”束理论。

（1）情商（EQ）理论。即情绪商数（Emotional Quotient，EQ），是由多位美国心理学家发展起来的一个概念。目前，情商理论仍在发展之中。

美国心理学家彼得·萨洛维（Peter Salovey）和约翰·梅耶（John Mayer）

是情绪智力及情商理论的权威研究者。1990 年，他们共同提出了“情绪智力”的概念，并将“情绪智力”描述成一个由以下三种基本能力所组成的结构：

①准确评价和表达情绪的能力；

②有效调节情绪的能力；

③将情绪体验运用于驱动、计划与追求成功的动机、意志和行为过程的能力。

1993 年，彼得·萨洛维和约翰·梅耶将“情绪智力”结构进一步修改为：

①区分自己与他人情绪的能力；

②调节自己与他人情绪的能力；

③运用情绪信息去引导思维的能力。

1996 年，彼得·萨洛维和约翰·梅耶将“情绪智力”结构再一次修改为：

①情绪的知觉、评估和表达能力。具体包括：从自己的生理状态、情感状态和思想中辨认自己情绪的能力，通过语言、声音、仪表和行为从他人、艺术作品等中辨认情绪的能力，准确表达情绪以及与这些情绪有关的需要的能力，区分情绪表达中的准确性和真实性的能力等。

②思维过程中的情绪促进能力。具体包括：情绪思维的引导能力，情绪生动鲜明地对情绪有关的判断和记忆过程产生积极作用的能力，促使个人从多个角度进行思考的能力，情绪状态对特定问题的解决所具有的促进能力等。

③理解与分析情绪并获得情绪知识的能力。具体包括：给情绪贴上标签并认识情绪与语言表达之间关系的能力，理解情绪所传达的意义的能力，认识和分析情绪产生的原因的能力，理解复杂心情的能力等。

④对情绪进行成熟调节的能力。具体包括：以开放的心情接受各种情绪的能力，根据所获信息与判断成熟地进入或离开某种情绪的能力，成熟地监察与自己和他人有关的情绪的能力等。

美国心理学家丹尼尔·戈尔曼（Daniel Goleman）是情商理论研究的另一位著名学者。他在自己的《情感智商》一书中引用大量资料企图证明情商（EQ）比智商（IQ）对个人的发展更为重要。他引用当代神经生理学和脑科学的最新研究成果，论证了人类自身情绪是可以认知和控制的，从而为情商理论奠定了可靠的生物学与生理学基础。他将情商归纳为以下五个方面：

①自我觉知能力。是指当某种情绪一旦出现时个人能够觉察到的能力，它是情商的核心。自我觉知能力强的人能够及时了解自己的情绪变化。

②自我管理能力。是指建立在自我觉知的基础之上，并对情绪进行调控以保持情绪适度的能力。自我管理能力强的人可战胜由失败与挫折所引发的焦虑、沮丧、烦恼等消极情绪，并不断取得进步。

③自我激励能力。是指根据自己所确定的目标调动、发挥自己的情绪的能力。自我激励能力强的人做事更加积极主动、热情饱满，并且更容易发挥自我创造性。

④识别他人情绪的能力。是在移情基础上发展起来的一种理解他人的能力。识别他人情绪能力强的人能敏锐感受到他人的内在需求或欲望。

⑤处理人际关系的能力。是指调控自己对他人的情绪反应的能力。处理人际关系能力强的人善于处理复杂的人际关系，从而可以提高自己受社会欢迎的程度。

（2）逆商（AQ）理论。逆商即逆境商数（Adversity Quotient，AQ），又称挫折商。它是由美国学者保罗·史托兹（Paul G. Stoltz）在1997年所出版的《挫折商：将障碍变成机会》一书中首次提出来的。具体包括如下四项内容：

①控制感（Control）。所谓控制感是指个人面对逆境时感知自己能有多大控制力，哪些事情是自己可以解决的，亦即个人对自我能力的自信及意志力的坚定性。由于控制感能赋予个人以信心和勇气，从而使得个人虽身处逆境，但仍能保持精神振奋，并不断向上攀登。

②起因与所有权（Origin and Ownership）。所谓起因和所有权是指如何解释逆境的起因，自己在多大程度上应该承担逆境的后果。让人陷入困境的原因包括内因与外因。内因是指由于自身软弱无能或过分相信命运所造成的抑郁消沉、悲观自责、自怨自艾、自暴自弃等；外因是指合作伙伴因配合失误、时机尚未成熟或外界不可抗力等因素所带来障碍。逆商低的人遇到逆境时往往会不恰当地责备自己，认为“全是自己的错”；而逆商高的人能客观分析自己失利的原因，并勇于承担失利的一切后果，且能及时纠正自己的错误，最

后做到从哪里摔倒就从哪里爬起。他们很少自我责备，他们将成功看成是自己努力的结果，而将逆境归因于外部。诚然，一定程度的自责是必要的，然而，比自责更为重要的是要勇于承担逆境的后果。

③影响范围（Reach）。所谓影响范围是指逆境在多大程度上会影响到个人生活的其他方面。逆商高的人往往能限制逆境对自我生活的影响范围。他们能将逆境所造成的负面影响限制在某一范围之内，并将这种负面危害所造成的损失减至最小；而逆商低的人往往倾向于扩大逆境的影响范围——将一般的挫折想象成灾难，暗示自己无力应付现状，并且寄希望于别人把自己从逆境的泥潭中救出来。

④忍耐性（Endurance）。逆境所带来的负面影响不仅存在影响范围的问题，而且还存在持续时间的问题。所谓忍耐性，是指个人认为逆境及其起因将会持续多长时间。逆商高的人将逆境及其原因看成是暂时的，从而使得自己精力更加旺盛，精神更加乐观，并且强化自己采取行动的动机；逆商低的人常常认为逆境将会持续很长时间，而现实也就真的会因此而朝向他们自己所想象的方面发展。

逆商理论是在情商理论的基础上提出来的。逆商理论的提出者认为情商理论缺少有效的测度，没有一个确定的学习方法，因而令人难以理解与掌握。与情商理论相比，逆商理论的优点在于“逆商”概念比“情商”概念更加清晰，价值取向也更加鲜明，并且更具可操作性。

（3）财商（FQ）理论。财商（Financial Quotient，FQ）的概念是由美国作家罗伯特·T. 清崎（Robert Toru Kiyosaki）于1999年4月在他的《富爸爸，穷爸爸》一书中首次提出来的。所谓财商，简单地说，就是一个人认识金钱与驾驭金钱的能力。财商是个人理财的智慧，主要包括两方面的能力：一是正确认识金钱及金钱规律的能力；二是正确运用金钱及金钱规律的能力。财商反映的是个人作为“经济人”在经济社会中的生存能力，它是个人所具有的会计、投资、市场营销和法律等能力的综合体现，反映了个人判断怎样挣钱的敏锐性。财商对于个人成功至关重要。显然，一个人即使仅仅只是为了生存也需要提高自己的财商。清崎认为，一个人认为自己只有工作才能创造财富的思想在财务上是一种不成熟的思想。当然，这并不意味着他不聪明，而仅仅意味着他没有学到挣钱的学问。

清崎认为，富人财商高，穷人财商低。他指出，人有三种思维模式：穷人的思维模式、中产阶级的思维模式和富人的思维模式。大多数有关财富的书都是写给中产阶级看的，而《富爸爸，穷爸爸》是第一本介绍富人思维模式的书，也是第一本揭示富人秘密的书。这些秘密在学校里是学不到的。首先，在“财务自由”观念方面，富人与穷人、中产阶级有着天壤之别。富人具有“财务自由”的观念，并且最终获得了“财务自由”，而穷人和中产阶级常常缺乏“财务自由”的观念。因而，富人让钱为自己工作，而穷人与中产阶级让自己为了钱而工作。其次，富人具有明确而科学的“资产”与“负债”的观念，而穷人与中产阶级往往缺乏明确而科学的“资产”与“负债”的观念。富人懂得只有能不断为自己挣钱的财产才叫资产，而凡是让自己不断花钱的都叫负债。如一般人认为房产是资产，而实际上，只有当房产能为自己挣钱的情况下它才是资产，否则，就只能算负债。穷人与中产阶级往往并不懂得这个道理。

（4）德商（MQ）理论。德商，即道德商数（Moral Intelligence Quotient，MQ），是指一个人的道德水平与人格品质。1997 年，哈佛大学教授罗伯特·科尔斯（Robert Coles）在他所著的《孩童的道德智商》一书中，把一个人的德性水平或道德人格品质概括为德商。德商的内容包括体贴、尊重、容忍、宽恕、诚实、负责、平和、忠心、礼貌、幽默等各种美德。他鲜明地提出“品格胜于知识”。罗伯特·科尔斯在他的著作中详细地介绍了德商的含义及其对于儿童成长的重要作用。同年，美国《时代周刊》和《新闻周刊》等杂志介绍了科尔斯的著作，由此，德商正式进入人们的视野，并开始受到人们的重视。

2005 年，美国学者道格·莱尼克（Doug Lennick）与弗雷德·基尔（Fred Kiel）在他们出版的《德商：提升业绩，加强领导》一书中，进一步将德商定义为“一种精神及智力上的能力，它决定我们怎样把人类普遍适用的某些原则（正直、责任感、同情心和宽恕等）应用到个人的价值观、目标及行动中去”。

德商强调对个人进行有效的自我激励与自我约束。自我激励是指有效激发自己良好的思想、欲望、感情、言语和行为，以确保自己能形成正确的人生观、价值观等；自我约束是指有效地控制或克制自己不良的思想、欲望、感情、情绪、言语、行为和习惯等。德商高，意味着个人的自我激励和自我约束能力强。

（5）灵商（SQ）理论。灵商（Spiritual Intelligence Quotient，SQ），又称灵感智商、心灵智商，是指个人对事物本质的灵感、顿悟能力和直觉思维能力。2000 年，英国发展心理学家达纳·佐哈（D. Zohar）和伊恩·马歇尔（I. Marshall）合作出版了《SQ：Connecting with Our Spiritual Intelligence》一书，正式提出了灵商理论。他们认为，人对意义的探求是人的生命的基本动机，正是这种基本动机的存在促使个人不断地去进行自我心灵的创造。当这种对意义的深刻需求得不到满足时，个人就会体验到一种精神上的浅薄感与空虚感。对于绝大多数人来说，如果这种需求长期得不到满足，就会出现一种心灵上的危机。

达纳·佐哈和伊恩·马歇尔认为，“智商”电脑也有，“情商”在高等哺乳动物中也存在，而“灵商”只为人类所独有。因此，灵商是三种“商”中最重要的一种“商”。灵商是一种存在于自我内心深处的智力，一种我们不仅能够认识现存价值，而且能够创造性地发现新价值的智力，它与超越自我的智慧或意识精神结合在一起。事实上，灵商并不依赖于特定的文化或价值观念，从根本上讲，它并不跟随现存价值，而是创造首先拥有价值的可能性。灵商与人类寻求意义的需求相联系，它是 21 世纪人们头脑中最应该优先考虑的问题。灵商决定着个人渴望意义、探求意义、开阔视野以及构建自我价值体系的能力，它既是个人采取行动时信念和价值观发挥作用的基础，也是个人确定自我生活方式的基础。

关于灵商的具体内容，达纳·佐哈和伊恩·马歇尔一共列举了八点，它们是辨别一个人是否具有高度发展的灵商的具体标示物：

①灵活变通的能力（Flexibility）；

②高度的自我意识（Self-awareness）；

③面对和利用苦难的能力（The ability to face and use suffering）；

④被想象和价值所激励的能力（The ability to be inspired by a vision）；

⑤倾向于发现不同事物之间的联系的能力（全局性思考）（The ability to see connections between diverse things（thinking holistically））；

⑥使损失或伤害降至最小化的欲望和能力（The desire and capacity to

cause as little harm as possible)；

⑦探求根本性问题的倾向性（The tendency to probe and ask fundamental questions)；

⑧打破陈规陋习的能力（The ability to work against convention)。

二、我国成功理论

我国成功理论的发展与西方成功理论的发展完全类似，也大致经历了以下两个阶段：人学思想阶段与成功思想阶段。

（一）我国古代人学思想

人生问题一直是中国哲学研究的核心内容。中国哲学从追问“天—人”关系入手，注重对人性、人格修养、人生理想、人生价值、道德等问题的探究，并且关心个人在政治社会中的发展，整体上呈现出内省式的理路特点。

先秦是中国哲学发展的肇始期，对人的问题的哲学意义上的探究也从此开始。春秋战国时期，社会动荡、政治多元，表现在思想领域上就是学派林立、百家争鸣。以儒、道、墨、法等为主要代表的诸子百家对人性、人生、社会、人与人之间关系，以及“天—人”关系等进行了富有智慧的思考，并描绘出了各自心目中的理想人生。如儒家强调为人以仁、修身以礼，崇尚内圣外王；墨家倡导兼相爱、交相利、尚贤事能；道家宣扬自然无为，希望通过无为而实现无不为；法家主张礼、法并用，实现爱民、富民，等等，从而开创了中国哲学注重道德修为，成就理想人格，关心人和社会发展的人学思想的致思理路的先河。

自汉代以来，在董仲舒“罢黜百家、独尊儒术”的口号下，儒家逐渐占据了中国思想领域的统治地位。尽管儒家人学理论经历了汉、唐时期同道、佛人学思想的碰撞与融合，然而，自宋代以后，弘扬和完善儒学，批判佛老学说，又成为了当时的思想潮流。沉寂了六百年之久的儒学又重新得以复兴，儒学的统治地位又重新得以牢固确立，儒家思想中内蕴的人学价值取向更是被提升为为人处世的基本准则。

纵观以儒家思想为主要代表的中国古代人学思想，大体呈现出以下基本特点。

1. 中国人学思想是一种“天—人合一”的整体性思想

中国哲学是一种天—人整体之学，中国哲人的最高价值理想也是要实现“天—人合一”。佛、道把天—人关系化解为人与外在世界的关系。但这种“天—人合一”的理想少有积极的社会内容，个人生命的意义只需直接在内与外的关系中即可确定，只需通过主体精神对外在世界与自身肉体的超越即可实现。这种超越的结果就是“天—人合一”的境界，就是主体精神的绝对自由。其实质，就是要摆脱世俗世界对自我的羁绊。儒家的“天—人合一”的价值理想是要实现自然、社会与个人的全面和总体的和谐。儒家认识到社会是人类整体生存的唯一方式，因而社会在天—人关系中占据着重要地位。儒家认为，人类生存的终极意义在于实现天—人之间的永恒的绝对和谐，而天—人和谐的核心内容就是要实现社会内部的自然和谐。儒家把决定社会和谐的关键因素归结为“亲亲”（仁）和“尊尊”（礼）。追求“亲亲”和“尊尊”的动态平衡是儒家基本的价值取向，坚信“亲亲”和“尊尊”的动态平衡的现实性是儒家的价值信念。在儒家看来，个体生命的意义必须以人类生存的终极意义为前提。个人只有自觉地以社会价值信念作为自己的精神支柱，并能自觉担当起将现实社会导向全面和谐的理想境界这一神圣使命，才能算是一个真正的“君子”，才具有崇高的价值。通过对现实社会的自觉担当，个人可以获得一种超越个体与现实的精神升华，个人将能从这种精神提升中体验到一种极大的精神快慰与自我满足。这也就是理学家们所津津乐道的“孔颜之乐”。

2. 强调道德修为是中国人学思想的最大特点

中国哲学着重从人的发展意蕴中探求人性的价值，通过对人的行为的伦理规范来实现对人的生存与发展的理性界定，并致力于思考人之所以为人的本质、价值、规范等各种规定性，最终实现从生存于自然状态的人发展成为具有高尚伦理境界的人，亦即从“现实”的人发展成为“实现”的人。

在中国的传统思想中，总是以伦理道德作为区分人与动物的标准，并将伦理看作是人性最根本的东西，认为人只要具备了德行就能获得幸福。古人认识到了人与自然及动物之间存在着本质的区别。为了把人从自然和动物界中提升出来，他们提出了做“人”的标准和人生追求的理想境界——“为天地开心，为生民立命”，且身体力行，就会成为被后世所敬仰的“圣人”，并为万世所师表。总之，对于“人是什么”这一问题的回答，中国古代思想家大都以伦理道德来区分人与动物的标准，并将伦理道德视为人最根本的东西。孔子曰：“仁者，人也。”他认为，“仁”是人的最高道德本质，是人之所以为人的根本依据。为人而不仁，便失去了做人的根本，失去了人生的价值和意义。那么，怎样才能成为一个有道德的人呢？儒家提出要“克己复礼”才能“为仁”。那么，到底如何才能“克己”呢？儒家进一步提出，要“吾日三省吾身”，如反思自己是否“为人谋而不忠乎？与朋友交而不信乎？传不习乎？”等。总之，一个有道德的人才是一个真正的“人”，违背了伦理道德就不成其为“人”，就会沦为衣冠禽兽。

儒家的道德思维是一种切己或涉己的思维，其实质就是要解决自我的思想、意识、情感、行为等是否“应当”的问题。所谓“为己”是指个人所思应当是自我约束，为自己立法，而非为他人立法。在任何时候、任何情况下都要想一想，自己应当或不应当如何。事事处处联系自身的思想、行为进行反思，就是时时、处处涉己。为学与切己自反相结合，是儒家道德思维的一个鲜明特色。为了贯彻道德至上的价值，中国人学思想家们提出了衡量个人成功的价值标准。他们将个人成功区分为三个层次：立功、立言、立德。其中，立德被置于成功人生的最高境界。

以儒家为主要代表的中国古代人学思想将价值信念指向人的社会生存，将人生价值归结为社会价值与道德价值，并以对现实社会的自觉担待来衡量个人生命意义。这一思想充分体现了儒家对人类共同命运的关怀，它对现代人如何重建自己的精神家园具有重要的借鉴意义。

3. 中国人学思想强调通过为学来达到成为道德人的目标

成为一个“人”必须有一个为学的过程，在儒家看来，为学就是学做人，真正的学问就是学做人的学问。学做人意味着道德的完善、人格的确立，以及精神境界的升华。儒家把自己的学问称为圣人之学，它所关注的焦点就是如何成就德性以完善道德人格。儒家虽然并不排斥智性，甚至主张“尊德性而道问学”“必仁且智”等，但始终坚持以德为先，以仁为本。

儒家从孔子开始，就将为学的重点指向自我。《论语·宪问》曰：“古之学者为己，今之学者为人。”“古”象征着孔子心目中的理想社会，而“今”则代表了当时的现实社会。孔子所谓“为己”亦即自我完善与自我实现；所谓“为人”亦即迎合他人以获得外在的赞赏。孔子以“为己”否定“为人”，意味着他主张完善自我以成就理想人格。达到这种理想的人生境界，正是儒家哲学的基本价值取向。

“为己”思想由孔子首先提出后，作为儒家思想的基本前提，它一直为后期儒学流派所继承与发展。传统儒家从先秦孔、孟、荀等再到宋明朱子、王阳明等一直坚持了“学者为己”的为学宗旨。“为己”之学反映了儒家对主体自我的肯定，体现了儒家对个人内在精神世界的关切。

应当特别指出的是，儒家的“为己”并非是指为了个人的私利，而是说，自我是道德修为的主体和核心，也是为学的起点。儒家所言之学，是强调修己成圣的优先性与根本性。儒家认为，要外王必先内圣，要实现“天—人合一”与社会和谐必先实现个人的道德修为。这种道德修为或为己之学，就是切己涉己之学。

为己之学不仅在思维上是切己的，而且在实践中也是涉己的。既然道德修为是为己之学的基本内容，那么，这种为学的过程也必须首先是一种价值认同或道德认识的过程，而非是一种对事实的认识过程。后者要尽量避免主观性的参与才能达到对客观真理的接近，而前者恰恰要结合主体的需要、情感、意志、行为等才能进行。因此，为学的首要任务就是要实现个人对道德人生的确认与确信。

个人在确认并确信“道德为人之根本”的为学原则的基础上，接下来要做的，便是践行自己的道德人生。显然，要在学习中有所成就，要使自己的人格境界有所提升，只能依靠个人自己的作为与努力。故孔子曰：“君子求诸己，小人求诸人。”（《论语·卫灵公》）亦即人生的意义和价值在自身之内而非在自身之外。如何实现这种价值也是自己的事，而非别人的事。总之，做人——成为道德人的责任完全在于自己。自我修养不是一个能不能的问题，而是一个为不为的问题。

4. 中国人学存在着重公利而轻私欲、重社会需要而漠视甚至压抑个人需要的倾向性

中国传统思想从伦理人性的角度出发，要求人们把追求个人幸福同“重公义而轻私利”紧密结合起来。如孔孟倡导“杀身成仁”“舍生取义”，实质上，就是要以牺牲个人幸福来换取社会整体利益的完整。荀子认为人性

“恶”，个人追求幸福的欲望是“恶”的，而要“化性起伪”，就要通过道德法度来促使个人改变这种“恶”的本性，若此，则“涂之人”皆可成“禹”。宋明理学更是将个人幸福与社会整体利益对立起来，并将两者完全割裂开来，进而以所谓“理欲之辩”的形式劝诫人们放弃个人幸福以服从所谓“天理”，通过自我的道德修炼，通过压抑自我的感性欲望等来做一个有“道德”之人。

中国人学这种以道德人生为旗帜并为社会规定一种道德理想的主张固然有利于社会的整体和谐与稳定，但一味强调“存天理，灭人欲”却有悖于基本的人性。特别是当这种思想为统治阶层所利用后，它就蜕变成为了统治阶层用来扼杀普通民众追求幸福的合理欲望与正当权利以换取自身幸福的思想统治工具。

总之，以儒家为主要代表的中国人学思想虽然对人的问题的探讨和研究具有丰富而深刻的文化内涵，但是，中国人学思想对人的问题的诠释更多地表现为一种感性说教，并且常常因武断而流于肤浅，这实际上妨碍了中国人学思想的进一步发展。尤其是中国人学理论将学理研究与政治主张混为一谈，这不仅曲解了中国哲学所内蕴的人学思想真谛，而且还存在着被现实政治所利用或歪曲，最终沦为统治阶层奴役劳苦大众的精神统治工具的结构性缺憾。

（二）我国近代成功思想

自近代以来，受西方成功学理论研究的影响与启示，中国成功理论研究的焦点开始从构建虚幻的社会理想人的道德人生转向探求真实存在的社会现实人的自我成功。中国成功理论也就相应地从人学思想阶段转到了成功思想阶段。

1. 厚黑学理论

中国近代最著名的成功学首推李宗吾的厚黑学。1934 年，四川学者李宗吾（1879—1944）出版了《厚黑学》一书。他在书中提出，个人成功主要取决于两点：脸皮厚与心黑——“喜怒哀乐不发，谓之厚；发而无顾忌，谓之黑。”

李宗吾对厚黑学的论证是从三国演义开始的。他认为，曹操的成功在于心黑。曹操心之黑无人可及：他杀吕伯奢、孔融、杨修、董承、伏完，又杀皇后皇子，悍然不顾，并且明目张胆地说：“宁可我负人，毋人负我。”而刘备的成功全在于脸皮厚。刘备脸皮之厚同样无人可及：他依曹操、吕布、袁绍、刘表、孙权，东奔西走，寄人篱下，恬不知耻。而且生平善哭，遇到不能解决之事，就对人痛哭一场，于是立马转败为胜。孙权虽心黑不及曹操，脸厚不及刘备，但他兼具心黑与脸厚，因而能够做到与曹、刘比肩而立。后来，曹、刘、孙相继而亡，司马氏乘时崛起。司马懿是集厚黑之大成者：他欺人孤儿寡母，心黑可比曹操；又能受巾帼之辱，脸厚更甚刘备，所以他能得天下。三国归晋，实在是“事有必至，理有固然”。

虽然李宗吾揭示了厚黑之于个人成功的重要性，但他的本意并不是要倡导人们都变得“脸厚心黑”。相反，他是要把那些以不正当手法取得成功的人们的所谓“成功秘技”大白于天下，以令其无所遁形。他崇尚“图谋公利”，认为“用厚黑学以图谋一己之私利，是发卑劣之行；用厚黑学以图谋众人之公利，是至高无上之道德。”“用厚黑以图谋一己之私利，越厚黑，人格越卑污；用厚黑以图谋众人之公利，越厚黑，人格越高尚。”由此可见，厚黑只具工具价值，其本身并无善恶之辩。“厚黑是办事的技术，等于打人的拳术。”因此，厚黑是中性的，坏人可用，好人也可用。“厚黑学，如利刃，用以诛叛则善，用以屠良则恶。善与恶，何关于刃？故用厚黑以为善，则为善人；用厚黑以为恶，则为恶人。”

美籍华人朱津宁进一步发展了李宗吾的厚黑学理论。她将“厚”比喻为“厚盾”，将“黑”比喻为“利矛”。厚脸用来保护自己免遭他人责难与非议的伤害。脸厚者能把自我怀疑撇在一边，拒绝接受别人试图强加在自己头上的“紧箍咒”，并且认为自己就是尽善尽美之人。黑心用来跟别人和自己搏斗。黑心者无情而超然，但不邪恶；他目光不短浅，也无不必要的同情心；他将自己的注意力全部集中在自己的目标上，并有胆量面对失败。总之，有了“厚”、“黑”这两样武器，个人就能获得成功。

“厚黑”的实践者运用自己力排他人责难、奚落与诽谤的本领，同时履行着自己认为正当的职责。厚脸、黑心斗士最大的勇气就是不动情感、泰然自若。这意味着他不会胆怯，敢于拼搏，并能摆脱由失败所引发的消极情绪。真正的厚、黑者是一位十全十美、无与伦比的斗士，他的武器受自己的内心智慧所引导，这种智慧是在他接受生活挑战与寻求精神平衡中陶冶而成的。

厚、黑之道没有人种肤色之分，也无宗教之别。这一规则不偏爱谁，也不拒绝谁，它对任何人都一视同仁。随着个人对厚、黑之道实践的深入，他将能够逐渐消除崇高的精神世界与谋生的世俗世界之间的冲突，并使两者趋于和谐。这使得他能够从容应对日常生活中的各种挑战，最终获得精神世界与世俗世界的丰硕成果。

朱津宁认为，厚黑的自然之途非世人所能操纵，也超越了狭隘的世俗标准。当人按照宇宙的意志行事时，他的一举一动都是正当的，并且皆能受益。他不会自认为公正、善良，也不会过度渴望心满意足，更不会谋求他人的赞同。行动时，他迅捷、胜任、不受情感左右；退让时，他泰然自若、任凭世人品头论足；求胜时，他卓有成效，表面上似乎残酷无情，实则毫无恶意。无论行动与否，他总是依然故我。此时，他真正成为了一位地地道道的、名副其实的厚脸、黑心的实践家。

2. 中国式成功“商”束理论

受西方成功“商”束理论的影响与启发，我国学者也提出了类似的并具中国特色的成功“商”束理论。

（1）心商（MQ）理论。心商（Mental Intelligence Quotient，MQ）是指一个人维持心理健康、缓解心理压力、保持良好心理状况与活力的能力。1997年12月，我国著名心理学家王极盛教授出版了国内第一本有关“心商”理论的著作《心商MQ——学生最新成功法宝》，较为系统地阐释了心商理论。

心商包括心理健康和心理压力调适两方面内容。心理健康是指个人在心理和社会适应能力等方面的健全状态，包括和谐的人际关系、正确的自我评价和情绪体验、正视现实、人格完整等。随着生存环境的恶化以及工作和失业等外在压力的增加，人们的心理压力越来越大。为此，维持心理健康已经成为个人获取成功的最重要基础与前提。健康的心态表现为开放自己、接受他人；对生活和事业充满热情；与人交往开朗、豁达；不因成就而狂妄，不因失落而气馁，不因欲望而狂躁，不因嫉妒而困扰，而是将一切都视为人生财富等。心理压力调适能力是衡量个人心商高低的另一重要标准。心商高的人善于调整自我心态，能够及时将不利于事业发展和生活幸福的消极心态消弭至最低程度；能够很快从负面心态中解脱出来，以便从容应对自己面临的困难或挫折；同时，善于将自己所面临的压力转变为获取成功的动力。

（2）志商（WIQ）理论。所谓志商（Will Intelligence Quotient，WQ）就

是个人确立自己的志向与人生目标的能力。1997 年，北京师范大学心理学教授许燕在《21 世纪》杂志上发表文章——“21 世纪家庭教育主业：志商、情商、智商”，首次提出了“志商”的概念。她指出，一个人如果缺乏远大的目标，势必无法获得全面发展。墨子曰：“志不强者则智不达”，深刻揭示了志向对于个人的智力发展将会产生巨大的促进作用这一基本道理。当个人拥有远大的志向时，他就会围绕自己的志向去确立自己的人生奋斗目标，进而内生出实现目标的内在动力与自我能力。因此，志向和目标是改变人生的最好“工具”。人生因理想而伟大。实际上，个人的失败往往并不是因为自己没有才干，而是由于自己缺乏远大的志向与明确而清晰的人生奋斗目标。

（3）意商（WQ）理论。意商，即意志商数（Will Quotient，WQ）。1999 年，中央党校教授崔自铎发表了一篇论文——“人的意商：一个全新的概念”，首次提出了“意商”的概念。他认为，在智商和情商之外，还存在意商。意商是对人的意志的一种量度，亦即意志强弱水准的量的规定性。他从理论、现实与历史三个方面阐明了意商存在的根据。从理论上讲，人的意识包括认知、情感、意志三个基本要素；从现实上讲，人的各类实践活动无不证明一个事实，即人的认知、情感、意志在人的意识活动中始终共存、互促，并且相互制约；从历史的角度看，对意志问题的研究很久以前便进入了哲学家和心理学家的视野。既然意志始终存在，那么，对意志的量度——意商——也同样存在。他认为，对于意商的研究不仅具有理论意义，而且具有实践意义。但是，他并没有在文中给出意商的具体度量方法及其衡量标准，只是指出：“其详情，需要通过心理学家去说明。”

（4）胆商（DQ）理论。胆商（Daring Intelligence Quotient，DQ）是对一个人的胆量、胆识或胆略的量度，它实际上体现了一个人的冒险精神。2001 年，中欧国际工商学院的刘吉教授第一次提出了“胆商”的概念。他认为，胆商是指一个人在做决断时敢于拍板的勇气。人们经常强调智商与情商对于个人成功的重要作用，但实际上，如果没有胆商的协助，个人成功将会变得十分困难。

胆商高的人敢作敢为，敢于冒险。看准时机，果敢决定，这对于一个创业者来说尤为重要。实际上，它是创业者成功的必备素质。胆商低的人通常会表现得优柔寡断，行动上前怕狼、后怕虎，结果只会贻误大好时机。当然，胆商高的人也并非是一个无知的莽撞者，而是一个建立在一定知识水平基础上的勇敢者。亦即只有将胆识建立在渊博的知识与丰富的实践经验的基础之上，它才能真正成为个人成功的助推器。

（5）健商（HQ）理论。健商，即健康商数（Health Quotient，HQ）。2001 年 3 月，加拿大华裔医学专家谢华真教授在加拿大出版了《健商》（《Health Quotient》）一书，首次提出了“健商”的概念。作为“HQ”（健商）这一健康新理念的首创者，谢华真教授也因此而被尊称为“HQ 先生”。谢华真认为，健商是一个建立在最新医学成果与健康知识基础之上的全面的、崭新的、有科学根据的健康理念。一个人的健商代表了他所具备的健康意识、健康知识、健康能力与水平，也代表着他的健康智慧，以及他对健康的态度。谢华真认为，健商包括如下五大基本要素：

①自我保健。个人要把健康的钥匙牢牢掌握在自己手里，而不是将自己的一切都交给专家。每个人都应通过良好的生活方式、乐观向上的信念，以及对自己身体固有的自我康复能力的信任来控制疾病，从而让自己的健康水平达到最佳。

②健康知识。要想提高自己的健商，就要不断地学习健康知识。健康知识能够帮助个人提高自己对健康内容、保健制度、健康维护、健康监测的风险因素与工具等方面的认识。个人所拥有的健康知识越丰富，他就越能对自己的健康做出明智的判断。

③生活方式。生活方式是指与个人的生活、价值观与情感友谊相关的生活习惯。好的生活方式能为个人的健康加分，而不好的生活方式将有损于个人健康。

④精神状态。健康的心理表现为个人形成了高情商，具有较强的自尊意识，能够克服忧虑、焦躁、愤怒、压抑等不良情绪，能够接受自己的身体意象，并且欣赏自己的特质。那些在精神上感到满足的人往往也是最健康、最长寿的人。

⑤生活技能。个人通过重估自己与环境的关系、改善生活方式、掌握健康的奥秘与方法等，就能不断提高自己预防疾病发生、判断自我健康状况并恢复自我健康的能力。

上述五大要素间相互依存、相互平衡，哪一个方面太低都将影响个人的健商水平。谢华真认为，健商是一种全新的健康文化，其核心是自我保健。当个人了解了怎样保健，并拥有了丰富的健康知识之后，他就能够把握自己的健康而不会过分依赖各种医疗手段；当自己出现病痛时也不至于惊慌失措、如临大敌。

（6）创商（CQ）理论。创商，即创造力商数（Creativity Quotient，CQ）。2004 年，我国学者李放在吸收前人研究成果的基础上，提出了一种新的商数理论——创商理论。根据其“开放大脑核心训练丛书”的解释，所谓创商，就是指一个人的思维能力、开放能力、创新能力与创造能力。实际上，创商是对智商和情商的一种深化与外化，它是衡量个人智力和情绪智力在发现问题与解决问题过程中应用与转化程度的标准，同时也是个人行动能力与成功能力的标志。创商的核心即所谓“OIC”——开放＋创新＋创造，具体体现为如下三个链系：

①核心问题链：开放性解决问题＋创新性解决问题＋创造性解决问题；

②核心思维链：开放思维＋创新思维＋创造思维；

③核心能力链：开放能力＋创新能力＋创造能力。

创商的培养目标就是通过开发大脑的思维潜能来提高个人的开放能力、创新能力和创造能力。其具体开发途径为：大脑神经链建构＋观念链再造＋思维链内化＋能力链外化。

三、东西方成功学理论差异

中国成功学理论是东方成功学理论的主要代表。由于东西方成功学理论分别植根于东西方文化，因而不可避免地存在着文化上的差异。这就如同东西方文化各自具有自身的优、缺点一样，东西方成功学理论也必然存在各自的优缺点。

1. 理论特色差异

西方文化具有实验性、科学性与可统计性等特点，这一点在西方成功理论研究上也得到了体现。西方成功理论注重外部形式的规范性和方法的科学性。它是一种通俗理论、操作理论和实用理论，具有注重实践，注重外界影响，以及“先行后知”的理论特色。

西方成功学理论主要集中于如何有效处理日常事物，它对人们的现实生活具有极强的指导意义，是一部较为完整的行为学理论。特别是近代西方成功学理论以心理学为理论基础，以注重生活实践、解决现实问题为基本导向，并且发展出了一套较为完善的行为操作方法，例如如何创业、如何搞好人际关系、如何与人沟通等。面对创业中可能遇到的困难或挫折，西方成功学理论通过详细分解，提出了包括问题思考、行为准则与操作步骤等在内的应对方法。西方成功学理论非常注重对现实案例的研究，通过研究成功者所具有的共同优点、品质，失败者所面临的共同问题以及问题背后的原因等，形成了一套可用于指导个人获取某一方面成功的具体方法。这种研究细致入微，具体到生活中的每一个细节，如创业历程中的故事挖掘、成功人士的生活态度、成为合格推销员的具体方法等。

东方文化强调内省，这一点在东方成功理论研究上也得到了体现。东方成功学思想更多地强调内因在成功中的作用，强调个人的内省与自悟。相对而言，较少涉及操作方法。这就使得东方成功思想给人一种玄妙深奥的感觉，甚至觉得它有点脱离了人们的现实生活。因而，普通大众很难一时理解并接受这种近似玄奥的东方文化的精髓。如佛家注重内在的自我解放和自我解脱，以求达到智慧的圆通。为达此目的，佛家提出出家、修行、与世隔绝等法门，以期阻断一切烦恼的根源。虽然佛陀反复强调，出家只是方法而非目的，其最终目的还是入世，是大乘佛法，是度人救人，但人们还是无法理解、接受这些主张。以至于佛家大师们常常慨叹“慈行本是度人舟，无奈众生不上船！”

2. 研究重点不同

西方成功理论偏重于方法研究，而缺少对于人的深层次心灵的追问，以及相应的理论思辨，这就使得西方成功学虽然在操作方法上非常透彻，但其思想性略显不足。在这种成功理论的指导下，人们知道如何去获取成功，却不十分清楚自己追求成功到底为了什么，以至于人们终日热忱于怎样成功，却总是难以打开通向智慧人生的大门。

东方成功理论重点关注自我内部，却存在忽略外在影响的不足。在入世的过程中，东方成功理论重视内因的主观能动作用，并将注意力主要集中在解决思想问题上，却忽视了对外在可见的行为操作方面的研究。由于操作性过弱而思想性太强，以至于东方成功学思想近似于“玄学”，并常常因此而被人误解、篡改，甚至被遗忘。此外，东方成功学思想注重自我理想而轻视现实生活。显然，离开了现实生活，“修身、齐家、治国、平天下”均成了无源之水、无本之木。虽然理想很重要，但理想一旦与现实生活相脱离，或者理想过于高远，就会让一般人觉得“成功”遥不可及。相对而言，西方成功学注重现实生活，注重实用性，因而更加贴近普通大众。

3. 研究方法不同

在研究方法上，西方成功理论注重有形的实验研究和现实案例研究，东方成功学注重无形的思想建构和对理想人格的描述。西方成功理论注重实证检验，崇尚对生活持一种进取、开拓、冒险、探索的开放性态度，而东方成功理论注重感觉、联想，崇尚对生活持一种智慧、内省、自持的封闭保守态度。东方成功思想常常将看似毫无联系的事情内在地联系起来，并对它们进行宏观思考，然后得出内省式的结论。然而，这种经过智慧思考所得出的结论由于未经现实生活的实证检验，因而常常令人难以完全信服。

4. 实践性差异

从实践性的角度来看，西方文化具有“先行后知”的特点，故行长于思。西方文化注重在实干中积累经验，并且不断地总结、提炼。由于西方文化强调积累与继承，故西方文化往往分门别类，并且形成了渐次发展的学科体系。体现在成功学理论研究方面，就是西方成功学注重实践与现实生活，并就如何应对现实生活中的具体问题总结出了一套相应的操作方法与行为策略，因而很容易受到一般人的接受与认可。

东方文化具有“先知后行”的特点，故思长于行。虽然东方文化设计出了精妙绝伦的思想框架，但由于其实践性不够，因而难以表现出其对于现实生活的指导价值。体现在成功学理论研究方面，就是东方成功学理论注重无形的内在思想与精神生活。由于东方成功学思想过于深奥、庞杂，因而容易被人误解，并且容易陷入一种仁者见仁、智者见智的混乱状态。然而，这种历经了几千年而不衰的思想体系确实隐藏着顶层的人生智慧，它是经受了历史变迁考验的人类思想的精髓。总之，东方成功学理论，就其思想性而言领先于西方，而就其实践性而言又落后于西方。

第二节　系统成功理论的提出

一、成功学理论评述

成功学理论需要回答三个基本问题：成功为什么？成功是什么？怎样成功？虽然以往的成功学理论都对上述三个基本问题作了一些研究，并且部分地回答了某些问题，但整体上缺乏对这些问题的系统研究，更没有形成一个完整的理论框架。

第一，“成功为什么”是成功学理论必须首先回答的第一个基本问题。在没有回答这个问题之前，其他一切相关的研究都难以顺利进行。显然，如果个人不知道自己成功到底为了什么，那么，他就无从确定自己的目标。即使个人一时获得了某一方面的成功，他也不知道这种成功对于自己来说到底意味着什么。然而，时至今日，无论东方成功学理论还是西方成功学理论都未能就这一问题给出一个令人满意的答案。尤其是西方成功学理论更是偏重于技术层面的成功研究，而缺乏对个人成功的价值层面的系统思考。

第二，“成功是什么?”这是成功学理论必须回答的第二个基本问题。从技术层面上讲，成功就是达到自己想要的目标。这样的回答基本上不存在什么争议。然而，到底什么才是自己真正想要的目标？确定个人目标到底需要考虑一些什么因素？需要遵循一些什么原则？等。对于这些问题，无论东方成功学理论还是西方成功学理论都至今未能给出一个令人信服的回答。

第三，“怎样成功?”这是成功学理论必须回答的第三个基本问题。对于这一问题的回答，以往的成功学理论普遍存在着强调某一个或某一类因素而忽视其他因素的倾向性，更缺乏对所有因素的系统整合。诚然，就某一个或某一类成功要素进行深入研究是必要的，但是，如果不对个人成功以及决定个人成功的相关因素进行系统思考，就无法构建一个科学的理论体系。用这种片面的成功学理论来指导个人获取成功人生的实践，将势必难以获得理想的效果。

二、系统成功理论的提出

个人成功应该是一种短期成功与长期成功的高度统一、局部成功与整体成功有效耦合基础上的成功，亦即个人成功应该是一种系统的成功。然而，一般情况下的所谓“成功”通常是指个人在某一特定事项上的成功。亦即当我们讨论个人成功时，我们所强调的往往只是个人在某一局部性事项或阶段性任务上取得了成功，而不是整体性的成功或全过程的成功。诚然，个人取得局部性的成功或阶段性的成功至关重要，然而，如果这种局部性成功或阶段性成功不能相互耦合并有效地整合成为一个有机统一的整体的话，那么，这种成功对于成功人生的促进作用将是极其有限的。

系统成功是一个十分复杂的问题，它是内外各种因素综合作用的结果。获取系统的成功是一个十分复杂的系统工程，它需要个人对自己的整个人生进行系统思考；在此基础上，对自己的整个人生做出系统规划；并付出系统努力。成功学理论就是建立在系统理论基础之上的对个人成功进行系统思考的理论，亦即成功学理论是一种系统成功的理论。所谓系统成功理论，就是要将成功视为一个系统问题，并在系统理论的指导下研究成功主体追求成功的外在现象及其内在基本规律。

完整的系统成功理论包括两个子理论：个人系统成功理论与组织系统成功理论。所谓个人系统成功理论，就是要将个人成功视为一个系统问题，并在系统理论的指导下研究个人追求自我成功的外在现象及其内在基本规律；所谓组织系统成功理论，就是要将组织成功视为一个系统问题，并在系统理论的指导下研究组织追求成功的外在现象及其内在基本规律。

个人系统成功理论的基本内容包括成功的系统观与系统的成功观两部分，它们分别对应于个人成功的两个基本层面：技术层面的成功与价值层面的成功。所谓技术层面的个人成功观，就是以系统的观点来看待个人的每一次成功，从而形成个人成功的系统观。所谓价值层面的个人成功观，就是以系统的观点来看待个人的整个人生的成功，从而形成系统的个人成功观。

第三节　个人成功的系统观

所谓个人成功的系统观，就是要对个人成功进行技术层面的系统思考。对个人成功进行技术层面的系统思考就是要将成功的三个基本环节——目标确定、目标坚持、目标实现——视为一个有机统一的整体，并对其进行系统思考。在此基础上，对它们做出系统的规划，并采取系统的行动（如图2－1所示）。

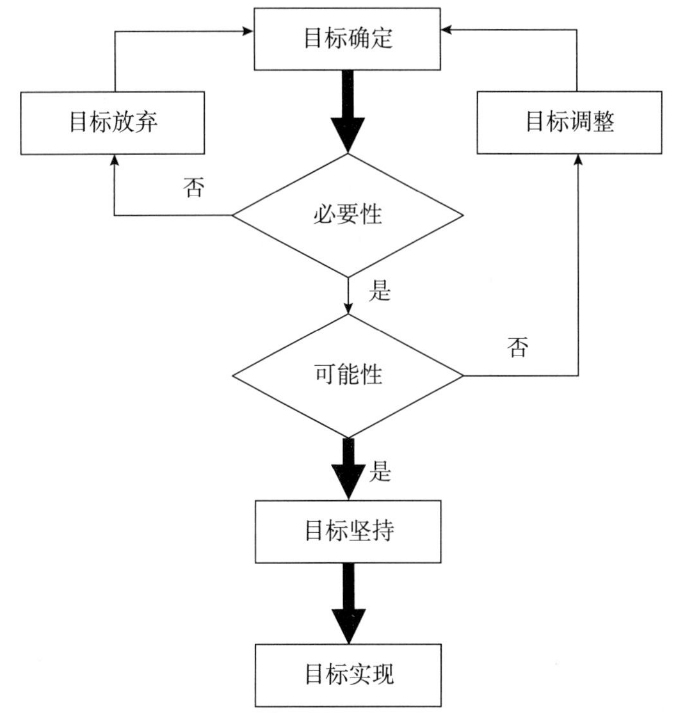

图2－1　成功的系统框架图

一、目标确定

目标的确定必须完全由自我主导，亦即个人所确立的目标必须完全源自自我内部，而非为外界所强加。只有自主确定的目标才真正反映了自我需要，才会促使个人专注地投入目标，并在目标的实现过程中获得一种自我控制感。由于个人对目标拥有自我主导权与自我控制权，必要时，个人完全可以根据自我偏好与环境变化对目标做出必要的调整或修改。这样做十分必要，因为这样既能确保个人努力前后一致，同时又能让目标的实现具有一定的弹性。

确定目标的过程是一个十分复杂的过程，需要进行多层次的决策。首先，要就目标确立的必要性进行决策；其次，要就目标实现的可能性进行决策；最后，要对目标的执行做出计划。

（1）目标的必要性论证。目标的必要性论证，就是要弄清楚目标是否确实为自我所需要？需要的程度如何？个人是否对这一目标感兴趣？该目标是否与自己的人生目标相耦合？是否与其他目标相协调？该目标的提出是否会冲击其他目标并影响到其他目标的实现？该目标的实现能否有效促进自我的健康成长？是否能对自己的经济基础、社会基础与自我成长等产生积极的效应？等等。

（2）目标的可能性论证。目标的可能性论证，就是要确定目标是否具有实现的可能性。如，自己是否具备足够的时间、精力、能力来实现这一目标？外界环境是否允许个人提出这样的目标？能否获得目标实现所必需的外部支持？等等。

（3）目标执行计划的制订。如果个人对上述必要性论证与可能性论证所得出的结论是否定的，那么，个人就应毫不犹豫地放弃这一目标；如果个人对上述可能性论证与必要性论证所得出的结论是肯定的，那么，个人接下来要做的，就是要制订出具体的目标执行计划。

在制订目标的执行计划时，个人需要预先拟定多个方案，并对各个方案进行详细的评价。在此基础上，选出一个最佳的方案，然后予以执行。

在制订目标的执行计划时，要特别注意计划是否具有可控性。为此，个人必须对目标进行详细分解，以确保各子目标之间能够相互配合、相互协调、相互衔接，亦即必须严格遵循目标的分合原则与目标的耦合原则。

二、目标坚持

对目标执着而持久地坚持是确保个人成功的关键。显然，任何完美的计划，如果不能成功地实施，它都只不过是水中月、镜中花。

目标坚持的过程，实质上是一个自我管理与自我控制的过程。首先，个人必须不折不扣地执行计划，并且紧紧围绕着目标的实现持续地调整自我、管理自我，并且不断地完善自我。事实上，个人对目标坚持的过程，也就是个人自我完善的过程；同时，也是个人自我成长的过程。其次，在通向成功的过程中，个人随时都可能遭遇各种困难或挫折。个人必须对此有足够的估计，并且预先做出妥善的安排。确定合理的目标固然重要，然而，在随后的目标坚持过程中，根据内外环境的变化随时对目标及其执行计划做出动态的调整也十分必要。如对于一个用一步无法达成的目标，可以考虑将它分成两步或三步来完成，这样，力不能及的事情就会变得力所能及等。总之，个人在目标坚持的过程中，既要具有面对挫折毫不退缩的坚韧意志，同时又要具备因时、因事应变的足够智慧与能力。

三、目标实现

就单一目标实现的一次性成功来说，目标实现也就意味着个人已经达到了成功的终点。然而，对于系统的个人成功来说，某一目标的实现只不过是个人走向下一次成功的开始，因为系统的个人成功是由若干个具有内在联系的目标相互协调、相互耦合所形成的一个有机统一的整体。

第四节　系统的个人成功观

技术层面的成功是个人成功的基础，价值层面的成功是个人成功的灵魂。技术层面的个人成功理论，亦即个人成功的系统观；价值层面的个人成功理论，亦即系统的个人成功观。所谓系统的个人成功观，就是要对个人成功进行价值层面的系统思考。

一、系统的个人成功的基本内涵

系统的个人成功包括两个方面的基本内涵。

首先，系统的个人成功是成功。这就意味着，系统的个人成功必须建立在个人获得技术层面成功的基础之上——达到自己预定的目标。亦即个人只有获得技术层面上的成功，他才可能实现价值层面上的成功。当然，技术层面的成功只是价值层面成功的必要条件，而非充分条件。

其次，系统的个人成功是系统意义上的成功。这就意味着，系统的个人成功不是局部性的成功，而是整体性的成功；不是单项指标意义上的成功，而是指标体系意义上的综合性的成功；不是暂时性的成功，而是整个人生的成功。系统的个人成功观，也就是成功的人生观；个人追求系统的个人成功，也就是追求一个成功的人生。

二、系统的个人成功的基本目标

个人追求系统的个人成功，也就是要追求一个成功的人生。那么，到底什么才是成功的人生呢？为了能够回答这个问题，我们必须要首先搞清楚另外一个问题——人的本质到底是什么。

人是一个具有完善人性的存在实体。人性，是人之所以为“人”的本质属性。没有人性，人也就不成其为“人”了。人性的核心是人的自我成长性。事实上，成长性是任何事物的内在本性，而这一点在人身上体现得最为明显。

人终其一生都在成长。很难想象，如果一个正常人感到自己再也不能成长，再也无法成长，这对他来说到底意味着什么。这就意味着——自己的生命已经不再有任何意义，自己的存在已经不再有任何价值。

人的成长性具有以下基本特点：

（1）成长的全面性。人的自我成长绝不是自我的某一方面的成长，而是自我的全面成长。其中既包括身体自我的成长，也包括心理自我的成长；既包括人的生物本性的发展，也包括人的社会本性的发展。

（2）成长的阶段性。个人处于不同的成长阶段会有不同的优势成长点。虽然不同的人的自我成长存在很大的差异性，但从整体上讲，任何人的自我成长都会呈现出明显的阶段性。

（3）成长的层次性。个人终其一生都在成长，所谓“生命不息，成长不止。”这种终其一生的成长的主要特征之一，就是成长的层次性。首先，身体自我的成长要先于精神自我的成长。其次，身体自我与精神自我本身也具有一定的成长层次性。一方面，身体自我的成长遵循“形成—生长—成熟—维持—衰退”的生命规律，从而表现出一定的层次性。另一方面，精神自我的成长是一个由自我主导、自我控制、自我管理下的能动的过程，它同样也会表现出类似于身体自我成长的层次性特点来。

总之，追求自我成长是人性的内在诉求。由于人的自我成长的终极目标就是要成长成为一个具有完善人性的“人”，一个自我健康并且自我实现的人。因此，系统的个人成功的基本目标，就是要形成一个健康的自我，并且最终走向自我成长的终极目标——自我实现。为此，个人所确立的一切具体目标都应不违自我本性，或者说，个人所追求的一切成功都应遵循自我本性，并且有利于促进自我人性的正常发展。因为只有这样，个人的自我潜能才可能得到充分的发展与有效的发挥，自我也才可能健康地成长。

三、系统的个人成功的基本原则

自我成长不仅是人性发展的内在基本趋向，同时也是个人成功所应遵循的基本原则。正常人的自我成长可从四个方面来理解：首先，自我成长的基本方向是要形成一个健康的自我；其次，自我成长的基本途径在于寻求基本需求的有效满足；再次，自我成长的终极目标是要最终走向自我实现；最后，自我成长的外在表现在于自我存在状态的不断改善。因此，个人追求系统的个人成功应该遵循以下四个基本原则。

（一）基本需求满足原则

人的基本需求对于人的自我成长起到根本性的推动作用。因此，个人成功必须紧紧围绕着获取自我基本需求的有效满足。

人的基本需求即是人的内在本性。现实生活中，人的一切行为的根本目的都是为了更好地满足人的基本需求。因此，个人在自我成长的整个过程中，都应致力于寻求自我基本需求的有效满足。事实上，任何人如果不是为了满足自身的某种需要，他就会缺少做事的内在动力，甚至可能什么也不能做。人就是因为有了某种需要才会去行动、实践或劳动。人类正是在自我需要的不断满足与新的需要的不断产生的过程中才获得了持续前进的动力，并且不断地走向进步的。

人的需要之所以能够成为人类发展的内在驱动力，是由人的生命活动特点所决定的。人的生命活动与动物的生命活动存在着本质的区别。动物不能把自己和自己的生命活动区分开来，它只是以自己的“种的尺度”来与自然界发生关系。在这一“种的尺度”上，生物的遗传规律起着决定性的作用。而人能将自己与自己的生命活动区分开来。人能对自己的生命活动进行反思，进而使其对象化，并且懂得按照任何一个种的尺度来进行生产，懂得怎样把自己的内在尺度运用到对象上去。亦即人的生命活动具有两种尺度：一种是一切“种的尺度”，即外在尺度；另一种是人自身的尺度，即内在尺度。人不仅能够按照一切“种的尺度”来构造客观事物，而且还能够按照人的自身需要来改造客观世界。这就意味着，人的生命活动不仅受到遗传规律的制约，而且还受到人的基本需求、人的自我意识的发展、人的主体性以及各种社会性关系的制约。人的生命活动正是在内外两种尺度的相互影响、相互制约下所进行的。正是由于决定人的生命活动的双重尺度的存在，才使得人最终成为了万物之灵。

人对环境所进行的物质、能量与信息的选择是一种意向性的选择。由于出现了理性和自我意识，人和人的需要便都处于了永恒的自我生成之中，人便成为了一个自我创造、自我生成、自我超越的理想性的存在之物。人之所以和动物不同，之所以具有了人性，就是因为人具有内在的自我创造性和自我超越性。人不像动物那样仅仅从外界索取现成之物以直接满足自身的需要，而是主要通过劳动及其他社会活动来创造出满足自我需要之物。同时，人还具有了超越自然状态而进入社会状态，并不断超越现实状态而进入理想状态的需要与能力。正是这种创造性和超越性的存在，才使得人产生了更为丰富、更为全面的需要。理性和自我意识的存在一方面使得人能够触及事物和过程的本质及其规律以指导人的行为、满足人的需要，并且通过领悟事物，认识、理解和掌握自身，以便使自己能够适应客观事物的变化；另一方面，又使人的需要具有了无限性，从而为人的自我发展获得了永不枯竭的动力和源泉。正因为人具有理性才使得人有可能意识到自身的自然的动物本性与超自然的社会本性之间可能存在着某种冲突，因而有必要采取有效措施来预防并解决这种冲突，从而确保了自我的健康成长，并且最终能够达到自我实现。

人的基本需求促进了人的实践活动的发展。在获取基本需求满足的过程中，个人必须认识环境。这就需要不断广泛而深入地探究自然环境与社会环境发展的内在基本规律。在认识环境与自我的过程中，人的思维能力变得越来越强，人的知识变得越来越丰富。而正是在获取基本需求满足的认识与实践活动中，人实现了社会化的自我成长。

基本需求满足所具有的成功效应是一种系统性的效应。如果我们不从系统的观点来看待个人成功的话，我们就可能得出基本需求匮乏也能促进个人成功的错误结论。如在个人成长早期，安全基本需求匮乏可能导致个人产生异常强烈的权力欲，这种内心深处对权力的迷恋与崇拜也可能促成某些人最终获得权力，从而获得政治生涯的成功。然而，绝大部分权力主义者（马斯洛甚至认为达到了90%）在情感上是不稳定的，并且严重缺乏安全感，有的甚至患有严重的神经症，亦即皮埃尔·阿考斯（Pierre Akaosi）所谓的“病夫治国”。这些人虽然在某一方面（政治上）获得了成功，但他们并没有获得系统的个人成功。

（二）健康自我形成原则

自我成长的内在基本趋向，就是要形成一个健康的自我。事实上，个人寻求自我基本需求的有效满足，也是为了能够形成一个健康的自我。因此，个人争取系统的个人成功的一切努力，都必须始终遵循健康自我形成这一基本原则。

健康自我形成不是基本需求长期严重受挫的产物；与此同时，健康自我形成也绝不是基本需求不健康满足的产物。因此，个人在追求基本需求的满足时，必须严格遵循健康满足这一基本原则。事实上，健康自我形成本质上是个人的自我基本需求能够长期得到有效、均衡与健康满足的一种必然结果。如果个人在追求基本需求满足的过程中不遵循健康满足的原则，那么，个人将势必难以形成一个健康的自我，更难以达到自我成长的终极目标——自我实现。

（三）自我实现原则

自我成长的终极目标，就是要在形成一个健康自我的基础上最终走向自我实现。这就决定了个人追求系统成功的根本任务就在于要在自我成长的过程中不断地认识自我、发现自我、发展自我，并且最终实现自我。

人是一个具有开放性、自我导向性，并且处于不断形成之中的特殊生命系统。人这一特殊生命系统既存在着潜在的内心冲突，同时又具有自我完善的巨大潜力。然而，人的自我完善巨大潜力并不会自动暴发出来，它需要个人主动地去发现它、激发它，并且有意识地去发展它。当然，自我完善必须立足于促成自我的整体性发展，而不是局部性发展。局部性发展只是发展了自我的某一部分，它实质上是一种畸形的发展。系统的个人成功是自我潜能获得整体性发挥的结果，而畸形的自我发展显然不利于个人自我潜能的整体性发挥。许多人在大学甚至研究生毕业之后仍然不知道自己到底喜欢什么、自己到底想要什么、自己到底想干什么、自己到底想要成为什么等，就是因为他们还没有做好认识自我与发现自我的基础性工作，最终，也就难以充分地发展自我并实现自我了。自我认识与自我发现的任务没有完成，个人纵然获得了较高的学历，也难以确保自己能够最终获得一个成功的人生。

（四）存在状况改善原则

健康自我形成与自我实现并不是虚无缥缈的，它必须具体落实到个人的现实生活中去，亦即具体体现为个人能否持续改善自己的自我存在状态。自我存在状态的持续改善依赖于个人能否及时解决自己所面临的各类现实问题。正是由于个人所面临的各类现实问题能够得到不断解决，才最终确保了个人的自我存在状态能够得到持续改善。个人正是在这种自我存在状态的持续改善过程中才不断地体验到了一种生命的意义感与存在的价值感。总之，个人选择自己的生活目标并且致力于自我成功的一切努力，都必须紧紧围绕着自我存在状态的不断改善。追求系统的个人成功，必须首先立足于持续改善自己的自我存在状态。

第三章　成功人生

系统的个人成功理论，就是从系统的角度研究个人成功。系统的个人成功意指个人获得了一个成功的人生。系统的个人成功观，也就是成功的人生观。

第一节　人生概述

任何人只要活着，就会有自己的人生；但并不是任何人都会有一个成功的人生。亦即人生是自然生成的，而成功人生是要个人去努力争取的。

成功人生并非可望而不可即，每一个正常人都具有获取成功人生的巨大潜力。人总是希望着什么，这是贯穿于人的整个一生的基本特点。有希望就会有未来。只要个人能够合理规划自己的人生，并且坚定不移地追求自己想要的人生目标与美好未来，那么，一个成功的人生是完全可以期待的。

一、人生

（一）何谓人生

在研究成功人生之前，我们首先必须搞清楚何谓人生。所谓人生，简单地说，就是指人一辈子的生活。那么，到底人的生活是什么呢？为了回答这一问题，我们不妨先将人的生活与动物的生存作一简单比较。因为人的生活的基本内涵就是从与动物生存的比较中获得的。

人的生活与动物的生存存在着本质差异，这种差异主要体现为人的生活与动物的生存在目的性方面存在着本质差异。人的生活具有明确的目的性，亦即人知道自己要做什么、自己在做什么、自己这样做将会产生什么后果、自己这样做将对自己有什么价值和意义等。而动物的生存谈不上意识层面的目的性。动物在自然生态系统中扮演着既定的角色，然而，动物对于自己在生态系统中所扮演的角色并不十分清楚，更谈不上意识。动物的行为主要受生存本能的驱使。其次，虽然人的生活与动物的生存都是一种生命活动，但前者是未被规定的，即使被规定也能实现自我超越；而后者是被规定了的。动物日复一日、年复一年地重复着同样的生命活动，保持着同样的生命活动习性或生存方式，并且永远无法从主观上实现自我超越。

综上所述，所谓人生就是个人为追求自我价值而不断超越自我的有目的、有意识的生命活动过程。

（二）人生的基本特点

通过将人的生活与动物的生存相比较，我们揭示了人的生活本质。进一步分析之后，我们还能发现，正常人的人生具有以下四个基本特点：

（1）主观目的性。正常人的人生虽然受外部环境的影响与制约，但是，生活本质上是一个自我主导下的有目的的行为过程。目的性是人类生活与动物生存的本质区别。

（2）客观存在性。人的生活虽然具有主观目的性，但生活本身是一种现实的客观存在，而不是某种主观的自我构想，更不是某种超越现实的虚幻场景。生活虽然是人创造的，但人所创造出来的生活是一种客观存在的现实生活，并且具有其自身发展的内在逻辑。此外，人的现实生活一旦顺势展开，就会反过来对人的自我存在与自我成长构成某种现实的规制与制约。

（3）内容的丰富性。人生是一种基于现实生活的并且以一定社会关系为存在基础的有目的的生命活动过程，这种有目的的生命活动过程主要包括两方面内容：物质生产活动和精神生产活动。而这两方面内容可进一步细分为其他不同的方面，进而会产生出无限多样的并且丰富多彩的具体的现实生活内容。

（4）过程的非完美性。无论从何种角度来考察，人生都是不完美的。生活的本质就是不完美。止因为不完美，个人才需要不断地去追求，自我才有了成长的动力。如果人生有所谓的完美，个人也就无须超越。而个人一旦没有了超越，自我也就无从成长，人生也就无所谓成功。没有了追求，没有了超越，人的存在也就变成了动物的存在，人的生活与动物的生存也就不再存在本质差异。

二、成功人生

（一）成功人生的基本内涵

成功人生，就是个人获得了价值层面的成功。成功的人生观，也就是系统的个人成功观。个人追求成功人生，就是要将自己的人生视为一个有机统一的整体，并从系统的角度来确立自己的人生目标、坚持自己的人生目标，并且最终实现自己的人生目标。

现实生活中存在两类持完全不同人生态度的人：一类人认为，生活充满着不确定性，因而人生是由一系列互不相关的事件所构成的；另一类人认为，生活是一种有目标有计划的活动，因而人生是一个有机统一的整体。显然，后者较前者更有可能获得一个成功的人生。因为他们目光更远大，思虑更周全，因而更有可能解决好自己所面临的各类现实问题，更有可能从生活中获得快乐与意义，更有可能自我实现。

视人生为一个有机统一的整体，并以始终如一的人生目标来统揽自己的全部生活，对于个人获得一个成功的人生至关重要。始终如一的目标或许无法避免遭遇各种生活障碍，但它能给人以克服障碍的勇气与信心；始终如一的目标或许不足以让人永远快乐，但它是个人获取人生幸福的必要基础；始终如一的目标或许不足以确保个人一定能够自我实现，但它是个人自我实现的基本前提。

（二）成功人生的基本性质

成功人生，或者说，系统的个人成功具有以下基本性质：

（1）成功人生是一个不断发展的过程而非一种固定不变的状态。传统的人学思想将人的本质视为先验的或预成的，并且企图以人的先验本质来演绎人生的一切，却忽视此时此地的当下生活。现代人学思想排除了人的本质规定性，它将人的自我成长视为一个不断生成的过程，一个自我创造、自我完善与自我实现的过程。

事实上，人并无什么终极不变的本质，人的本质是在人的实践活动中渐次生成的。人类正是在改造外部世界的实践活动中逐渐生成而成其为人的。人的生成过程是人的需要不断丰富、人的潜能不断发展的过程。当然，这种发展是一种全面的发展而非片面的发展。这个过程所指向的是形成全面发展并具有自由个性的人，这才是人的生成过程的终点。当然，这个终点只是一个逻辑终点而非历史终点，因为人的生成的历史没有终点。

人具有理性，但人并非是只用理性分析与逻辑论证就可以寻求到本质的存在物。人的存在是一种现实的存在，这种现实存在不是一种没有任何现实联系的孤立的抽象存在，而是一种不断生成与不断发展的相互联系的具体存在，因为“人的本质不是单个人所固有的抽象物，而是一切现实社会关系的总和”。人类在改造自然的生产活动中结成了各种社会关系，伴随着生产活动的发展，人与人之间的社会关系也会发生相应的改变，从而产生出不同形态的且动态变动的各类社会群体。要探究人的本质，只能深入人本身的具体存在方式和现实存在状态中去寻找。抛开客观存在的方式和现实存在的状态这一基础，是不可能认识到人及其本质的。

既然人的形成是一个渐次生成的过程，那么，成功人生就不可能一蹴而就，而是需要个人不断努力追求。个人追求成功人生的过程，也就是个人不断成长的过程；也就是个人着眼于现实存在却不断地超越现实存在的过程；也就是个人不断完善自我并且不断实现自我的过程。

（2）成功人生是一个不断发展的趋势而非一个可以一次达成的目标。成功人生是一种美好境界，而不是一种可以一次性完成的终极目标。个人通过自己能动的创造性活动而生成了一个现实存在的自我。然而，个人除了渐次生成一个现实自我之外，还存在着一个愿望中的理想自我。正因为个人具有成长成为理想自我的内在诉求，才促使个人不断地完善自我。亦即，人的存在是一种开放性的存在，一种未完成的存在。此外，人不是一种抽象的理性设计之物，而是扎根于社会现实基础之上，但又寻求超越现实的一种超越性存在物。正是个人对理想自我的执着追求，才最终确保了个人能够持续地自我创造、自我形成、自我完善与自我实现。

（3）成功人生是人的自由天性得以充分释放之后的一种必然结果。自由是人的天性。人的自由先于人的本质，人的存在的本质悬置于人的自由之中，才使人的本质成为可能。

自由是个人成就自我的基本前提。自由作为一种人的存在的应然性不断给人以努力的方向和成长的动力，从而促使个人不断改善自己的现实存在状态。人的存在是有限的，但人能够不断超越这种有限性。人的生活其实就是人在存在着的两个领域之间的一种相互斗争与相互作用，是给定的实际领域与高级的理想领域之间的一种经常被打破又不断恢复的平衡。人就是在这个过程中不断地生成自身，不断地开启自我存在的空间与意义的。正是人的这种理想性的存在，正是这种容许不同的人追求不同的生活，才使得人们能够不断地超越现实、超越自我，从而实现了现实性存在与理想性存在内在有机的统一。正是在这种追求成长成为理想自我的过程中，个人才充分地释放了自己的自由天性。

实践是实现人的自由的唯一载体。人本质上并非一种理性预成之物，而是一种扎根于实践之中的自由生成之物。实践成就了人的超越生命的本性，它使人的自由不只具有潜在性，而且能够最终成为一种现实。正是在实践活动中，个人才生成了一个现实的人。人具有一种不断超越现实、超越自我的内在需要，具有一种追求“成为理想的你自己”的内在诉求。人的自由天性就在对这种需要与诉求的追求实践中得到了最充分的体现与最完美的发挥。个人正是在这种自由天性引导下的追求实践中，才真正实现了自我的自由生成与人性的全面发展，从而最终成就了一个成功的人生。

第二节　成功人生的研究视角

要研究个人成功，必先探求人的本性。因为只有理解人的本性，才能理解个人成功的基本内涵，并在此基础上揭示出自我成长的内在基本规律以及成功人生的内在实现机制。

人的本性集中体现在三个方面：自我存在、自我幸福、自我实现。由此，我们获得了研究成功人生的三个基本视角。事实上，这三者之间相互关联、相互诠释、相互渗透，并且融为一体，它们之间具有内在的同一性。因此，从这三个不同视角来研究个人成功，其内在逻辑是完全一致的，并且所得出的结论也基本相同。

一、自我存在

存在是人最原始、最基本的本性。首先，生命的存在高于一切，存在的问题是生命的最本质问题。显然，人首先必须活着，然后才谈得上其他的事情。然而，人的存在又不仅止于此。生命的存在只是人生物存在状态的基本问题，除此之外，人的存在还包括社会存在状态的自我幸福与价值存在状态的自我实现。

因此，从自我存在的角度来考察个人成功，则系统的个人成功包括生物存在状态的自我生存、社会存在状态的自我幸福与价值存在状态的自我实现，它们共同构成了成功人生的目标体系。个人如果能够在这三个方面都取得成功，那么，他就能够成就一个成功的人生。

二、自我幸福

幸福是人的本性诉求，幸福对于个人具有终极性价值。从幸福的角度考察个人成功，则成功人生的基本目标包括生存存在状态下的求我生存、生活存在状态下的求我快乐、价值存在状态下的生命意义。如果个人能够在这三个方面都获得成功，那么，他就能够成就一个成功的人生。

从根本上讲，幸福源于基本需求的满足。导致个人不幸福的原因虽然很多，但归根结底都源自个人基本需求的无法得到有效满足。特别是在自我成长早期某些基本需求的严重匮乏将可能导致个人长大以后把获取这些基本需求的满足看得比任何其他事情都重要，甚至可能穷其一生都只往这方面发展。此外，基本需求的早期匮乏还可能导致个人长大后沉溺于与此相关的过度娱乐之中——企图通过麻醉自己来遗忘自己过去的痛苦。然而，无论采用何种形式，这种沉溺式的娱乐方式所带给人的快乐都只是暂时的，它不能从根本上去除自己的不快乐记忆。总之，需要即本性，需要的满足即是人对自我本性的占有。人的需要得到满足，人的目标或理想就会得以实现或接近，人的内心就会获得某种满足感。如果没有需要，人就不会有追求需要满足的内在动力，幸福也就无从谈起。一言以蔽之，需要的满足是幸福的内在动力与不竭源泉。

基本需求的发展具有层次性。基本需求发展的层次性决定了个人幸福的层次性。人的较低层次基本需求得到满足以后，更高层次的基本需求就会成为新的主导基本需求，从而推动个人从事更多更高的劳动实践，进而获得更多更高的幸福。为了生存，个人必须首先解决吃、穿、住等第一类基本需求的满足。但人的需要与劳动实践并不会仅止于此。个人在解决生存威胁并从中获得初级幸福之后，又会产生追求生活快乐、寻求存在价值与生命意义的内在诉求。而要获得这些，个人必须从事更高层次的劳动实践。正是在寻求更高层次基本需求满足的过程中，人的本质力量才得以不断发展、发挥与彰显，自我也才因此而获得持续成长，更高的幸福感也就会随之而产生。

人的基本需求的满足是在自由、自主的自我创造过程中实现的，正是人的这种自由、自主性与自我创造性揭示了人的幸福的本质内涵。人是一种具有自我创造性的存在物，而需要是个人从事劳动创造的内在动机。如果不进行劳动创造，个人就会找不到自身存在的依据，幸福也就无从谈起。既然幸福是在人的劳动实践的过程中产生的，当然，它也就会随劳动实践的发展而发展。劳动创造了人本身。然而，如果这种劳动是一种外在的、强制的、不自由的劳动，那么，它所带给人的将不会是幸福，而是痛苦。亦即个人只有在自由、自主中创造，才能感受、确证并维持自我幸福。自由、自主、创造是人类这一特殊物种的“种的尺度”。将这一内在尺度运用于劳动对象，并使之发生变化，人的本质力量才能逐步体现出来，人的基本需求才能不断获得满足，个人也才能因此而能感受到持久的幸福。

三、自我实现

自我实现包括狭义与广义两个层次。狭义的自我实现是指人的最高层次基本需求，广义的自我实现是指个人致力于追求系统的个人成功。显然，从自我实现的角度来考察个人成功，是指获得广义的自我实现。

广义的自我实现包括存在状态的求我生存、生活状态的求我幸福、价值状态的自我实现（狭义的自我实现）三个方面。相应的，从自我实现的角度来考察个人成功，则系统的个人成功的基本目标包括确保个人的自我生存、体验生活的快乐与意义、彰显自我存在的价值三个方面。这三个方面是人生过程中的不同阶段或不同层次的基本目标，它们分别代表了系统的个人成功的不同境界。个人如果能够在这三个方面都取得成功，那么，他就能够获得一个成功的人生。

第三节 成功人生的基本内容

生活的主要内容、人生的基本主题，可以概括为四个方面：健康、婚恋、事业、亲子。个人如果能够在这四个方面都取得成功，并保持它们之间的相互协调、相互促进，那么，他就能够达到一种理想的人生状态。实际上，正是这四个方面的相互配合、相互支持，才支撑起了一个人的成功人生。人性的发展，并不是某一方面的发展，而是全面的发展；人生的成功，并不是某一方面的成功，而是在这四个方面的全面的成功。

一、健康

健康是幸福的基本前提和自我实现的内在依据。健康是人生之本，个人失去了健康，也就意味着他将可能失去一切。因此，系统的个人成功的首要目标，就是要形成一个健康的自我。事实上，健康不仅是成功人生的基本内容，同时也是个人成功的基本保障。

（一）自我的系统观

人是一个十分复杂的生命系统。人的自我的每一个部分都与其他部分之间存在着内在的、本质的、必然的联系。事实上，不存在不与其他部分发生任何内在联系的完全独立的人的某一个部分。

人是身、心的内在有机统一。首先，从生理学意义上来讲，人是一个有机统一的整体。这个有机统一的整体可分为八大生理系统。其次，从心理学意义上来讲，人的心理包括心理过程和个性心理两个相互联系的方面。其中，心理过程包含认知、情感、意志三个基本要素，个性心理包括个性心理特征与个性倾向性两个基本方面（如图3－1所示）。

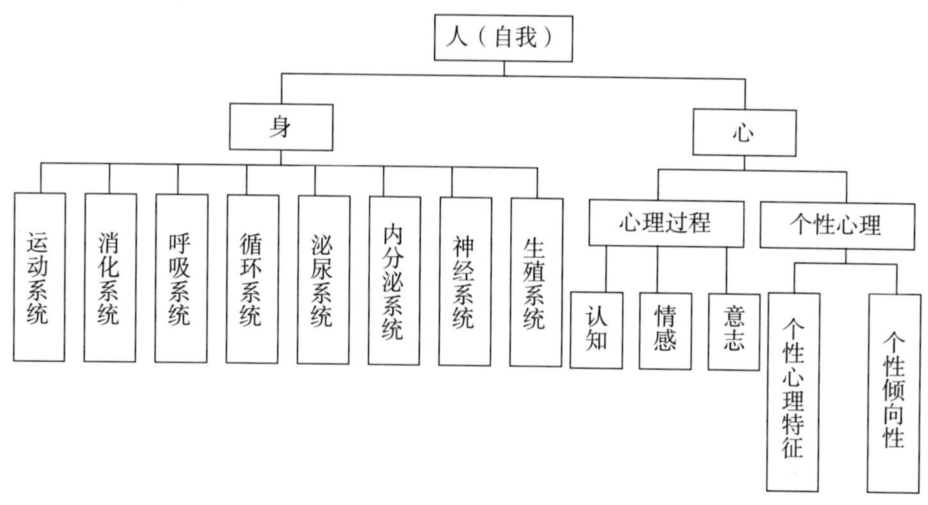

图3-1 自我的系统观

（二）健康的基本内涵

既然人是一个复杂的生命系统，我们就必须以系统的观点来看待自我健康。自我健康是身体健康与心理健康的内在统一，两者之间相互影响、相互作用——心理健康有助于身体健康，身体健康也有助于心理健康，所谓身心合一。

1. 身体健康是自我健康的基础

生理是心灵的基础。关于生命内核的研究已经揭示，人的心灵是由人的生理与生物特性所决定的。人的心理特质（如气质、性格等）一定程度上是由基因决定的。在人的基因深处镌刻着人的心灵密码，基因影响甚至决定着人的心灵。如每个人都会产生恐惧情绪，尽管每个人的恐惧对象可能大不相同。美国新泽西罗格斯大学的格莱博·苏米亚茨基（G. Shumyatsky）等人发现了决定恐惧的基因，它控制着大脑中一个与恐惧反应有关的区域的蛋白质的分泌。这种基因称为胞浆磷蛋白基因，它能编码并产生胞浆磷蛋白（stathmin）。这些蛋白高度集中于大脑中产生恐惧和焦虑的区域——杏仁体。如果这种基因缺失，人就不会产生恐惧。当我们从生命内核入手去研究人的心灵时，我们也许可以找到某种方式防止远比自然灾害更危险的人类心灵疾病的蔓延，从而使得人的心灵变得更为强健。

事实上，人类所有心理（包括心理疾病）和行为活动都与人类的基因密切有关。研究表明，无论是正常的生理活动还是异常的病理状况都取决于功能基因。现已发现，人类的功能基因大约有3万个，它们占全部遗传密码的5%，剩下的95%为非功能基因，即不是为产生蛋白质而编码的基因。这些庞大的非编码区基因并非多余，它们如同庞大的后勤部队和预备役部队一样支撑着功能基因，并且随时准备着一旦功能基因失效和受损就站出来修补或替换它们。非功能基因就像一篇文章的标点符号一样，起着修饰和衔接句子、段落、篇章的作用，并影响着一篇文章的风格。非功能基因决定着一个人的气质、性格和行为方式等。如某一功能基因可能决定着个人的身高，但相应的非功能基因（非编码区基因）则可能决定着个人什么时候长高、最终长多高、什么时候停止长高等。总之，基因和功能基因的数量、表达方式和管理方式等综合起来决定了一种生物的基本特征。

基因的作用虽然巨大，但它也是可以改变的。人的生活方式可以调节和开启基因，亦即人的后天因素也能制约先天因素。生活方式可让好的基因开启，也可让坏的基因关闭而使其不能表达，从而减少它们对健康的危害。如在导致肥胖的多种基因中，FTO基因就是一个重要角色。相关研究表明，凡是携带双份肥胖基因FTO的人，平均体重几乎要比普通人重7磅，与非肥胖基因携带者相比，发生肥胖的可能性要大约高70%。欧洲人一半以上携带有这种基因，但是，拥有这种基因而又积极锻炼的美国阿米什人情况完全不同。美国宾夕法尼亚州开斯特县有704名旧规阿米什人，他们的宗教规定是不开车，住所不用电。他们从事不同程度的体育锻炼，其中有些农民甚至仍然使用马拉犁耕地，而另外一些人则从事比较常见的体力劳动（如在工厂工作等)。结果，这些携带肥胖基因的阿米什人中，积极参加体育锻炼的人的体重与非肥胖基因携带者一样；而运动量少且携带FTO基因的阿米什人超重或肥胖的可能性大大增加。又如，现实生活中的许多人患癌后认为这是天生注定的，因为癌症基因早就植根于遗传密码之中。但越来越多的证据表明，改变生活方式能阻止癌症的发生。这充分说明，基因并非决定一切，后天的自我行为与环境因素也可以开启或闭合基因，甚至改变人的某些本性。当然，通过生活方式开启或关闭基因需要从小处着手，并且这是一个集腋成裘的漫长过程。

2. 心理健康是自我健康的实质

精神是生命的真正脊梁，只有心灵强大，才能算是真正的自我强大。同样的，只有心理健康了，才能算是真正的自我健康。人们通常面临的所谓绝境，很多情况下都不是生存的绝境，而是一种精神上的绝境。事实上，只要个人能够保持在精神上不垮下来，外界的一切因素都难以将他击倒。美国著名心理学家马丁·加德纳（Martin Gardner）的研究表明，在美国630万死于癌症的病人中，80%是被吓死的，剩下20%才是真正病死的。

自我健康本质上是人性完善的体现。换言之，人性的不完善必然导致自我的不健康。人性不完善导致自我不健康的表现形式很多，如，“自恋狂”与“自大狂”就是两种典型表现。“自恋狂”过于关注自己，他们往往很难得到别人的尊重，也难以取得个人成功。即便一时达成目标，他们也不会感到特别快乐——虚荣过了头，便会毁掉活动本身的乐趣。“自大狂”往往沉醉于权力，他们希望自己令人畏惧而不是令人爱戴。许多疯子和多数历史上的所谓伟人其实都属于这一类。当他们遭遇无法克服的障碍时，就会借助于某种形式的疯狂（如政治清洗或发动战争）来转移人们的视线，以帮助自己渡过眼下的危机。他们不仅自我不健康，而且还可能将整个社会带入某种不健康的状态。他们所掌握的权力越大，对社会所造成的危害也就越大。

（三）健康的根本标志

自我健康是真实的自我、完整的自我与和谐的自我的内在统一。只有自我真实，才能维持自我完整；只有自我真实与自我完整，才能达到自我和谐。因此，自我和谐是自我健康的根本标志。

和谐是指存在明显差别的各部分之间能相互协调地整合在一起。和谐并不意味着没有差别与对立，而是能实现差别与对立的内在统一。自我和谐的关键在于个人能够坦然接受差距，并实现对立双方的共存。《管子》曰：“和合故能谐。”系统内部各子系统和谐了，行动就能协调一致，系统就会表现得稳定、高效。

实现自我和谐的根本途径在于实现个人与自己和谐相处、个人与他人和谐相处、个人与宇宙万物和谐相处。当个人实现了与自己和谐相处、与他人和谐相处、与宇宙万物和谐相处之后，机体内部就会生发出一种正能量，并不断聚集起机体内部的其他正能量，同时及时化解周围的负能量。渐渐地，自我就会变得越来越具创造力，环境也会变得越来越良好。一言以蔽之，个人成功所必需的所有内外条件均将变得越来越有利。

1. 与自己和谐相处

个人追求自我健康的首要任务，就是要实现个人与自己和谐相处。因为只有实现人自身的和谐，才能构建起与他人乃至宇宙万物的和谐。自我和谐包括身体和谐、心理和谐，以及身心和谐三个层次。

（1）身体和谐。身体和谐是身体健康的外在标志。身体和谐的外部特征是身体外形的对称和谐。身体外形的对称和谐之所以是身体健康的外在标志，蕴含着深刻的生物进化学内涵。

第一，人的身体外形的对称和谐是生理健康的必然结果。在人的发育过程中，无论是在母体内还是在母体外，新生命都可能遭遇寄生虫、细菌或病毒等的感染、侵袭，从而可能造成身体外形的不对称。只有那些具有最好基因、抗病力（免疫力）强，并且营养充足的个体，才会发育出完整、对称的体貌。一些国家有关新生儿先天缺陷的研究表明，母亲在怀孕期间感染性病将极易分娩出外形不对称的婴儿。这种婴儿也极易患病，或者其本身就与某种疾病相联系。如，外形不对称的孩子长大后患心脏病的概率极高；不对称的牙齿常常是嘴部微生物严重受感染或患病的结果；精神分裂症或精神病患者的指纹极不对称。

总之，形体的对称和谐是身体健康的一种外在提示，而外形不对称和谐往往预示着身体不健康，这种现象在生物中普遍存在。如，近亲繁殖的生物（包括人），其形体不对称者占了很大比例，这是基因变异或有害基因获得表达的一种必然结果。在动物实验中，果蝇受毒素、高温或寄生虫的影响后都会发育成极端不对称的体形。

第二，身体是否对称和谐也是决定智商高低的一个重要因素。如果个体在发育过程中长期遭遇严重障碍，就可能损害大脑结构的完整性，从而造成大脑外形的不对称。其结果是，大脑神经功能严重降低，个人综合智商远低于正常水平。

第三，具有对称和谐体貌特征的个体更易获得婚恋上的成功，也更易繁育出健康的下一代。由于对称的体貌特征更能让人产生愉悦感，并且更具生物吸引力，因此，他们选择自己理想伴侣的面更广，并且更容易找到理想的伴侣（容貌姣好、体形对称）。对对称和谐的体貌的偏好是人类在长期进化过程中经自然选择所保留下来的一种趋向健康的直觉能力。研究者曾经做过一个简单的试验：他们让男女被试挑选自己认为最漂亮与最富魅力的异性的照片。结果表明：男性挑选的都是那些面部十分对称的女性，并表示愿意选择这样的女性为妻；女性也同样愿意挑选那些面部对称的男性作为自己的丈夫。

人体对称和谐之美的最显著特征是左右脸庞的对称，特别是左右颧骨和上下腭的对称。这种对称和谐的脸部的形成是个体健康发育的结果，如男性的脸庞对称与否最易受青春期发育的影响。如果一名男子在青春期时发育正常且睾丸激素分泌充足，其左右颧骨、上下腭就会发育完善，并且变宽变长，最后就会形成对称的男子汉脸形，并显示出男子汉的气质。在女性眼里，这样的男子自然更具性吸引力。

西班牙格兰纳达大学的曼纽尔·索勒（M. Soler）等人发现，乳房对称是女性健康的主要标志之一。乳房对称的妇女比乳房不对称的妇女更具生育能力。乳房对称与生育能力受激素平衡的制约，个体在子宫中发育受阻或某些遗传因素都会影响女性乳房的对称，进而影响生育力。美国研究人员对50名美国育龄妇女的调查发现，没有孩子（没有生育能力）的妇女的乳房极不对称，左右乳房在圆周体积上竟相差30%之多。而具有十分对称乳房的妇女生育的孩子也最多，她们左右乳房的体积通常相差不超过5%。实证研究表明，在男性眼里，具有匀称双乳的女性更具性魅力，因为本能的直觉告诉他：这样的女性更健康，其生育能力也更强。

拥有对称和谐体貌的个体由于自身所具有的先天优势使得他不仅更易获得爱情，而且婚后生活也可能更幸福。人的性行为受心理与情欲的共同支配，对称和谐的体貌能带给配偶以美感，并唤取配偶的性冲动。拥有对称和谐体貌的个体在诱发对方情欲的同时，自己也能从中获得更满意的性生活与更丰富的性体验。显然，在父母健康的基础上再辅之以父母成功的婚恋，将更可能孕育出健康的下一代。

总之，人类对对称和谐体貌特征的偏好经受住了自然选择机制与性选择机制的双重检验。体貌的对称和谐意味着身体健康，体貌的不对称和谐意味着身体不健康，从生物学意义上讲，是完全成立的。

（2）心理和谐。心理和谐是心理健康的主要标志。心理和谐的人内心充满着宁静、愉悦、轻快、平和。佛家认为，只有内心平和，才能实现外在的和谐。道家则认为，通则和畅，和则相生。

内心和谐并非没有条件。内心和谐通常发生在以下情形：个人需要或自我目标已经实现，或者感觉到能够实现；个人对自我存在状况感到满意，或能坦然接受实际状况与理想状况之间、自己与他人之间所存在的差距；能够理性地对待一切，并能在此基础上实现自我超越等。显然，如果个人的基本需求无法得到有效满足，个人目标无法实现，个人总是对现实感到不满，并且无法接受现实状况与理想状况之间的差距，而又不能理性地自我排解，更谈不上自我超越等，那么，个人内心就会经常性地发生剧烈冲突，当然也就谈不上内心和谐了。

第一，基本需求的有效满足是实现个人内心和谐的基本前提。显然，只有当个人衣食无忧、居有定所、能满足基本的性需求的前提下，个人才能摆脱生存的威胁，从而获得一种基本的心理安定感。如果个人在此基础上还能进一步感到心有所系、情有所归、有尊严感，自我偏好能得到满足，能感受到存在的价值与生命的意义等，那么，个人的内心就会变得更加和谐。

第二，内心和谐建立在个人能坦然接受现实存在与理想存在之间差距的基础之上。个人的现实存在状态总是会与自己想要达到的理想状态存在一定差距，自我和谐者并不是看不到这种差距，而是在看到这种差距时仍能保持内心的和谐。亦即内心和谐建立在个人能坦然接受现实存在与理想存在差距的基础之上。

第三，自我理性与内心和谐如影相随。一方面，自我理性常常以内心和谐为基础。显然，内心和谐的人较之于内心经常性地发生剧烈冲突的人会在自我认知上表现得更加理性。另一方面，自我理性又能排遣内心的不良情绪，进而促进内心变得更加和谐。

有一种观点认为，过于理性将可能扼杀人的正常情感。这是对理性功能的一种误解。虽然设法阻止某些危害自我健康的不良情绪（如仇恨、猜忌等）是理性的基本功能，但是，若以此来推断人的理性将会妨碍人的积极情绪的表达，则是对理性的一种误解。事实上，在热恋中、在父母的温情中、在朋友的友谊中、在对待科学与艺术的虔诚中，决不存在理性企图减少的美好情感。相反，任何一个正常人都会刻意追寻这类情感，而不是去设法阻止它们，因为正是这些美好情感为生活增添了无穷乐趣，进而促进了自我的健康成长。那些反对理性的人主要因为他们未曾从理性的基本面去理解理性。事实上，人类所获得的对世界的理性认知代表了人类的一种上乘智慧，正是这种智慧导致了人的精神开悟，以及人的更高境界的内心和谐。

（3）身心和谐。“身心合一”，人的身心相互依存、相互影响、相互作用。一方面，人的身体影响人的心理，身体健康状况的改善常常会引发心理上的一系列反应，如体育运动将导致大脑产生一种内腓肽的化学物质。内腓肽也被称为“快乐荷尔蒙”或“年轻荷尔蒙”，它能帮助个人保持快乐的心情。因此，长期坚持有规律的体育锻炼不仅有利于增进身体健康，而且也有利于改善自我心理与内在心灵。另一方面，人的心理反过来也会影响人的身体。如，人的情绪常常会引发相应的肢体语言——当人愤怒时，常常会握紧拳头，并呼吸急促；当人快乐时，常常会嘴角上扬，并且面部肌肉放松等。当然，肢体语言的改变同样也能导致人的情绪变化。研究表明，内心和谐者能有效提高机体的免疫力。自我和谐者常常为积极的情绪所主导，而积极的情绪将会促进血液中的一种免疫抗体 S-LgA 的分泌，从而提高机体免疫系统的活力。积极的情绪还有助于患者的自我康复。心理学家泰勒（Taylor）等人研究后发现，在艾滋病感染者中，对自身康复能力抱有乐观态度的人，其症状常常出现得较晚，在康复锻炼中表现得更好，生存时间也更长。

事实上，人的身心相互依存、相互影响、相互作用，并且互为因果。除了人的情绪会引发相应的行为之外，通过有意识地调整自我行为（如强迫自己微笑）也能带出自己想要的积极情绪。研究表明，当人产生某种行为（如皱眉或微笑）时，机体内部就会分泌出一些相应的化学物质来反映它，身体内部的这种化学变化将会进一步刺激神经系统控制情绪的某些部位产生相应的化学反应，最终导致相应情绪的产生。

2. 与他人和谐相处

社会性是人的本质属性。显然，人只要活着，就必须与人交往。而个人只有实现与他人和谐相处，才可能获得自我成长所必需的外部支持。

与他人和谐相处包括三层含义：①与有着不同社会关系的人（如夫妻关系、亲子关系、朋友关系、同事关系等）之间保持恰当的亲密关系与较高的接纳、合作水平，并能在各种不同角色之间实现灵活的转换，并保持协调；②能坦然接受自己与他人在社会地位、行为方式等方面所存在的差异；③能坦然接受他人在社会地位、行为方式等方面的改变。

社会性人际关系包括四个层次：血缘关系、朋友关系、工作关系、一般性社会人际关系。在不同人际关系层次上，个人实现人际和谐的方式不同，所需遵循的人际交往法则也不一样。①在以血缘为纽带的家庭（尤其是直系亲人）的人际关系中，人际交往遵循情感优先的法则。维系亲人间关系的纽带是情感，人际交往的主要目标也是为了情感。②朋友关系是中国人际关系中的一个非常独特的领域。在这一领域中，人与人之间遵循人情优先的法则。人情法则与情感法则的主要区别在于，情感法则以情感为唯一指向，而人情法则既包含情感，也包含利益。在中国文化中，家人与朋友之间存在着一条明确的情感分界线，两者之间通常没有交集，这是中国文化的一个重要特点。③工作关系是一种以利益为主要联系纽带，同时也包含一定的归属情感在内的社会关系。工作关系基本上遵循利益优先的法则。④一般性社会人际关系是指除上述三类关系之外的其他一切社会性关系，这种关系主要遵循利益交换的法则。

影响人际和谐的因素很多。在不同类型的人际关系中，各种因素所发挥的作用也不一样。血缘关系主要受家庭观念、家庭成员对个人的期望等因素的影响。其他关系除需遵循人情法则或利益法则之外，还受到人际参与者的价值观念的影响。社会文化因素，如社会伦理（包括家庭伦理、人际关系伦理、工作伦理等）、社会法制环境、不同阶层间的相互开放与尊重程度等环境因素也会对人际关系产生重要影响。

实现与他人和谐相处不仅是自我健康的一个重要标志，同时也是一种生存智慧。人际关系和谐者懂得一个基本道理：自己生存，也要允许他人生存，并且协助他人更好地生存。这是生命进化而来的一种普遍智慧。只有当个人认同并将它内化成为自我价值观的一部分之后，个人才可能真正实现与他人的和谐相处。

3. 与宇宙万物和谐相处

在实现与自己和谐相处、与他人和谐相处的基础上推而广之，就是要实现与宇宙万物的和谐相处。和谐是宇宙的本质，毕达哥拉斯认为，宇宙间一切美好的事物都是和谐的。和谐是一切事物之所以得以存在与发展的内在根本原因。一切万物皆因和谐而生，也必须遵循和谐的法则才可能持续存在下去，并求得自身的发展。人类作为宇宙的一部分，自然无法从宇宙之中独立或分离出来。为了求得自身的存在与发展，人类必须实现与宇宙万物的和谐相处。这既是人类必须具有的一种基本智慧，也是人类实现自身存在与发展所必须遵循的一个基本法则。

为了实现与宇宙万物的和谐相处，人类首先必须实现与自然环境的和谐相处。自然环境是人类赖以生存的基本条件，人类不与自然和谐相处，他就意味着人类正在自毁自己赖以生存与发展的自我家园，最终必将导致人类自身的彻底毁灭。人类实现与自然环境和谐相处涉及人类自身的生活方式与生产方式。对于个人来说，就是要牢固树立起保护环境的意识；对于整个人类来说，就是要牢固树立起可持续发展的思想，并将这种思想贯彻落实到社会经济发展的各个方面与各个环节中去。

二、婚恋

婚恋包括爱情与婚姻。事实上，爱情与婚姻密不可分，它们是同一过程的两个不同阶段。幸福婚恋意味着爱情与婚姻高度耦合。只有当两者之间实现高度耦合时，个人才可能从中体验到婚恋的美好与幸福。

从恋爱到结婚组成家庭，是每一个正常人都必须经历的人生安排。个人在这一人生大事上取得成功，对于个人获得一个成功的人生至关重要。首先，个人一辈子都离不开家的支持，家庭为个人的自我存在与自我成长提供了最可靠的保障。其次，婚恋是个人生活的基本内容，美好婚恋是幸福生活的主要源泉。最后，幸福的婚恋将能极大地激发个人的生活激情与自我潜能，并激励个人为创造自己的美好生活而努力奋斗。事实上，婚恋的成功本身就是一种自我实现，一种对自我存在价值的最有力确证。此外，成功的婚恋还将极大地促进个人取得其他方面的成功——增进自我健康、促进事业成功，并为亲子教育奠定一个坚实的基础，创造一个良好的条件。

（一）婚恋的基本内涵

尽管爱情与婚姻密不可分，但两者并不是同一回事，两者之间存在着对立统一的关系。

1. 爱情

正常人的爱情是指发生在异性之间的一类特殊情感。这类特殊情感通常具有以下基本性质：

（1）爱情是人类精神现象中最复杂、最深奥、最不可穷尽的一类情感。“爱”的丰富性和复杂性充分体现了人类精神进化的无限性。人类进化至今，爱情早已成为人类最重要的精神生活，它在人性的发展与实现过程中占据着极为重要的位置，并贯穿于人性发展的各个层次与各个方面。爱情拓展了人的精神世界、提升了人的生活品质，并将为人的自我成长与美好人生提供巨大的精神动力。

（2）爱情本质上是一种以温柔、吸引、神秘、炙热等为主要特征的美好情感。一个人在体验这种美好情感时往往会感到极为愉悦、欣喜。相爱的人在一起时彼此间的距离总是很近，并且总是想触摸或拥抱对方，总是有意无意地偏袒对方。任何情况下，只要看到对方就会感到满足和快乐。真正的爱情是一种男女间精神上的共鸣、一种心灵的相互融合与灵魂的相互渗透。热恋中的两颗心能够实现相互间的神秘交流，所谓“心有灵犀一点通”。这是人类精神交往的一种理想境界：一种灵与肉的和谐统一、一种生命的高度协同与相互融合。爱情是幸福生活之源，爱能给人带来各种美妙体验。一个从未跟自己相爱的人共赏过良辰美景的人断难领略到爱情的魔力与人生的快意。

（3）爱情是自发生成的一种表达性的情感。爱情是在人性自由的前提下自然产生的一种自发性的情感，这种自发性的情感并非是要将自己消溶于另一个人之中去，而是要在肯定他人并保存自我的基础上实现彼此间的融合。健康的爱情意味着成长而非依附，意味着肯定而非占有，意味着悦纳而非规制，意味着鼓励而非威胁。正因为爱情是自发生成的，所以它是一种表达性的情感而非应对性的情感。真正相爱的人只是在表达着自己内心的真实感受，也正因为如此，它才能让人觉得幸福；而应对性反应只会带来精神负担。因此，爱情不可强求，所谓“强扭的瓜不甜”。当真正的爱情来临时，人们将会越来越倾向于解除自我防御与角色扮演，紧张、焦虑、警戒、隐瞒、谨慎、压抑等负面情绪将会越来越少，而亲密、坦诚和自我表达的成分将会越来越多。

（4）爱情是一种无私的情感。爱情最能打破自我的硬壳，从而最大限度地释放自我。爱意味着为对方着想，意味着在任何情况下都相互扶持。真正的爱是包容与信任，是体贴与照顾，是不计代价地付出，是在对方情绪陷入低谷时陪伴左右，是在任何情况下都能给对方以爱的温暖与情感的支持。爱情需要做出牺牲，但与此同时，爱情又会赋予人生以一种无从分析的意义。

（5）爱情是一种非目的性的情感。爱情是一种自然而然的赞赏，一种无所求的、无条件的彼此接纳与欣赏。爱情并不要求报酬，也无任何目的，因为爱情本身就是酬劳和目的。相爱之人为爱而彼此钦慕、快乐、欣赏，而非彼此利用。爱情并不寻求超越自身，事实上，爱情本身就是她自身的果实。真正的爱情，其本身就是目的，而非达成目的的手段。爱情会带来许多良好效果，但这并不意味着爱情是由这些良好效果所激发出来的，更不意味着相爱之人是为了获得这些良好效果才彼此相爱。

（6）爱情是一种具有终极性体验的情感。爱情是一种与手段性体验相对的终极性体验，一种基于自身原因而被体验到的情感。爱情不讲求实用，从某种程度上讲，它是被动的，类似于老子哲学中的无为境界。一个敬畏爱情的人总是听任自己的体验，而这种体验反过来又会影响自己。他被这种体验的内在吸引力所吸引，任其进入自我并产生效果——尽情地享受却并不赋予她什么，不将自我映射到体验中去，也不试图去塑造她，不标志或象征任何东西，更不存在任何功利性动机，却会在彼此敬畏、彼此赞赏的同时，生发出一种对永不分离的深深渴望。

2. 婚姻

婚姻是人生的第一件大事。人类婚姻的历史可以追溯到原始社会，先后经历了杂婚、群婚、对偶婚等，直到现在的一夫一妻制。现代婚姻关系是指男女双方以两性结合为基础，以共同生活为目的，具有夫妻身份公示性的一种契约性关系。婚姻是家庭赖以存在的前提与基础，并且具有亲密性与排他性等特点。

婚姻的内涵远比爱情复杂。婚姻并不如爱情那样具有自发性与非目的性。现实生活中的婚姻除了男女双方需要具备一定的感情基础之外，还受到其他各类因素的影响。其中，既包含情感因素，也包含利益因素；既包含当事人的自我意愿，也受到家庭、社会、文化、种族、宗教、法律等各类外在因素的影响。

如果暂时抛开复杂的外在因素，而仅从当事人的主观动机出发，则可将婚姻归纳为以下四种基本类型：

（1）基本类型之一。双方彼此相爱，最后缔结了婚姻。这是最为理想的一种婚姻方式。当事双方为了爱情而走到一起，亦即婚姻成了爱情的最终归宿。爱情如同任何事物一样，也存在着孕育、产生、发展、成熟的成长过程。健康发展的爱情的理想结局是两个彼此相爱的男女最终能够走在一起，并将这份历经风雨的爱情以某种社会契约——结婚的形式确定下来，从此不离不弃、相伴一生。显然，这类婚姻最有可能收获幸福，如果婚后的他们能够彼此善待对方的话。

（2）基本类型之二。一方有爱，而另一方无爱，最后缔结了婚姻。开始时，某一方对另一方萌生爱意，并主动追求。另一方虽没多少感觉，但终究经受不住对方的一再坚持与持续努力，最终走进了婚姻的殿堂。这类婚姻还是具备一定的感情基础，如果婚后双方都善于经营的话，也不排除最终可能获得幸福。

（3）基本类型之三。双方都无爱，但都感到能从对方那里得到自己想要的东西，最后缔结了婚姻。开始时双方并无爱情，而仅仅只是仰慕对方所拥有的某些东西（如美色、金钱、名誉、地位、权力等）。于是，“为了未来”他们走到了一起。现实生活中的许多女星嫁入豪门一般都属于这种类型。这是一种相互利用的关系，虽然开始时双方都可能会有一种新鲜感和满足感，但随着时间的流逝，这种新鲜感与满足感会慢慢消退。当然，新鲜感会比满足感消失得更快。这种关系一般难以长久，也难得善终。由于他们都过于看重自己粗浅的欲望满足，并误将欲望满足视为爱情或幸福，最终，他们将被迫失望而归。

（4）基本类型之四。双方都无爱，也不能从对方那里得到自己想要的东西，最后缔结了婚姻。由于结婚是个人“应该做的事情”，所谓“男大当婚，女大当嫁”。于是，在双方家庭的催促下，或出于某种特殊原因，两人草草结婚并组成了家庭。由于这类人开始就对亲密关系没有什么期望，因此，婚后的他们只能是漫无目的地游荡在伴侣身旁。他们中有些人只是为了家庭责任而活着，情感上始终处于麻木状态。他们一味地努力工作而很少关心并经营彼此间的感情，甚至为了工作而聚少离多；另一些人则可能设法从婚姻之外寻求补偿或刺激，一旦一方找到了情感的归宿，就很容易导致婚姻的破裂；当然，也不排除还有一些人通过婚后的深入了解而彼此间渐渐萌生爱意，再加之双方都努力经营，最终获得了幸福。

总之，婚姻必须建立在感情的基础之上，而感情是需要培养的。婚后长期朝夕相处与相依为命为双方感情的培养提供了天然的最佳条件。因此，不管哪种类型的婚姻，只要双方都善于经营，就都可能从婚姻中获得某种程度的幸福；反之，不管哪类婚姻，如果双方都不善于经营，就一定无法从婚姻中获得幸福。

3. 爱情与婚姻的对立统一

爱情与婚姻虽然密切相关，但两者的基本内涵并不完全一致。两者之间存在着对立统一的关系。一方面，爱情与婚姻彼此依存。没有爱情的婚姻是不稳定的婚姻，也是残缺的婚姻；而没有婚姻作为最终归宿的爱情也是不完整的爱情。从爱情到婚姻，是一个过程的两个阶段，两者之间内在统一。另一方面，爱情与婚姻又一定程度上存在着对立。恋爱的感觉是神奇的，它让人相信爱情是永恒的，并且相信一切海誓山盟都将成为现实。虽然热恋中的人们也曾目睹过自己父母的爱情有着这样那样的问题，但他们仍然坚定地相信那只是上一代的事，同样的情形决不会在自己身上重演！他们坚信热恋的感觉、永恒的爱情、无限的幸福将会永远伴随着自己。然而，不幸的是，随着时间的推移，爱情的魔力开始消退，“柴米油盐”等琐事开始占据上风。爱情是完全个人化的东西，她可以摒弃一切外在因素而纯粹建立在彼此相爱的基础之上；但现实的婚姻绝不会是这样。婚姻中掺杂了太多的社会因素，两个人结婚并组成一个新的家庭，实际上是实现了两个社会网络间的空间搭结，其背后必然隐含着许多的社会利益与文化因素。即使完全以爱情为基础的婚姻也难以完全避免遭遇激情后的现实困境。通常的情形往往是：开始时，双方都互敬互爱，并感激上苍的恩赐；慢慢地，双方会偶尔发生一些口角，并开始出现抱怨和不满；接着，一种前所未有的失望之情开始慢慢蚕食彼此的激情；最终，婚姻走到了名存实亡的地步。于是，摆在双方面前的只有两种选择：一种选择是，既然爱情已走到了尽头，与其貌合神离并痛苦地生活在一起，还不如离婚以求得彼此的解脱；另一种选择是，为了孩子、老人或彼此的社会声誉等，两人继续痛苦地生活在一起。

当然，爱情与婚姻之间存在着对立，并不意味着爱情与婚姻的冲突必然不可调和，并且一定无解。事实上，只要双方善于经营，一切问题均可获得妥善解决，爱情与婚姻完全可以实现有机的统一与内在的和谐。最终，婚姻将不仅不会变成“爱情的坟墓”，而且还可能成为促成爱情持续发展的最佳保障。

（二）婚恋的实质

婚恋现象可从生物学与社会学两个方面来理解。生物学解释主要从人类进化及其生理机制的角度来探究婚恋的实质；社会学解释则主要从人的社会存在与自我成长的角度来探究婚恋的实质。

1. 婚恋的生物学解释

人类的择偶行为具有深刻的生物进化论基础。为了能够获取足够的生存资源，并能将自己的基因传递下去，人类早就进化出了符合自身利益的择偶标准。研究显示，男性和女性都偏好那些具有高尚人性品质的对象，并且都倾向于选择那些具有合作性、承诺性品质的异性作为自己的伴侣，这种现象具有跨文化和跨人种的普遍性。由于男性与女性在抚养后代方面所付出的亲代投资不同，这就决定了男性与女性在择偶上必然存在一定的性别差异性。一般来说，女性主要以资源获取能力为择偶导向，亦即女性倾向于寻找那些能提供足够资源的男性作为自己的配偶；并且偏好那些具有高开放性、高外向性、尽责性品质的男性——高开放性、高外向性品质意味着有更多机会获取社会资源，而尽责性表明愿意与他人分享自己的资源。男性则主要以生育能力为择偶导向，亦即男性通常会寻找那些具有高生育潜力的女性作为自己的配偶；并且偏好那些具有和善、宽容、善解人意等品质的女性。

婚恋现象除了可从生物进化的角度来理解之外，还能得到生理学理论的支持。情感的产生是一种复杂的生理、心理与行为现象，它体现了人的生理与心理、行为与心理、行为与大脑之间的复杂关系。借助于磁共振成像技术（MRI），我们能够很清楚地看到人在受到行为、语言、生理等刺激时大脑的活动情况，以及相应的心理和情感反应。

研究表明，人的心灵反应具有确定的生物学基础，亦即人的情绪反应既是心理的，也是物质的。人类情感实际上是对大脑所分泌的一些化学物质，包括 β-内啡呔、γ-氨基丁酸（GABA）、5-羟色胺（血清素）、去甲肾上腺素（NE）、多巴胺等所做出的一种反应，正是这些化学物质造成了人的七情六欲以及感知四季变化的意识。一定程度上讲，人的情感其实就是机体内部这些化学物质的某种产物。寻求人的情感的生理学规律，其实就是要探求这些物质到底是什么，以及它们的作用原理到底是什么。

导致爱情产生的化学物质包括 β-内啡呔、多巴胺、苯乙胺、氨基丙苯和肾上腺素等。以多巴胺为例，它是大脑的情爱中心——丘脑所分泌的一种物质，通常被称为恋爱的兴奋剂。当一个正常人正值恋爱季节而遇上自己一见钟情的对象或经过了解而对某一异性渐渐萌生爱意时，化学丘比特之箭便启动了。此时，丘脑中的多巴胺等神经递质会源源不断地分泌出来。于是，爱的感觉就会源源不断地被体验到，幸福感也就会随之而产生。当然，人的身体无法一直承受这种像兴奋剂一样的化学物质的刺激，机体也不可能一直处于“心跳加速、面红耳赤、手心出汗”的巅峰状态。因此，到了一定程度，多巴胺的分泌就会减少，再加上原来的多巴胺会被代谢，于是，爱的激情与幸福感就会慢慢变得平缓，乃至于消失。一般来讲，热恋和新婚的幸福体验持续不过两三年，这正好符合多巴胺分泌旺盛期限的均值——平均为 30 个月。随着多巴胺的逐渐减少与消失，人的激情会渐渐变得平静。人们因此而得出一个结论：一对男女的爱情激情一般只能维持 30 个月左右。接下来便是平静的家庭生活，或者分手。由于爱情不只具有生物学内涵，而且还具有社会学内涵，因此，恋爱之后的结果通常以转入平静的家庭生活者居多。

另一种爱情物质——β-内啡呔似乎对爱情更为重要。当一个人由于爱而处于兴奋状态时，大脑就会分泌一定浓度的 β-内啡呔，并启动以“分泌 β-内啡呔”为起点、以“产生愉悦感”为终点的一系列生理反应机制。其实，我们所说的内啡肽是一大类物质，也被称为阿片样物质，它们与吗啡有类似的功能：让人愉悦，并能镇痛。吗啡镇痛作用部位在第三脑室周围灰质。1975 年，英国的汉斯·科斯特利兹（H. W. Kosterlitz）与苏格兰的休斯（J. Hughes）等人发现大脑中有两种内源性阿片样物质，即甲硫氨酸脑啡肽、亮氨酸脑啡肽，并证明它们能与吗啡类药物竞争受体，具有类似吗啡的作用。后来，研究人员又陆续发现了 β-内啡呔、强啡肽 A 和 B，以及内吗啡肽 Ⅰ 和

Ⅱ等20种与阿片类药物作用相似的肽，统称为内源性阿片肽。这些阿片肽分布于中枢神经系统以及自主神经节、肾上腺、消化道等组织和器官。在大脑内，阿片肽的分布与阿片受体分布近似，它们广泛分布于纹状体、杏仁体、下丘脑、灰质、脑干、脊髓胶质区等部位，一般与其他神经递质共存。它们不仅能镇痛，让人感到愉悦，实际上也是让人成瘾的物质基础。此外，它们还能调节内分泌、心血管活动和免疫反应等。

事实上，人体中凡是具有类似阿片样物质功能的化学物质都具有爱情物质的作用，如催产素。人的催产素是由大脑下丘脑室旁核神经细胞所分泌的一种激素，它与抗利尿激素相似，都是一种环状肽链分子。催产素，顾名思义，就是能使女性子宫收缩的激素，然而，催产素的作用不仅止于此。这种激素虽然量少，但它对于控制人的各种行为和情绪反应非常重要，比如饥饿、饥渴、体温、内脏压力等都有催产素的参与。此外，恐惧和愤怒等情绪也受到催产素的调控。

尽管爱情与阿片类物质和其他化学递质有关，并与大脑某些特定部位的功能相关，但婚恋的复杂性又绝非这些化学物质和大脑相关部位的功能所能完全掌控。因为爱情，尤其是婚姻，还受到社会因素的影响。

2. 婚恋的社会学解释

爱情是发生在异性之间的一类特殊情感，真正的爱情极少涉及社会因素。尽管爱情本身必然反映社会文化，但社会文化对爱情的影响毕竟是间接的。然而，婚姻却不会是这样，婚姻本质上是一种社会现象。现实生活中的婚姻虽然也强调以情感为基础，但现实婚姻更多地受到情感之外的社会文化因素的影响，甚至主导。婚恋的社会学解释，就是要从婚姻的存在形态——家庭的角度来揭示婚恋的本质。

家庭是社会的基本单位。家庭是个人实现社会存在的基础，它为个人的自我成长提供着最为可靠的原始支持。黄梅戏中的“夫妻双双把家还”，深刻地揭示了婚姻的社会学本质。

(1) 家庭是作为一种生产单位而存在的实体。婚姻是一种分工协作精神的体现，男女双方通过婚姻而组成一个家庭之后，夫妻双方通过发挥各自优势，形成了一个优势互补并具一定规模经济效益的经济共同体。当然，随着社会化大生产的深入发展，家庭已不再是传统意义上的生产单位。然而，家庭作为一种微观形态的经济实体仍然在履行着分工协作的部分功能。

（2）家庭是作为一种风险交易单位而存在的实体。一对夫妻组成一个新的家庭，通过生儿育女，可以确保自己在年老体衰之后仍能获得某种经济保障，亦即所谓的养儿防老。古代中国，在缜密的儒家伦理道德的安排下，养儿防老的投资观念确实对个人的生命存在起到了某种实质性的经济保障作用。事实上，即使在今天，家庭也仍然承担着社会保障的部分功能；而在中国农村，家庭实际上承担着社会保障的全部功能。以人格化的养儿防老方式来实现经济安全在中国历史上延伸出了许多相关的风俗、传统或习惯，如休妻、纳妾现象等。唐朝休妻的第一个原因就是因为无子，所谓“不孝有三、无后为大”。这充分说明，至少从唐朝时起，无子可以作为一个重要的休妻理由。实际上，在当时的所有七条休妻理由中，至少有五条跟养儿防老的经济安全有关。中国原有的纳妾传统也与养儿防老有着密切关系。

（3）家庭是情感交流的主要场所。一方面，现代婚姻的生产单位与风险交易功能已被大大弱化；另一方面，作为爱情与情感的婚姻正在快速上升。现代中国，人们对于家的社会文化价值观念正在发生剧烈变化。家庭结构也正从垂直的金字塔式的分辈分、等级次序的结构慢慢过渡到更加扁平的人人平等的结构。究其原因，就在于家庭正从原来的利益交换、风险交易、跨期交易等经济功能为主的形态，逐渐转变成为以爱情保障与情感交流等情感功能为主的形态。显然，靠刚性的次序安排逼不出真正的情感与爱情。当经济交易与利益交换功能从家庭中被剥离出来，并由金融市场取代之后，新的家庭更多地是以爱情或情感作为定位的标准。总之，家的功利功能正越来越被弱化，而家的情感功能正越来越被强化。这种转型所带来的必然结果有二，一是离婚率越来越高，因为人们觉得结婚以后好像也没有太多的安全感；二是爱情终于成为了婚姻的最主要基础和最根本原因。这实在是一个巨大的进步，因为它能带给人以真正的自由与幸福。

（三）婚恋的发展阶段

婚恋具有其自身发展的内在规律性。理想的婚恋要求男女双方在生理上相互吸引、观念上彼此接近、心理上高度相容、社会背景上相差不大。双方如果在没有感情基础、必要交往与理性思考的前提下就匆匆结合，将势必难以形成稳定的并可持续发展的婚姻关系，更不要说婚恋幸福了。正常发展的婚恋关系一般需要经历四个阶段：生理吸引阶段、情感奠基阶段、价值相容阶段、彼此承诺阶段。

1. 生理吸引阶段

婚恋发展的第一阶段，就是男女双方从那些能够相互影响的异性人群中挑选出彼此有好感的异性个体进行交往。此时，生理吸引是人们选择异性朋友的主要依据。当然，生理吸引需建立在彼此兴趣、智力、性格、行为以及个人品质等相似、相容或相吸的基础之上。

以生理吸引为主要依据选择恋爱对象具有生物进化论意义上的合理性。在长期的进化过程中，人类进化出了一种选择最合适异性伴侣的本能能力，这种能力已经内化成为了人的某种内在生理与心理机制，如人类具有通过气味来选择最适合自己的恋爱对象的能力。这是人类所进化出来的一种直觉能力，其基本原理就是确保个体能够选择基因差异较大的异性作为自己的性伴侣。基因不同，气味也不同，免疫系统也就不同。正是这种差异性的存在能够确保个人生育出健康的后代。人与人的差异是由单核苷酸多态性（SNP）所决定的，其中人的主要组织相容性复合物（MHC）是决定人与人之间差异的最重要物质。人的组织相容性复合物的代表是人类白细胞表面抗原（HLA）。每个人都拥有唯一的 MHC 基因组合，它位于人的第 6 染色体上。MHC 基因包括为组织相容性抗原编码的基因，它为人体内各式各样的免疫成分编码，同时决定着个体的气味特征。组织相容性抗原决定着人体是否对外源性组织起排异作用。正因为如此，器官移植需要 MHC 相配。然而，择偶与器官移植正好相反——MHC 基因差异较大，越是理想的伴侣。因为生物个体的 MHC 基因变化越大，其免疫力就越强。而只有当父母拥有广泛多变的 MHC 基因时，其后代才会拥有种类繁多的 MHC 基因。

生活在美国南达科他的赫特人是 1874 年从德国迁移过来的，当初只有 1300 多人，而今已有上万人。他们至今仍然过着群居的农耕生活。由于具有遗传上的稳定性，他们成了遗传学、社会学等研究的最好群体。在赫特人氏族社会中，择偶方式之一就是通过闻气味。赫特人不用香水或除臭剂，而是最大限度地利用 MHC 基因所赋予的自然气味。赫特人是一群彼此分隔的社会群体，并在族内通婚。从宗族树的跟踪可以发现，他们在 16 世纪时拥有共同的欧洲祖先。他们为爱情而结婚，一旦结婚，就以大家庭为最高价值。他们只结婚一次，并且绝对禁止离婚。研究人员从 31 个赫特村落选择了 411 对夫妇作调查，旨在弄清到底有多少对夫妇是因为第 6 染色体上拥有相似的 MHC 基因而结婚的。研究结果表明：具有相似 MHC 基因的赫特人趋向于不通婚，而气味差距大的异性个体才会通婚。气味差异越大，被选择为配偶的可能性越大。亦即决定赫特人彼此相爱并结婚的内在依据是 MHC 基因的相异性。

当然，在人类择偶行为中，气味只是影响婚恋的因素之一。况且，气味只从生物性角度解释了人类具有促进自身进化的择偶能力，而不能从社会本性角度解释人类具有趋向健康的择偶能力。选择伴侣是极其复杂的行为，不可能仅靠气味就能断定婚恋是否幸福。但我们确实可以因此而得出结论：生理上的相互吸引是引领个人走向幸福婚恋的第一决定因素。

2. 情感奠基阶段

婚恋发展的第二阶段是情感奠基阶段。当生理上相互吸引的一对男女彼此相识之后，接下来便是对角色相容性与共情性的相互试探。一旦他们发现彼此沟通顺畅，能够自然而明确地体会到对方的情感与思想，那么，婚恋便由生理吸引的第一阶段转入情感奠基的第二阶段。

情感奠基的过程是一种自发、自然的过程，片面地强调付出或攫取都不可能使爱情持续。人类天性最乐于给予那些并不企图索取爱的人以爱。一方面，得到爱的人总是给予爱的人。然而，有企图地给予却往往难以如愿，因为有企图的爱是一种不真实的“爱”，被爱者也就因此而不会珍惜这份情感。另一方面，个人也不能在情感上一无所求。假如一方长期付出而不能获得相应回馈，付出者迟早就会感到失望，直至绝望，因为情感本质上是互动的。最理想的爱情应该是互惠的：自然地给予，并愉快地接受。接受并给予爱是一种能力，从中反映了个人的自我健康状况以及人性的完善程度。爱是一种无条件的相互欣赏与彼此接纳。然而，光懂得欣赏与接受爱还远远不够，接受的爱还应当能够把给予的爱激发出来，唯有接受和给予等量存在时，爱才能达到理想的境界；也只有互惠的爱才能让整个恋爱的过程一直充满着乐趣与幸福。

有些人错误地认为“牺牲是一种美德”，却没有意识到，如果个人只是为了别人而维持某种关系的话，这种关系迟早难以为继，更不会幸福。开始时可能不觉得，但渐渐地就会发现自己无法从中找到快乐感与意义感；再往下，就会觉得自己与对方在一起只是迫不得已，而并非心甘情愿。于是开始失望、抱怨、怨恨，甚至发泄。这样的态度会慢慢影响对方，直至双方都对彼此感到失望，乃至绝望。即使在彼此相爱的前提下，如果双方将牺牲视为无条件的爱，甚至认为牺牲越大说明爱得越深，也一定会伤及爱情自身。

现实生活中还存在另外一类爱情：一方竭力吸收另一方的活力，接受另一方的给予，却毫无回报，直至将对方的活力全部吸干；然后再换另一个，如法炮制。在此过程中，他们变得越来越生机盎然，而那些与其相爱的人却一个个被无情榨取后变得越来越苍白、乏力、迟钝。某些生命力极其旺盛的人便属于这一种。他们总是将他人当作实现自我目标的工具，而根本无视他人的需要与存在。他们对自己声称“爱”的那些人其实根本没有兴趣，他们真正感兴趣的只是对方所能给予自己的生活刺激与需要满足。这种人本性上存在某种不易被诊断与治疗的人格缺陷，这导致他们总是一味地从自我出发，并完全以自我为中心来看待婚恋或幸福。

真正的爱情是毫无保留地彼此接纳、欣赏与融合。然而，要真正做到这一点却并非易事，它需要双方都具有接受并给予爱的足够勇气与能力。只要一方丧失了爱的勇气或缺乏爱的能力，就不可能孕育出美好的爱情。特别是，太强的自我如同一座监狱。个人若想充分享受爱情，就必须成功地从这座监狱中逃出，所有真正的爱情都是成功逃出这所监狱之后的结果。这需要个人具有冲破自我囚笼并大胆追求爱的足够勇气与能力。

3. 价值相容阶段

婚恋发展的第三阶段，是通过自然而真实的彼此交流来进行价值观的相互比较。这是一种理性对情感进行过滤的过程。事实上，没有理性的参与，爱情不可能持续地健康发展。

把爱仅仅理解为一种简单的感觉与情感是不全面的，婚恋的内涵也绝不仅止于情感。单纯的情感也不足以带来婚恋的幸福，单纯的生物性体验更不足以让爱情持久。现实中的婚恋绝不仅仅只包含爱。也许个人觉得自己爱对方只是因为这个人。当别人问他（她）为什么爱对方时，他（她）也许会说：“我也不知道，我就是爱她（他）！”现实生活中也确实存在这样的论调：

要用心去爱一个人，而不是用脑去爱一个人，因为爱是神秘的，并且无法解释，无法用常理来衡量。诚然，爱是一种自发的情感。然而，绝对没有无缘无故的爱，爱一个人，必定有其内在的原因。这些原因可能一时还无法意识到，也可能一时无法解释清楚，但它们确实存在。其中，彼此价值相容，亦即所谓的彼此谈得来，是其中最重要的原因。

人的核心价值观不会直观地显现出来，它需要彼此间进行心与心的交流，甚至碰撞，以及对彼此行为与生活的长期观察，才能渐渐地感悟到或体验到。为某种外在条件（如财富、权力或名声等）而爱绝不是真正的爱，也难以持久；只有在彼此生理吸引基础上实现核心价值观的彼此相容，才能确保爱情的持续发展。亦即只有基于自我内在条件的爱才是真正的爱。实证研究表明，婚恋的幸福往往是由那些品性相仿、观念相近者的结合所增进的。人们通常认为，幸福婚恋的第一步就是要找到一个最“适合自己的人”，其实，这种说法有欠妥当。幸福婚恋的关键，是要首先找到一个彼此心性相通、彼此愉悦、彼此价值相容的人；并在此基础上，共同培养出一种亲密关系。健康的婚恋需要彼此交流与悉心培育，那种把寻找看得比培养更重要的错误观念，部分原因是受到了某些文学作品的影响——那些经历了许多困难和考验最终走到一起并缔结了幸福婚姻的动人故事。可问题是，现实生活不是文艺创作。真正的挑战往往在作品结束之后才刚刚开始，亦即真正的爱情主要取决于彼此之间能否创造出快乐而有意义的共同生活。

诚然，理性对情感的拷问有时会让人心惊肉跳。然而，只有经受得住理性拷问的感情才是最可靠的感情。事实证明，经过理性严格过滤的婚姻往往更加牢固，更经受得住岁月的雕饰。只有彼此价值相容，才会加深原有的生理吸引力，并进一步生发出新的吸引力。否则，就可能导致关系的终结。对情感进行理性拷问，这一点在受过更多教育的人群身上体现得更为明显。如知识女性在挑选自己的伴侣时更为挑剔，但她们更换伴侣的现象也更少。

4. 彼此承诺阶段

婚恋发展的最后阶段，就是关系双方彼此都能做出一个长期的承诺。婚姻离不开彼此间的承诺。当然，承诺应该是一种对等的承诺，而不是一种单向的承诺。如果俩人都能向对方做出相伴一生的承诺，他们就会有足够的勇气步入婚姻的殿堂。

承诺是一种责任，它意味着自己要为建设一个共同的美好家园而全身心地付出。个人为自己的幸福婚恋而付出，应该是一种心甘情愿的付去，而不是一种迫不得已的牺牲。当个人真正爱一个人时，他会觉得自己帮助对方就是在帮助自己，自己为对方付出也就是在为自己付出，这正是爱情的魔力之所在。而牺牲意味着个人放弃自己的幸福。当然，严格区分牺牲与付出有时很难，并且在任何感情里，妥协也是无法避免的，有时还是必需的。但是，从整体上讲，健康的婚恋要能为双方都带来幸福，并且两人结合之后要能过得更好。为此，婚恋双方的行为都应出于对双方都有益，尤其是彼此都应多为对方考虑一些，而不是一味地索取，更不能无视对方的需要与感受，甚至认为对方做出牺牲来顺应自己是天经地义之事。只有当双方都对自己要求更严一些，都对对方要求更宽一些时，才可能培育出幸福的婚恋。除此之外，别无他法。

经过上述四个阶段之后，一对彼此相恋、相知、相容、相扶的男女终于走到了一起，并建立起了一种确定的婚姻关系。但是，构建幸福婚恋大厦的工程并未就此结束。一方面，他们尚需努力建设好自己的小家庭；另一方面，他们还必须努力协调好两个大家庭之间的关系，并且努力实现两个大家庭之间的整合。只有在经受住了两个人、两个家族之间的双重整合的考验之后，幸福的婚恋才可能真正持久。

（四）幸福婚恋的基本条件

幸福婚恋的实现是一个十分复杂的问题，它既要求契合于人的内在生物本性与社会本性，又要求相容于彼此的自我存在与自我成长——两人相识之前的存在状态要能彼此相容，并存在一定的交集；两人在相识之后又能在自我成长上保持相向或同步。一般来说，幸福婚恋的实现除了要求确保爱情与婚姻的相互耦合之外，还必须具备如下基本条件。

1. 必要的经济基础

婚姻既是一种社会现象，同时也是一种经济现象。“贫贱夫妻百事哀”，无条件的爱固然可贵，但婚恋幸福仍需具备一定的经济基础，否则，婚恋关系就会如同建在沙漠上的大厦一样，随时都可能有坍塌的危险。特别是对于男人来讲，必须要有一份足够养家糊口的正当职业，否则，就不可能赢得幸福的婚恋。此外，为了维持婚姻的稳定，双方的经济能力最好不要相差太大，双方的存在状态也最好能够基本接近。如果双方的经济能力与家庭背景过于悬殊的话，俩人的婚后生活势必受到严重影响。一般来讲，家境处于明显劣势一方的自尊将会面临严重挑战，这势必会降低婚姻的质量，处理不好的话甚至还可能引发婚姻危机。

2. 相容的社会背景

选择合适的配偶是幸福婚姻的基本前提。在古代中国，“父母之命，媒妁之言”是择偶的主要方式。很多情况下，当事双方甚至要等到进入洞房之后才能看清彼此的容貌。显然，这是一种极不人道的择偶方式。因为它剥夺了当事人对自己婚恋的选择权，甚至知情权，也就从根本上剥夺了个人获取婚恋幸福的权利。这样的婚姻如同一场赌博，如果彼此满意，则可能皆大欢喜；如果有一方不满意，则这场婚姻将注定是不幸福的，尽管在传统观念与家族强权的双重压制下，现实婚姻可能并不会解体。

由父母决定的传统婚姻的择偶标准是门当户对，其主要目标是传宗接代。相比之下，现代婚姻的择偶标准更为多元，更为复杂，也更为人性。男女双方主要强调当事人自己的情况（如经济基础、学历背景、职业情况、发展前途、个人能力等），而非家庭或家族情况。强调当事人自己的情况是必需的，但当事人的家庭背景也不容忽视，因为两者之间存在着内在的、本质的、必然的联系。实证研究表明，在以爱情为基础的前提下，有着相容社会背景的一对男女所缔结的婚姻更可能幸福。由此可见，中国传统婚姻虽然在本质上是极不人道的，但它强调门当户对的观点也确实存在着某些合理之处。

社会家庭背景对于个人的婚恋幸福具有决定性的影响。一个在良好家庭环境中长大的人，由于从小获得了见习幸福婚恋的机会——亲眼看到自己的父母如何成功地满足彼此的愿望与需要，这对于他（她）长大以后如何同异性保持良好沟通与友好相处、如何获取幸福婚恋帮助极大。反之，一个在不良家庭环境中长大的人，由于父母情感关系令人沮丧，这将使得他（她）不仅没有了学习的榜样和模仿的对象，而且还可能导致他（她）对婚恋幸福完全不抱希望。他（她）可能在整个婚恋过程中都被迫始终处于疲于应付的状态，其遭遇就像一个从未受过专业训练的人硬被充当飞行员并要求他（她）驾机上天一样，其艰难的处境与面临的结局可想而知！一旦经过几次连续的婚恋失败之后，他（她）就可能从此再也无法站立起来。

3. 快乐而有意义的共同生活

幸福婚恋的最大挑战来自于婚恋双方能否妥善处理好彼此间所存在的差异，能否妥善解决好共同生活中所产生的矛盾，能否成功地获取快乐而有意义的共同生活。

爱情是婚姻的基础，然而，爱情并不意味着婚恋的持久幸福。事实上，爱情所面临的真正挑战并不发生在爱情产生之前，而是发生在爱情产生之后。婚恋幸福的关键在于相恋双方能否培养出亲密的婚恋关系。为此，婚恋双方必须共同努力去寻找那些能让彼此都感到快乐而有意义之事，或者尽量赋予俩人的共同生活以更多的快乐与意义。特别是，通过共同拟定生活目标并共同努力去实现这些目标能够极大地增进彼此间的亲密关系，从而为婚恋的持久幸福奠定更加牢固的情感基础。

两人所共同拥有的快乐时光越多，婚恋关系就会变得越牢固，幸福婚恋就会变得越持久。两人对过去相处的快乐时光越是记忆深刻，婚恋关系就会变得越牢固；两人婚后所共同拥有的快乐而有意义的经历越多，幸福婚恋将会变得越持久。尤其是当婚恋双方一起为共同的生活目标而努力时，新的感情最容易产生，相互间的理解最容易加深，婚恋关系也会因此而变得越来越亲密、越来越牢固。总之，快乐而有意义的共同生活，无论过去还是现在，都有利于强化彼此间的亲密关系，并为幸福婚恋所不可或缺。

4. 和谐的性生活

性关系与性行为是婚恋的基本内容。因此，快乐而有意义的共同生活，首先应该包括快乐而和谐的性生活。显然，无论男性或女性都会被和谐的性生活所深深打动，进而增进彼此间的感情。实证研究表明，成年人的性生活越多、越丰富、越和谐，其所感受到的幸福就会越多。

性需求是实现物种生存与繁衍的内在原始驱力。人类的生存与繁衍同样离不开性需求。当然，人类的性行为不只仅仅为了繁衍后代，同时，它还是个人创造并享受美好生活的重要方式。人的性需求为人的生物本性所决定，而婚恋让人的这一本性诉求具有了社会的合理性与合法性。性生活是婚恋的基本内容，性基本需求满足是婚恋的基本价值。然而，婚恋又不等同于性交易。许多人将性等同于爱，这是完全错误的。事实上，无论自己的伴侣如何具有性魅力，初始的性快感迟早都会失色。研究表明，新奇的东西对人的感官刺激效应将会慢慢消退，乃至完全消失。因此，要想保持婚恋的持久幸福，生物意义上的性行为必须辅之以深刻的情感互动。亦即只有以爱情为基础的性行为才是美妙动人的，因为恋人间的性行为是一种情感满足与性满足的良性互动与相得益彰。也正因为如此，恋人间丰富的性生活才会增进彼此间的感情。那些有多个性伴侣或用钱买来的性生活（召妓）尽管很多，但人们只能从中获得短暂的性释放与性刺激，而无法从中获得深刻的幸福感，因为这种性行为缺乏深度的情感滋润。短暂的欢娱之后，便只剩下厌倦与空虚。

和谐的性生活不仅有利于增进婚恋幸福，而且还将对健康、事业及亲子教育等产生积极而有意义的促进作用。如临床研究表明，如果人的性欲长期得不到有效满足，就会出现易怒、记忆力减退、自控力降低等症状；反之，如果人的性欲能得到及时而有效的满足，就会表现得精力旺盛，并会激发出其他方面的热情与活力。

5. 良好的互动模式

幸福婚恋以婚恋双方的良好互动为基本前提。良好的互动是一种建立在平等、互信基础上的互动。显然，一个自我健康者会以平等、尊重的态度对待自己的恋人。良好的互动并不排斥维持自我的相对独立性。事实上，自我健康者既能与恋人保持亲密的关系，又不会因此而形成某种依附性或寄生性的关系，他们在深爱着对方的同时又能维持着彼此的相对独立。事实上，正是这种良好互动与相对独立的内在统一，才确保了婚恋的长期稳定与持久幸福。为了形成良好的互动模式，婚恋双方应把握好几个基本要点：

（1）充分意识到婚恋双方之间所存在的性别差异，并且充分尊重这种差异。婚恋的不幸福或不够幸福往往并不是因为没有爱，而是因为不懂得怎样去爱。其中一个最重要的方面，就是人们对婚恋双方所存在的性别差异缺乏基本的认知。事实上，那些能将爱情演绎得淋漓尽致，并能将这种美好带入婚恋的整个过程的人们，其与众不同之处，就在于他们懂得男女之间存在着明显的性别差异，并能充分尊重这种差异。

男人或女人常常错误地认为，对方会按与自己相同的方式思考问题并做出反应。他们错误地认为，如果对方爱自己，那么，对方的反应和表现就应与自己“合拍”，对方的需求和渴望也应与自己一致。正是这种错误的认知导致了男人所给予女人的只是男人自己所需要的，而并不是女人所渴求的；女人所给予男人的也只是女人自己所需要的，而并不是男人所渴求的。其结果是：双方皆不满意，彼此都心生怨恨。

人的情感需求是多元的。男人与女人都需要爱情，但是，男人与女人在爱情的具体需求方面却存在着巨大差异。如女人喜欢倾诉，喜欢把自己心中的感受全倒出来。此时，女人最讨厌男人不能耐心倾听，而是进行所谓的“指导”。男人遇到问题时喜欢沉默，喜欢独自寻找解决问题的办法。此时，男人最讨厌女人责备。女人总想改造男人，而男人希望的不是被改造，而是被接纳与认可……总之，男人与女人都有其自身所最为看重的情感需求（如表3－1所示）。只有当这些主要的情感需求得到满足之后，男人或女人才会重视并寻求其他情感需求的满足。

表3－1　男人和女人最看重的情感需求

女　人	男　人
关心	信任
理解	接受
尊重	感激
忠诚	赞美
体贴	认可
安慰	鼓励

男人与女人在情感需求方面所存在的差异，是由人类进化与社会文化等多种因素所综合决定的。在人类进化的大部分时间里，男人都比女人更为强势，这就决定了男人的优势基本需求与女人的优势基本需求存在很大的差异。一般情况下，女人更看重安全与情感基本需求的满足，而男人更看重尊严、偏好与自我实现基本需求的满足。体现在爱情上，就是男人与女人存在着上述情感需求上的差异。

（2）追求彼此间的深入了解与接纳欣赏。除了充分意识到并且充分尊重彼此间所存在的性别差异之外，改善婚恋的第二个重要方面，就是要致力于追求彼此间的深入了解与接纳欣赏。特别是，双方都要善于发掘对方的优点。如果不懂得如何去发掘对方的优点，不懂得相互欣赏，亲密关系就难以形成。相互了解、接纳与欣赏意味着双方都能够并且乐于展示真实的自我。当然，彼此熟悉是一把双刃剑。一方面，它会降低彼此间的新鲜感；另一方面，熟悉自己的伴侣，进入对方的心灵去深入地了解对方，也会产生更深的亲密感。通过这种方式，不仅爱情能够持久发展，而且还可能创造出更快乐、更有意义的共同生活。事实上，恋人之间的共同生活是可以变得更加美妙的。为此，双方都应抱着一种“想被了解”而非“想被认可”的心态——开放彼此的心灵，分享彼此深刻而丰富的梦想与体验。

相互了解是一辈子的事，个人永远都可以从中发现并找到更多的新东西。唯有深入地了解，两性关系才可能变得更有乐趣、更加刺激、更加丰富。只要双方都能将注意力放在彼此了解上，两个人在一起无论做什么，锻炼、生活、建设小家庭、照顾与教育孩子、性行为等都能从中找到快乐感与意义感。

（3）保持良性互动以及时化解彼此间的积怨，并持续地改善生活的质量。长期相处，恋人之间不可避免地要发生一些冲突。冲突并不是问题，问题是如何去解决冲突。因此，幸福婚恋的第三个重要方面就是如何妥善地处理冲突。恋人之间从未发生过冲突并不意味着婚恋关系一定和谐，而仅仅意味着双方在很多时候都在极力地压抑着自己。其实，这种状态才是真正可怕的状态。因为如果长期不发生冲突，日积月累的压抑与积怨很可能会在未来的某一时点突然爆发，从而导致彼此关系的无可挽回。

冲突有积极与消极之分。积极的冲突多是认知方面的冲突，主要针对对方的行为或思想提出自己的质疑；而消极的冲突多是情绪或情感方面的冲突，主要针对对方的情感或人格提出自己的质疑。当冲突发生时，双方都应从认知层面去表达意见，而不要从情感层面去蔑视对方，更不能将它上升为对对方人格的质疑，甚至对对方进行人格上的恶意评价或攻击。特别是，恋人间的所有事情都不应向外泄露，所谓“家丑不可外扬”；更不要在亲人或朋友面前争吵，甚至假借外力。因为这样做不仅于事无补，而且还会极大地伤害对方。冲突发生之后应着眼于解决问题，而不是逃避问题，更不宜进行冷战。因为逃避解决不了问题，而冷战只会让事情变得更糟。

婚恋双方的冲突只能通过良性互动才能化解。良好的沟通与交流不仅可以有效化解冲突，而且还能增进彼此间的感情；而不良的沟通与交流不仅无法化解冲突，而且还会伤及彼此间的感情。最常见的不良沟通方式是争吵。争吵是幸福婚恋的最大杀手。其实，恋人之间所发生的争吵，绝大多数情况下都只不过是为了些琐碎小事。一般情况下，只要双方都能意识到彼此间所存在的性别差异，并以友好的姿态及时沟通，绝大多数争吵都可避免。总之，良好的沟通对于维持并增进婚恋幸福至关重要。大多数恋人之间就是因为没有掌握好沟通的方式而伤害了彼此的感情，从而降低了婚恋的幸福，甚至导致了婚恋关系的彻底破裂。

三、事业

事业成功不仅是成功人生的基本内容，而且还将对人生的其他方面产生积极而重大的影响——促进自我健康、为婚恋幸福与亲子教育奠定坚实的社会与经济基础。总之，事业成功是自我存在的基本保障，是自我幸福的重要前提，是自我实现的主要方式。

（一）工作的内涵

所谓工作是指个人参与劳动的具体方式。“劳动创造了人本身”，正是有意识、有目的的劳动将人从动物界中分离出来。然而，劳动是一个抽象的概念。对于个人来说，他通常是以某一具体方式——工作——参与劳动。工作的基本内涵主要包括以下几个方面。

1. 工作是个人获取经济收入的主要来源

一定的经济基础是自我存在与自我成长的基本条件。在个人的自我成长早期，家庭承担起了基本的经济保障功能。然而，个人迟早要自食其力，并要承担起养家糊口的责任。为此，个人必须要有一份有稳定收入的工作。没有稳定的收入来源，个人就无法在这个世界上生存与发展，更不要说承担起赡养父母并养育后代的责任了。

2. 工作是个人实现社会存在的基本方式

社会性是人的本质属性之一。个人正是借助于某一职业才获得了特定的社会身份，并融入特定的社会网络之中，从而实现了自我的社会存在，并促进了自我的社会化成长。

3. 工作是个人实现自我的主要方式

个人实现自我的过程，也就是个人充分发展与有效发挥自我潜能，并且充分体现与有效确证自我存在价值的过程。而个人自我潜能的充分发展与有效发挥、自我存在价值的充分体现与有效确证，主要通过自己所从事的工作。

（二）工作的境界

不同的工作，对于个人所具有的内在意义不同。即便同一工作，在不同人眼里，其基本内涵也可能完全不同。如有的人可能只是将某一工作视为解决生计的暂时手段；有的人可能将某一工作视为自己的终身职业；还有的人可能如此地热爱自己的工作，以至于将它视为自我实现的主要方式。显然，个人所赋予工作的意义不同，工作的基本内涵也就不同，从而决定了个人不同的工作境界。一般来说，工作具有以下三重境界。

1. 就业

自我生存是人的第一基本诉求。当个人仅将工作视为解决自我生存问题的手段时，这就意味着他正停留于工作的第一阶段——就业阶段。显然，个人为生存而工作，其工作努力的必要性是显而易见的，并且无须别人特别提醒。当个人处于生存状态时，找到一份能确保自我生存的有一定收入的工作是第一位的。此时，他不会太过挑剔工作，也没有挑剔的资本。为了求得生存，几乎没有什么工作是自己不能做的。

2. 职业

当个人已成功摆脱生存威胁之后，个人所赋予工作的意义也就不再仅仅是为了获取一定的收入，而是会赋予工作以更多的内涵。此时，工作已成为了个人生活的重要组成部分，个人除了希望从工作中获得一定收入之外，还希望从工作中获得快乐与意义感。这标志着个人已进入工作的第二阶段——职业阶段。

“男怕入错行”，个人选择什么样的职业，关乎个人一生的生活与成长。当然，个人能够适应若干职业。然而，并非每一种职业都是自己喜爱的。此时，个人面临着自己在职业选择上的第一个重要问题：自己到底对哪一种职业最感兴趣？

理论与实证研究表明，个人最感兴趣的往往也是个人最具发展潜能的。当然，自我潜能与现实能力并非同一回事。自我潜能只是代表了个人能力发展的某种可能性，只有当自我潜能发展成为特有能力时，它才具有确定的现实意义。

人的特定潜能存在最佳发展期，如果个人错失了这一最佳发展期，某一特定潜能就可能永远无法发展成为现实能力，而只能永远停留于个人兴趣的层面。这就导致个人在选择职业时常常面临这样的困境——自己最感兴趣的职业往往并不是自己最擅长的职业。也正因为如此，有人提出了职业选择的第二个重要问题：自己到底最适合于哪一种职业？

个人到底适合哪些职业取决于多种因素，其中既包括环境因素，也包括自我因素；既包括先天因素，也包括后天因素。一方面，职业上的重大成就往往是由个人对与事业相关的某些东西怀有强烈兴趣所直接促成的，个人的成就感也唯有通过个人兴趣所导致的卓有成效的活动才可能真正获得。因而，以个人兴趣为导向来选择自己的职业永远都是必需的。另一方面，生活又是现实的，个人在选择职业时又不能仅凭个人兴趣而完全无视自己的现实能力。因此，个人选择职业既要充分考虑自我兴趣，又要充分考虑自己的现实能力能否满足职业要求。总之，只有实现个人兴趣与现实能力的有效平衡，才可能作出自己的正确选择。

3. 事业

工作的第三重境界，就是个人视工作为自己的事业。这也是工作的最高境界。所谓事业是指这样一类工作——它为个人所偏好，并能促进自我人性的充分发展与健康自我的形成、能确保自我潜能的充分发展与有效发挥、能充分体现个人的自我存在价值。当个人进入这一工作境界时，个人不仅能够从工作中获取自我生存所必需的经济收入，能够充分发挥自我才能，能够从工作中获得快乐与意义感，而且还能从工作中体验到生命的意义与存在的价值。此时，不同工作境界的基本目标就已经实现了内在有机的统一。

综上所述，个人处于不同自我存在状态时，个人所赋予工作的意义是不同的。诚如马克思所言：“社会存在决定社会意识。”相应的，个人所处的工作境界也会不同。个人所赋予工作的意义、工作境界与存在状态之间存在着内在的、本质的、必然的联系，它们之间构成了一一对应的关系（如图 3－2 所示）。

工作境界		存在状态
	就业⇔生存	
	职业⇔生活	
	事业⇔价值	

图 3－2　工作境界与存在状态的内在联系

（三）理想工作模型

不同存在状态下，个人将赋予工作不同的意义。个人所赋予工作的意义实际上代表了个人希望从工作中获得的利益——个人希望实现的工作目标。将不同存在状态下的工作目标集合起来，就得到了一个工作目标或利益的集合。具体来说，工作的利益或工作目标主要由以下四个基本问题来体现：

①自己能否从这一工作中获得合理的收入回报？

②这一工作能否充分发挥自我才能？

③这一工作能否给自己带来快乐？

④自己能否从这一工作中找到意义感？

对上述四个基本问题的肯定回答，实际上就代表了个人希望从工作中获得的四项基本利益，或者说个人希望实现的四个基本目标。它们分别是：收入、能力、快乐与意义。能够同时实现上述四项利益或目标的工作，就是个人理想的工作。亦即理想工作是同时包含如下四个基本元素的一个利益或目标的集合：

理想工作 = ｛收入，能力，快乐，意义｝

据此，我们可以构建起理想工作的决策模型（如图 3 - 3 所示）。

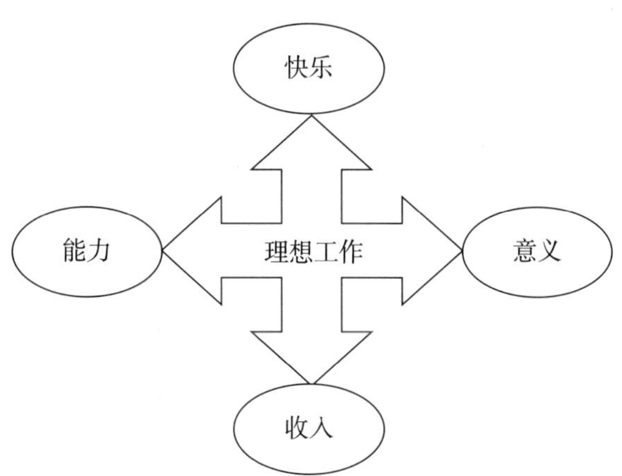

图 3 - 3　理想工作决策模型

当个人面临多个可能的工作的选择时，通过赋予上述四项指标以不同的权值，就能得到不同工作的加权平均值。然后对不同工作进行排序，就能从中选出自己最理想的工作。

当然，挑选理想工作是一项极富挑战性的任务，需要个人排除各种内外干扰，并认真倾听自我内在的声音。特别是当个人回答“自己能否从这一工作中找到意义感”这一问题时，个人需要多次认真追忆并反复追思自己的生命中到底有哪些关键事件能让自己终生难忘，能让自己从中体验到生命的意义感与存在的价值感。正是这些关键事件为个人选择自己理想的工作提供了关键性的导引信息。

上述理想工作决策模型也可用作管理工具，如组织的人力资源部门可利用它来选择适合组织要求的新员工。此外，管理者也可用它来帮助员工确定自己感兴趣、有意义，同时又能充分发挥自身优势的职位。这样做不仅可以有效提高员工的投入程度、工作绩效和个人收入，而且也能有效提高组织的整体效率。

四、亲子教育

没有亲子的人生是一个不完整的人生，而亲子教育不成功的人生也是一个不圆满的人生。亲子教育是最重要的教育。倘若家庭教育不好，即使最优秀的教育家接手以后的学校教育，也难以取得最佳效果。然而，亲子教育又是极其艰难的教育。父母齐心协力，用尽毕生心血，也只能勉强制造出几件优秀的产品。亲子教育既是一门学问，更是一门艺术。在亲子教育上，没有最好，只有更好。纵观历史上大多数成功者，他们大都存在着这样或那样的问题。试想，如果他们能得到更好的家庭教育，他们的成就一定会更大、更多，他们的人生一定会更成功、更美好。

（一）亲子的基本内涵

亲子是父母与其亲生子女的简称，亲子关系是父母与其亲生子女之间的关系。亲子之间包含着情感、利益与社会伦理等多方面的内涵。

1. 亲子是一种基于生物遗传学意义上的天然存在，从亲子关系中最能反映出人的生物本性

亲子之间相互依存，孩子是父母基因的携带者，父母是孩子天然的保护伞。亲子的存在是确保个人实现自我存在与自我成长的最原始根基。

2. 亲子之情是一种最具价值的情感

在所有情感中，亲子之情最为原初、最为纯粹，也最为牢靠。一方面，没有父母的亲情孕育，个人很难在这个世界上生存与成长。人类的亲子之情近似于动物的本能，却又高于动物的本能。动物保护幼仔完全出自本能，一旦幼仔长大以后，父母便会停止对它的保护。而人类对孩子的关爱与保护终其一生都不会改变，并且，父母从来都不觉得自己对孩子的爱是一种牺牲，也不会刻意去寻求孩子的感谢或报答，更不会恶意地去利用孩子。父母之爱不同于性爱。性爱的本质是寻求反应，因为没有反应，便不能完成生物意义上的某些功能；而父母之爱本质上并不寻求反应，它是世界上最可靠、最神圣、最无条件的爱。每当个人遭遇困难或不幸时，父母一定是最后可以依靠的人。另一方面，每一个正常人都期望自己的一切不会因为自己的死亡而彻底终结，亲子的存在正好满足了人的这一精神需要。有了孩子，人们便不会觉得死亡是自己一切的结束，而是以另一种方式的重新开始，从而实现了人们所期待的“生命不息，生生不止”。事实上，个人最能从亲子中得到情感的寄托，并找到灵魂的安息之所。由于孩子是自己生命的另一种存在或延续，因此，孩子的成功从某种意义上讲也就是父母自己的成功。

此外，亲子之情还能对父母的婚恋形成某种有益的补充，进而增进父母的婚恋幸福。爱情本质上是一种激情，它源于两性之间的相互吸引，因而是浪漫的。然而，这种激情不可能持久。远古时期，一对情侣共同生活的时间也就是共同抚育孩子度过幼年期的时间。然后，便各自另觅新欢，并且周而复始地重复同一过程。美国新泽西州立罗格斯大学社会学家海伦·费希尔（H. Fisher）在20世纪90年代通过对62种文化进行调查（涉及62个国家的1947年以来离婚情况）后发现，现代人婚姻的相互吸引时间只有四、五年，离婚的高峰期都在结婚后的第四年。可见，离婚并不是一种文化现象，而是人类从祖先那里继承下来的一个基于交配行为的本质特征。然而，如果夫妻双方能够共同养育一个孩子的话，他们便找到了一个能给彼此都带来快乐与意义感的共同目标，双方的感情便能因此而得到更好的维系，彼此之间也就能够实现长相厮守。抚养孩子需要双方的合作、责任与投入，这为加深彼此了解，进而增进婚恋幸福提供了最好的机会。

3. 亲子关系是一种包含着权利与义务的社会伦理关系

在孩子没有长大成人之前，父母负有养育子女的义务，而当自己年迈体衰以后，父母又享有被子女赡养的权利。同样的，在自己没有长大成人之前，子女享有被父母抚养的权利，而当父母年老体衰以后，子女又负有赡养父母的义务。

（二）亲子教育的基本原则

教育的根本目的在于充分挖掘人性中的积极成分，同时有效遏制人性中的不良倾向，最终帮助受教育者获得一个成功的人生。为达此目的，亲子教育应遵循如下基本原则。

1. 充分尊重孩子的自我天性以及人性发展的内在基本规律

亲子教育的第一大基本原则，就是要充分尊重而不是压抑孩子的自我天性，同时，严格遵循而不是违背孩子的自我成长内在基本规律。

快乐是人的第一大天性。孩子获得知识与美德的最佳方式只能通过快乐与鼓励，而不是通过痛苦与惩罚。在亲子教育中，父母应该始终秉承快乐与鼓励式的教育，而不能推行强迫与惩罚式的教育。快乐与鼓励教育是一种以孩子为中心、以兴趣为导向的教育。基于孩子兴趣的学习是一种主动式的学习，它能有效激发出孩子的内在活力，进而促进孩子的健康成长。因此，亲子教育应该首先立足于唤起孩子的学习兴趣。唤起孩子学习兴趣的最好办法就是寓教于乐，如，在幼儿中推行游戏式的教育就是最典型的快乐式教育。游戏是所有动物的本能，所有动物都喜欢游戏，动物训练下一代的技能也是在游戏中进行的。根据动物学家的研究，小猫戏弄老猫的尾巴、小狼与老狼之间互相撕咬相戏等，也都是为了学习与发展捕食能力。

自由是人的第二大天性。人天性喜爱自由，为此，父母应该充分尊重而不是随意限制孩子的自由。对孩子自由的尊重应该贯穿于亲子教育的每一个阶段与每一个环节，并贯彻于孩子的所有日常生活之中。如睡觉时不要把婴儿裹得太紧，在保证安全的前提下让幼儿随意抓取自己想要的东西，尊重并创造条件满足孩子的自我兴趣或爱好等。

探索是人的第三大天性。在尊重孩子个人兴趣的基础上，引导并鼓励孩子自由地探索，是亲子教育的第三个基本要点。为此，父母要积极创造条件满足孩子的探索欲望。对于孩子合乎天性的活动和好奇心，父母切不可横加干涉、指责或压制，但要确保这些活动不会危及孩子的生命与健康。孩子的探索精神不应受到任何清规戒律的束缚，也不应遭到所谓权威的压抑。为此，父母应积极回应孩子的每一个问题，而不应对知识设置任何所谓的禁区，更不应对那些保守主义者所认为不宜谈论的东西画出所谓的红线。否则，孩子的辨别能力就会萎缩。没有了辨别能力，孩子也就谈不上独特见解与创新精神，严重者甚至还可能形成病态地接受暗示的不良心理。实证研究表明，在权威压抑环境中长大的孩子，其精神或心理往往存在某些缺陷。

总之，在亲子教育的整个过程中，父母都应该充分尊重孩子的自我天性，以及人性发展的内在基本规律。否则，将可能导致严重后果。

2. 将孩子的成长导向健康自我形成的发展方向

亲子教育的一个最重要的方面，就是要促进孩子的健康成长。人内在地趋向健康，事实上，每一个孩子都天性愿意向着积极的方向发展。个人之所以最终没有变好，主要因为受到了环境的不良影响。其中，不良的家庭教育是最主要的原因。孩子的心灵是一块神奇的土地，父母在上面播种什么，最终就会收获什么，所谓“种瓜得瓜，种豆得豆”。孩子是父母的产品，从孩子身上往往可以折射出父母的综合素质。

健康自我的本质特征是自我的全面发展。因此，父母应致力于将孩子培养成为一个全面发展的自我健康的人，而不仅仅是在某一方面超常发展的所谓神童。父母过早地将孩子限制在狭窄的发展空间内，将会严重阻碍孩子的健康成长。许多父母常常先入为主地要求孩子成长成为自己理想中的人才，或者仅凭自己的喜好去随意塑造孩子，并过早地替孩子选定发展的方向，这种做法对于孩子的健康成长极为不利。父母应该懂得，孩子是一个具有自我选择能力并拥有自我选择权利的独立的个体，而不是父母实现其自我价值观的工具。如果父母执意不顾孩子的感受与兴趣，也不懂得用正确的方法来引导孩子发展兴趣，将会激起孩子的强烈反感，甚至可能扼杀孩子原本固有的学习兴趣。按照这种思路来教育孩子，孩子其实不是在接受教育，而是在接受精神摧残。显然，孩子从小就在痛苦中学习，他就永远不可能热爱学习。

孩子的健康成长需要良好的家庭环境。其中，父母之间的情感状况对于孩子的健康成长最为关键。爱情与亲子之情是人类情感的两个最重要部分，并且这两类情感之间往往相互联系、相互影响、相互促进。父母拥有美好的爱情，他们所给予孩子的爱才会是健康的。这种健康的爱是那些渴望从可怜的孩子那里得到他们在婚姻中得不到的情感支持的父母所无法给予的。父母之间没有爱，甚至充满了恨，将会导致孩子从根本上偏离健康的成长轨道，并为孩子一生的痛苦埋下祸根。其实，孩子本能地感到孤弱，并渴望得到父母的情感保护。父母间的幸福爱情最能让孩子在这纷乱的世界中感受到安全，进而产生探索的勇气。那些得不到父母情感支持的孩子常常发育不良——瘦弱、神经质，并附有某些不良癖好（如偷盗、欺骗等）。

成功的亲子教育建立在良好的亲子关系的基础之上。一般来说，只要父母教育方法正确，并能有效满足孩子的各类基本需求，良好的亲子关系很容易建立起来。良好的亲子关系对于孩子的健康成长至关重要，而不良的亲子关系将会严重妨碍孩子的健康成长。研究表明，良好的亲子关系对于减少儿童的退缩、攻击和违纪行为等具有明显的促进作用；反之，不良的亲子关系将会导致儿童产生退缩、攻击和违纪行为等。不良的亲子关系还会导致孩子在青春期产生孤独、抑郁等心理问题。不良的亲子关系还与青少年的吸烟、饮酒、犯罪、攻击和性行为等存在着显著的相关性。

3. 将亲子教育与孩子的基本需求满足有机结合起来

基本需求的有效满足是健康自我形成的基本前提，因此，父母以健康的方式满足孩子的基本需求是促成孩子形成健康自我的最佳方式。能够感知孩子的需要是亲子教育的起点。从孩子出生之日起，父母就应敏锐地感知到孩子的需要。父母除了要满足孩子的食、衣、住等基本需求之外，还要让孩子从小有安全感，给予孩子以足够的情感支持，平等地对待孩子并尊重孩子的独立性与自尊心，为孩子的偏好发展创造良好的条件等。

在所有高级基本需求中，安全基本需求与情感基本需求满足之于孩子的健康成长的重要性是显而易见的。然而，与安全与情感基本需求同等重要却又常常被忽视的，是孩子的尊严与偏好基本需求的满足。

尊严对于人的健康自我形成至关重要。因尊严受损所导致的身心危害常常十分巨大，甚至难以估量。显然，任何人都希望得到别人的肯定与赞扬，孩子这方面的需要往往更为迫切。能够得到别人尤其是父母的承认，对于孩子的健康成长至关重要。为此，父母应该充分尊重而不是随意伤害孩子的尊严。孩子的自尊心就像一朵娇嫩的花朵，只要稍不留意就可能受到伤害。有的父母常常认为小孩子无所谓自尊，这是十分严重的错误认知。还有的父母甚至认为，只有在大庭广众之下教训孩子才能树立起自己的权威，令孩子口服心服，这种想法与做法是异常危险的。当着众人特别是小伙伴的面数落孩子，将会让孩子在伙伴面前颜面尽失、羞愧难当，并让孩子觉得自己低人一等，同时也提供给了小伙伴今后羞辱孩子的口实。久而久之，孩子的性格与心理就会被严重扭曲。自尊心和荣誉感是个人品德的基础，失去了自尊心与荣誉感的人，其个人品德就会彻底瓦解。一个失去了自尊心和荣誉感的孩子将是十分可怕的，并且难以再被教育好。

教育孩子需要耐心，处理与孩子相关的事情更需心平气和。无论孩子做错了什么事，父母都应以心平气和的态度对待他。当孩子做错事后，父母不要总是用消极、否定的词语来责难、否定甚至羞辱孩子，而是要用积极、肯定的语言给孩子以明确的指导。这样的父母在孩子眼里才会显得既威严又可亲。把孩子吓得浑身发抖，表面上似乎管住了孩子，其实什么问题也没有解决。经常数落、责骂甚至殴打孩子，将会严重挫伤孩子的自尊心。总之，简单粗暴的方式不仅不能教育好孩子，而且还可能将孩子推向罪恶的边缘。

偏好基本需求的满足对于孩子的健康成长也至关重要。孩子的天赋是多方面的，孩子的潜能是十分巨大的。只要父母能及时发现孩子的天赋与潜能，并加以有效引导，任何孩子都可大有作为。其实，人刚生下来时相差并不大，只是由于个人所接受的教育不同，才导致了个人在自我成长上会表现出巨大差异。无数事实一再证明，后天的教育才是孩子成才的决定性因素。孩子的自我潜能能否充分地发展并有效地发挥出来，关键在于父母，而不在于孩子。事实上，只要父母善于发现孩子的天赋或潜能，并为之提供良好的发展环境，任何孩子都可成才。绝大多数人的天赋或潜能之所以没有得到充分发展，其根本原因就在于他们没有受到良好的教育，尤其是没有受到良好的家庭教育。

4. 以孩子的终生幸福作为亲子教育的初始出发点与最终归宿

幸福对于人类具有终极性价值，追求快乐而有意义的生活是每一个正常人的本性使然。遵循孩子的自我天性及其自我成长内在基本规律，同时也就意味着，父母应以孩子的终生幸福作为亲子教育的基本原则。

现实生活中存在着两种极端的亲子教育主张：一种主张用严厉的方式，甚至不惜以牺牲孩子的幸福生活为代价来迫使孩子成才；另一种主张则是听任孩子自然发展而无须作任何努力。这两种主张都是极端错误的主张。前一种方式只会摧毁孩子，即使存在极个别的现实成功案例，这种所谓的成功背后也必然隐藏着孩子难以名状的精神痛苦、人格扭曲与人性摧残。从系统成功的观点看，这种表面上的所谓成功绝不是人生的成功；而后一种主张意味着父母完全放弃了自己对孩子应尽的教育责任与义务。显然，这两种极端主张都不可取，因为这两种主张都没有遵循“以孩子的终生幸福作为亲子教育的初始出发点与最终归宿”这一亲子教育基本原则。

教育孩子去追求一个幸福的人生，就是要教育孩子从小学会快乐而有意义地学习、快乐而有意义地工作、快乐而有意义地生活。特别是，作为父母，不能老是盯着孩子身上的缺点，而是要善于发现孩子身上的优点，并将这种优点发展成为一种获取个人幸福的自我素质或能力。

（三）亲子教育的基本方法

成功的亲子教育，必须采取科学的教育方法。以下是一些具有普遍适用性的亲子教育方法。

1. 因材施教的教育方法

每一个孩子都不一样，即使同父同母的两个孩子，其先天禀赋也存在着很大差异，因而必须因材施教。为此，父母必须在把握孩子成长规律的前提下，深入了解孩子的各方面特点，并在此基础上，采取与孩子的成长阶段相适应的具体方法。其实，要真正做到因材施教并不容易，它要求父母不仅要有耐心，更要具有智慧。正因为如此，我们说，亲子教育既是一门学问，更是一门艺术。

2. 说理而非强制、鼓励而非惩罚的教育方法

在亲子教育过程中，父母应致力于诱导孩子产生良好行为，并鼓励孩子将这种良好行为发展成为习惯；而对不良行为主要采取说理教育的方法加以制止，既不能对孩子的不良行为施加奖励，更不能对孩子的不良行为动辄施加惩罚。

孩子的良好行为需要及时鼓励才能获得强化，否则，这种良好行为就会慢慢停止。鼓励孩子的基本方法有两种：物质奖励（如给孩子一些零食）与情感鼓励（如表扬、亲吻、拥抱等）。一般情况下，情感鼓励比物质奖励更为有效。当孩子幼小时，一般采用情感鼓励的方式就已足够，物质奖励通常只

宜作为一种辅助性的手段。孩子最期待的情感鼓励就是获得父母的注意力。孩子天性希望得到父母的注意，有时，孩子做出某些不当行为其实也只是为了吸引父母的注意。为此，父母应懂得善用自己的注意力——当良好行为出现时，父母应及时投入更多注意力；而当不良行为出现时，父母就应漠然视之，以便让这种行为得不到强化的机会。当父母对孩子提出行为要求时，如果孩子一时没有做到，也不要急于责备。而只要孩子做到了，就应及时加以鼓励。

良好的习惯关乎孩子一生的幸福。一般情况下，父母关注孩子什么行为，这种行为就可能发展成为孩子的某种行为习惯。良好习惯很容易在幼年时养成，长大以后就很难养成了。同样的，如果一个人在小时候养成了不良习惯，长大以后也很难改掉。事实证明，许多父母在培养孩子良好习惯方面做得并不好。

孩子常常选择能引起父母注意的行为，并放弃父母毫不理会的行为。有些父母错误地认为，关注孩子的坏行为，并对其进行惩罚，就可以制止不良行为的发生。事实上，当不良行为出现时，如果父母过度关注，反而可能强化这种行为。还有一些父母认为用打孩子的方法可以教育好孩子，这是一种极为错误的想法。惩罚只具表面效果与短期效应。如果父母长期这样对待孩子，将会导致孩子变得顽固、冷酷和残忍。事实上，中国的传统文化是一种主张惩罚教育的文化。如“棍棒底下出好人”“板子青山竹，不打书不熟”等思想，长期以来，不知误导了多少愚昧的中国父母，残害了多少无辜的中国孩子！由此可见，中国的传统教育，一如由父母决定子女婚配的中国传统婚姻模式一样，缺乏最基本的人性。

总之，父母应多关注孩子的良好行为，并对孩子的良好行为给予及时而适当的鼓励；而当孩子出现不良行为时，主要依靠说理、批评、忽略等方式来进行应对，而不能采取粗暴的惩罚性方法。因为惩罚不但解决不了问题，而且还会产生副作用。同时应尽量切断不良行为的习得源。如果孩子的不良行为源自父母，父母就应及时自我反思，并检点自己的言行。其实，孩子做坏事，根源往往都在父母身上，如父母未将孩子的精力引向好的方面，或者干脆放任不管。把孩子的精力引向好的方面的最好办法，就是尽早发现并发展孩子的个人兴趣。也唯有如此，才能逐渐培养出孩子健康的内心世界。

3. 情感上充分接纳与行为上明确要求相结合的教育方法

在亲子教育过程中，父母身上的两个关键因素对孩子的影响极大：一是父母对待孩子的情感态度，所谓接受—拒绝维度，二是父母对孩子的要求与控制程度，所谓容许—控制维度。在情感态度的接收端，父母以积极、肯定、耐心、接纳的态度对待孩子，并尽可能满足孩子的合理要求；在情感态度的拒绝端，父母以消极、否定、不耐心、排斥的态度对待孩子，并对孩子漠不关心。在要求与控制程度的控制端，父母为孩子制订标准，并要求孩子努力达到这些标准；在要求与控制程度的容许端，父母宽容放任，对孩子缺乏管教。对上述两个维度分别进行排列组合，就得到了四种基本的亲子教育模式（如表3－2所示）。

表3－2　父母教育孩子的基本方式

教育模式	维度组合	可能后果	
权威型	接受—控制	儿童期	心情愉悦与高幸福感；高自尊和高自我控制；亲子关系良好
		青少年期	高自尊；高社会和道德成熟性；高学术成就；亲子关系良好
专断型	拒绝—控制	儿童期	焦虑、退缩、缺乏幸福感；遇挫时易产生敌对感；亲子关系紧张
		青少年期	自我调整与适应能力较差；亲子关系紧张
放纵型	接受—容许	儿童期	冲动、不服从、叛逆；苛求且依赖成人；缺乏毅力；亲子关系紧张
		青少年期	自我控制能力差；在校表现良好；易产生不良行为；亲子关系紧张
忽视型	拒绝—容许	儿童期	在依恋、认知、游戏、情绪和社会技巧方面存在缺陷；攻击性行为；亲子关系紧张
		青少年期	自我控制能力差；学校表现不良；亲子关系紧张

研究表明，只有权威型的教育模式最有利于孩子的健康成长。权威型教育模式是一种理性、民主的教育方式。一方面，父母以积极肯定的态度对待孩子，并对孩子的需要、行为做出及时而热情的反应，充分尊重并鼓励孩子表达自己的意见和观点。另一方面，父母又对孩子有较高的要求，并对孩子

的行为表现态度分明。这种教育方式下的亲子关系良好，孩子独立性强，能够自我控制并自我解决问题，自尊感和自信心强，喜欢并善于与人交往，对人友好等。

为了取得亲子教育的成功，父母应正确理解父母权威的内涵。从根本上讲，父母的权威源自父母对孩子的尊重与理解，源自父母的以理服人而非专制粗暴，源自亲子之间的良性互动，源自父母渊博的学识与良好的表率等。因此，为了树立自己的权威，首先父母应该充分尊重与理解孩子，而不是一味地压制孩子，更不能将自我价值观强加给孩子。事实上，父母的主导意识越强，孩子的独立能力越差。其次，父母应学会与孩子平等沟通与交流。许多亲子问题（如亲子间情感疏离、孩子的性格缺陷与心理疾病等）的产生往往源自亲子间不能良好地沟通与交流。良好的沟通与交流建立在尊重、理解、接纳、支持与关怀的基础之上。而要建立起良好的沟通与交流关系，必须首先改变父母是决策者、孩子是接受者的交流模式。父母不仅要与孩子平等交流，而且还要教会孩子尊重、理解、接纳、支持与关怀他人，并教育孩子学会换位思考。这将有助于孩子长大以后能够与人建立起助益性的社会性人际关系，从而为孩子的成功人生奠定良好的基础。最后，父母应该不断地完善自我，并与孩子一同进步。实际上，成功的亲子教育的过程，同时也就是父母不断完善自我的过程。

4. 身教与言教相结合并以身教为主的教育方法

亲子教育首先是父母的自我教育，成功的亲子教育的过程，同时也就是父母自我完善、自我提高的过程。家庭是孩子成长的摇篮，父母的一言一行都时刻影响着孩子。为此，父母在管教孩子之前，必须首先管教好自己。父母应时时、处处为孩子做好表率，而绝不可想说什么就说什么、想干什么就干什么。父母要让孩子成为有教养的人，自己首先就得有教养；父母要让孩子成为爱学习的人，自己首先就得爱学习；父母要想让孩子热爱运动，自己首先就得热爱运动……除此之外，别无他法。此外，父母之间还应该密切配合，并且高度协同。孩子出生以前，双方就应在作息、饮食、运动、情绪、生活环境等各个方面充分注意，因为这对于能否生下一个健康的孩子至关重要。哪一个环节出现疏漏，都将可能导致某种严重后果。孩子出生以后，双方更应在言行上密切配合、高度一致，否则，孩子就会觉得无所适从。

5. 因势利导而非强迫塑造的教育方法

亲子教育的第五个基本方法，就是要在尊重孩子先天禀赋的基础上采取因势利导的教育方法。为此，父母应及时发现孩子的兴趣与特长，并创造必要的条件去发展孩子的兴趣，并发挥孩子的特长。当然，要想做到这一点并不容易。首先，它需要父母具备识别孩子内在潜质的敏锐目光；其次，它要求父母具备因材施教的教育能力；最后，它要求父母具备自我完善的意识、意愿、意志与能力。无疑，对于绝大多数父母来说，这些都是难以克服的巨大挑战。事实上，在现实生活中，具备这种敏锐目光与教育能力，并能不断自我完善的父母实在少之又少。正是从这个意义上讲，我们说，优秀的孩子永远都是稀缺的。

第四节　成功人生的实现

成功人生的问题，实质上是一个个人如何对自己进行定位的问题。个人对自己有什么样的期待，或者说，个人希望自己成为什么样的人，他对自己就会有什么样的定位。

一个正常人的成功人生必须解决好三个基本定位：人生定位、职业定位、学业定位，并要处理好三个基本定位之间的关系。个人在三个基本定位上的次序不同，个人的人生轨迹就可能完全不一样。

一、三个基本定位

任何一个正常人，如果想要获得一个成功的人生，必须首先做好三个基本定位：人生定位、职业定位与学业定位。

（一）人生定位

所谓人生定位，就是个人要对自己的人生做出战略性的规划与安排。为此，个人不仅要对自己的人生目标做出明确而清晰的描述，而且要为实现自己的人生目标做出时间上的安排与资源上的规划。

首先，个人的人生方向必须明确、坚定。因为只有这样，个人才不会在现实生活中迷失方向，个人在确立自己的生活目标时才会有所依据。其次，个人所确立的生活目标应该在明确、清晰的基础上保持适度的弹性。生活目标不明确、清晰，就不具有可操作性；而目标过于僵化，也会影响目标的实现，并可能因此而降低个人在实现自己的阶段性目标或局部性目标时的成功体验。最后，个人的人生定位必须完全在自我主导下进行。为此，个人必须倾听自我内在的心声，以确保自己所确立的人生目标是自己真正想要的目标，而不是屈从于内外强制力的结果。

（二）职业定位

所谓职业定位是指个人为达成自己的人生目标而自主选择自己的职业，并对自己的职业发展做出预先规划与安排的过程。从逻辑上讲，个人的职业定位必须服从于自己的人生定位，并且服务于自己的人生定位。由于职业发展关乎个人的自我存在、自我幸福与自我实现，因此，个人必须要在深思熟虑的基础上进行认真的规划，并做出妥善的安排。

理想的职业定位是个人在职业领域里的一个自我导向、自我决定与自我选择的过程，亦即个人的职业定位是一个主动建构而非被动应对的过程。个人的职业选择虽然受到外部因素的影响与制约，但从根本上讲，个人的职业定位主要是由个人的内在因素（知识、经验、能力、偏好、信念等）决定的。

个人在选择职业时主要考虑两类因素：自我因素（如需要、兴趣、价值观、能力等）与职业因素（如行业性质与要求、薪酬水平、发展机会与前景等）。理想的职业应该能够实现上述两类因素的相互协调与耦合。特别是，由于职业生涯是个人实现自我的主要方式或基本途径，因此，个人在已成功摆脱生存威胁的前提下，应以自我内在因素作为职业定位的主要依据，亦即职业定位应充分体现个人的主体性。

主体性是人的本质属性。人不同于动物之处就在于，动物本质上是受动的，而人虽有受动的一面，但人本质上是能动的，亦即人类具有动物所没有的自为性、创造性与超越性。为了充分发挥人的主体性在职业定位中的作用，个人应该把握以下基本要点。

1. 要牢固树立以个人偏好与自我价值观为主要依据的定位思想

为此，个人要摆脱“适合与否”之类思想的束缚，更不能轻易相信职业评价机构的所给出的所谓测试结果。理论上，任何一个正常人都能适应任何一种职业。人们所表现出来的在某些职业能力差异，与其说是社会分工的原因，还不如说是社会分工的结果。事实上，从事不同职业的人们所表现出来的职业技能差异并非源自个人的天赋差异，而是个人后天职业培训与职业实践的结果。

传统职业生涯发展理论主要关注如何实现“人—职业”的适应与匹配，它们虽有合理的成分，却明显存在着与人的主体性思想相违背的倾向性。这类理论过于强调人的受动性和“人—职业”匹配的机械性，这实际上是在暗示个人只能听命于命运的安排。从人的主体性要求出发，个人选择职业除了要考虑职业收入之外，主要应着眼于充分发展并有效发挥个人的自我潜能。而要充分发展并有效发挥自己的自我潜能，个人就必须充分考虑自己的个人兴趣与自我价值观。特别是对于尚处于自我形成期的青少年来说，更应培养自己多方面的职业兴趣，并尽量体验、尝试不同职业，而不宜过早地限定自己的职业发展方向。总之，要在综合发展与全面权衡的基础上确定自己的终生职业。

2. 要站在自我生成的角度去选择自己的职业，并且努力实现职业发展与自我成长的彼此协调与相互耦合

一方面，人的自然生命具有一定的周期性。个人的职业生涯要经历许多阶段，每一阶段都具有各自不同的特征，并且需要具备不同的职业知识与职业能力，因此，人的职业发展必须紧紧围绕着人的自然生命周期而展开。职业生涯发展理论根据人的生命周期将人的职业生涯划分为不同阶段，如1953年，美国职业管理学家萨柏（Donald E. Super）就将人的职业生涯规划分为五个阶段：成长阶段（0~13岁）、探索阶段（14~24岁）、确立阶段（25~44岁）、维持阶段（45~64岁）、衰退阶段（65岁以上）。显然，这种划分具有一定的合理性，并且符合客观现实。另一方面，将个人的职业发展划分为几个不同的阶段，并不意味着个人必须完全按照这一轨迹来规划自己的职业生涯，更不意味着个人必然具有“应然可能的”的职业发展本质。事实上，人的创造潜能是十分巨大的。特别是在当前知识经济背景下，大多数知识工作者即便到了传统意义上的退休年龄，也仍然表现出强大的自我创造力，并且仍然可以再创生命的辉煌。尽管这种现象并非普遍现象，但它确实向我们昭示了人的超越性本质。因此，个人在尊重自然生命规律的同时，也不能忽视

人所具有的超越性特点，更不能放弃自己对生命辉煌的追求。

（三）学业定位

个人在完成自己的人生定位与职业定位之后，接下来要做的，便是完成自己的学业定位。这就意味着，个人的学业定位必须紧紧围绕着自己的人生定位与职业定位来展开，或者说，个人的学业定位必须服从于自己的人生定位与职业定位，并且服务于自己的人生定位与职业定位。理想的学业定位与自己的人生定位与职业定位存在着内在的、本质的与必然的联系。也唯有实现自己的人生定位、职业定位与学业定位之间的内在有机统一，并实现三者之间的相互耦合，才能确保个人在追求自己的成功人生时会尽量少走弯路。

个人成功离不开学习。事实上，人类与动物的本质区别，就在于人类具有有别于其他动物的学习能力。人类懂得通过学习来获取知识与经验，并能将这种知识与经验运用于自己的社会与劳动实践。个人的成功，从某种意义上讲，也就是个人在学习上的成功。人类的学习具有明确的目的性。这种学习的目的性主要体现在如下两个方面，一是学习以自我兴趣为导向，此时，学习成为了个人的一种生活娱乐或怡情的方式；二是学习是为了获取自己所需的知识或信息，此时，学习成为了个人提高生活技能或工作能力的一种手段。显然，无论哪种方式的学习，都具有明显的目的性与工具性。

二、定位的基本模式

上述三个基本定位之间具有一定的内在逻辑，或者说，个人在进行上述三个基本定位时，应该遵循一定的先后次序。具体来说，个人的人生定位应该优先于个人的职业定位，而个人的职业定位又应该优先于个人的学业定位。或者说，个人的学业定位应该从属于个人的职业定位，而个人的职业定位又应该从属于个人的人生定位。

遵循三个基本定位之间的这种优先次序，对于个人获取成功的人生意义重大。因为遵循这种基本定位的先后次序，也就是在遵循系统成功的内在逻辑，个人在走向成功的过程中就能少走弯路，个人的成功努力也就会变得更具效率。当个人遵循了系统成功的这种内在逻辑时，个人的所有生活就能实现有机的统一，表面上似乎杂乱无章的现实生活也就具有了现实的成功意义，个人的整个人生就会变得“形散而神不散”。

虽然系统成功理论强调个人应该遵循“人生定位→职业定位→学业定位”的先后次序，然而，由于受到个人的认知水平以及现实条件的双重影响与制约，个人通常很难完全按照这种理想的次序来完成自己的基本定位。也就是说，个人在进行基本定位时，并不一定会完全遵循“人生定位→职业定位→学业定位”这样的先后次序。以三个基本定位的优先次序为依据，系统成功理论提出了以下六种基本定位模式。

（一）基本定位模式一：人生定位→职业定位→学业定位

这种定位模式是最理想的定位模式，也是系统成功理论所极力推崇的最佳定位模式。因为这种定位模式遵循了三个基本定位之间的内在逻辑关系。

采取上述定位模式需具备一定的条件。个人必须对系统成功理论有比较深入的了解。如个人需要弄清系统成功的三个基本理论问题：成功为什么？成功是什么？怎样成功？并对成功人生的基本内涵及其主要内容有比较全面的把握。然而，在目前的教育体制下，个人很难在基础教育阶段就能获得这种认知。而正是在此阶段，个人对自己的专业选择就已经开始，这就必然导致理想的定位模式难以成功实现。实际上，能够采纳这种理想定位模式的人实在少之又少。正是从这个意义上讲，我们说，成功人生具有一定的层次性。

（二）基本定位模式二：人生定位→学业定位→职业定位

这种定位模式意味着个人在基础教育阶段就已经确立起了自己的人生方向和人生目标，但个人还未确定自己今后到底要干什么，亦即要从事何种职业。采取这种定位模式的人们往往现实条件不错，他们把握了接受更高教育的机会，如获得了接受高等教育或专业职业技术培训的机会等。通过接受更高层次的教育，再加上自己的主观努力，他们渐渐清楚了自己今后到底要干什么，到底要进入什么行业，到底要从事什么职业，从而最终完成了自己的职业定位。

这是现实生活中普遍存在的一种定位模式，它基本符合于个人的自我成长现实情况。如果个人能够尽早将这三种基本定位确定下来，并保持其相对稳定性，一个成功的人生是完全可以期待的。

（三）基本定位模式三：学业定位→人生定位→职业定位

这种定位模式意味着个人在自己的基础教育阶段并没有形成明确的人生观，也没有确立起自己的人生方向与人生目标。但由于受到了上天的青睐，他们获得了接受更高层次教育的机会。在良好的教育环境下，个人努力学习，并开始思考自己的人生问题。伴随着个人在自己的专业领域逐渐拓展自己的视野，个人开始围绕自己的专业方向来思考自己今后的人生之路，并最终确定了自己的人生方向与人生目标，亦即完成了自己的所谓人生定位。在人生定位的基础上，再结合自己的专业，个人进一步明确了自己的职业发展方向与职业目标，亦即完成了自己的所谓职业定位。

采取这种定位模式的人们，只要能够真正做到在三个基本定位上明确、坚定，也不失为一种可行的现实选择。毕竟，个人无法完全超越现实，也无法绝对地超越自我。个人的自我超越必须建立在一定的现实基础之上，而不可能是一种天马行空式的或虚无缥缈的超越。

（四）基本定位模式四：学业定位→职业定位→人生定位

这种定位模式类似于基本定位模式三，其不同之处在于，当个人获得更高层次教育机会后，个人对于自我成功的思维层次不如采取基本定位模式三的人们那么高。个人首先围绕着自己的专业思考自己的职业发展，然后才思考自己的人生之路。

这种定位模式的不足之处就在于，个人未能充分发挥自己的主观能动性，而是被动地应对现实生活。究其原因，可能源自个人的自我成长水平过低或者家庭环境（包括经济条件）不太好，以至于个人不仅在基础教育阶段未能确立起自己的人生理想，而且当个人进入更高教育阶段以后，也未能认真思考自己的人生问题，从而导致自己的思想境界过低，并且总是被生活推着走。当然，这并不意味着个人绝对没有成功的希望。只要个人能够尽快完成上述三个基本定位，并且认认真真地学习、踏踏实实地工作、快快乐乐地生活，个人仍然可以获得一个自己想要的成功人生。

（五）基本定位模式五：职业定位→人生定位→学业定位

按照这种基本模式定位的人们，其面临的现实条件往往不太好。如个人在完成自己的基础教育之后未能接受更高层次的教育便被迫参加了工作。但他们在工作中确立了自己的职业发展方向与职业成长目标，亦即首先完成了自己的职业定位。然后，从自己的职业成长出发，他们开始思考自己的人生之路，进而找到了自己的人生方向，并确立起自己的人生目标，亦即完成了自己的所谓人生定位。在职业定位与人生定位的基础上，他们努力探求提高自我的方式或途径，最终完成了自己的所谓学业定位。

采取这种定位模式的人们，其人生之路可能会相对比较艰难。由于个人所接触到的人们的文化层次较低，因而他们往往难以获得高水平的理论指导。事实上，对于一些事关人生发展的大问题，在其周围人群看来显得很不“实用”，甚至有些太过玄虚。因为他们所面对的生活都是实实在在的现实生活，现实的生活压力与艰难的生活环境并不鼓励他们去思考这些。然而，个人只有完成上述三个基本定位，并且实现三个基本定位之间的内在有机的统一，才可能使得自己的现实生活变得越来越顺畅，自己的人生之路也才可能犹如“矮子上楼梯——步步高”。

（六）基本定位模式六：职业定位→学业定位→人生定位

这种定位模式类似于定位模式五，其主要区别就在于，按照这种模式定位的人们由于受到内外条件的制约而未能及早思考自己的人生问题，因而他们的人生之路可能会比采取定位模式五的人们更加艰难。采取这种定位模式的人们常常面临不利的现实条件，如他们在完成自己的基础教育之后未能获得接受更高教育的机会，有的甚至可能没有完成自己的基础教育就被迫辍学参加了工作。但在工作中，他们找到了自己喜爱的职业。于是，他们开始围绕自己的职业思考自己的职业发展，从而完成了自己的职业定位。接下来，他们在职业需要的牵引下思考着如何利用一切现实条件来努力提高自己的职业技能，从而形成了基于职业发展的学习目标以及相应的学习计划，亦即完成了自己的所谓学业定位。然后，他们进一步思考自己的人生之路，最终确立了自己的人生目标，并制定了自己的人生计划，亦即完成了自己的所谓人生定位。

按照这种模式定位的人们虽然生活上可能会非常艰难，但这并不意味着他们不可以拥有一个幸福的人生。只要他们热爱自己的工作，珍惜自己的生活，并找到彼此相爱的人组成自己的小家庭，然后，夫妻双方齐心协力地努力经营好自己的小家，并教育好自己的孩子，他们照样可以获得一个自己想要的成功人生。

综上所述，成功人生的实现关键在于个人能否尽早完成自己的三个基本定位：人生定位、职业定位、学业定位，并且保持三个基本定位之间的内在统一与相互耦合。由于受到内外环境的影响与制约，个人可能会采取不同的定位模式。然而，无论个人最终将采取什么定位模式，只要个人能够成功地完成这三个基本定位，并且确保三个基本定位之间的有机统一与相互耦合，并在此基础上追求自己快乐而有意义的工作、快乐而有意义的学习、快乐而有意义的生活，那么，一个幸福的人生、一个自我实现的人生是完全可以期待的。

第五节　成功人生的境界

个人的自我成长与自我实现是一个永无止境的过程，这就意味着个人的成功人生也必定永无止境，亦即个人的成功人生存在着不同的成功境界。成功人生的境界主要体现在如下几个方面：成功人生的相对性、成功人生的阶段性、成功人生的层次性。

一、成功人生的相对性

成功人生的境界首先表现为成功人生具有相对性。个人的成功人生是相对的——无论相对于他人还是相对于自己。成功人生的相对性主要体现在以下几个方面。

（一）目标价值的相对性

个人确定自己人生目标的过程是一个自为的过程。不同的人，其人生目标可能完全不同。从社会价值的角度来衡量个人的人生目标，则不同的人，其人生目标所具有的社会价值必然完全不同；从个人价值的角度来衡量个人的人生目标，由于个人的自我成长及其所处环境不同，因而必然导致不同的个人对于其自我价值的体认与追求必然不同，从而决定了个人在自己人生目标的确立上必然存在很大的差异性。目标的差异性反过来又会导致不同的个人在自我成长与自我实现上呈现出差异性，从而使得个人的成功人生具有相对性。

（二）个人基本定位的相对性

目标价值的相对性必然会在个人的基本定位上体现出来。高目标价值取向的人，其人生定位必然较高；低目标价值取向的人，其人生定位必然较低。由于个人的人生定位主导着个人的职业定位，进而主导着个人的学业定位，因此，目标价值的相对性将经由人生定位而依次传递至职业定位与学业定位，最终将必然导致个人的成功人生呈现出一定的差异性。

（三）目标实现的相对性

相对于他人（参照者）来说，个人的人生目标的实现都必然会表现出一定的差异性——自己的人生目标或者比参照者实现得更好，或者比参照者实现得更差。相对于自己来说，个人的人生目标不可能完全按照自己最初定位时所确立的目标那样毫厘不差地予以实现，亦即个人的人生目标存在着一个实现程度的问题。“取法乎上，仅得其中；取法乎中，不免为下”，个人的人生目标的实现情况往往会与自己的预定目标存在一定的距离，亦即预定的人生目标往往要高于个人所实现的目标。如果个人将自己的人生目标定得太低，个人虽然能够达到自己的预定目标，但由于目标的激励效果不足，个人的人生必将因此而难以达到应有的成功高度。总之，无论个人的人生目标如何确定，目标的最终实现结果无论相对于他人还是相对于自己，都必然存在一定的差异性。

二、成功人生的阶段性

人是一个自由生成之物，而不是一个固有预成之物。人的自我成长的过程是一个人的不断生成的过程，这就意味着个人的自我成长必然呈现出一定的阶段性。人的自我成长的阶段性决定了个人的成功人生也必然会表现出一定的阶段性。

（一）目标实现的阶段性

个人的人生目标是由一系列相互关联、相互耦合的阶段性目标所构成的一个有机统一的整体，个人走向成功人生的过程，也就是个人的阶段性目标得以不断实现的过程，或者说，个人的成功人生是由一系列阶段性成功所直接促成的。

（二）目标改变的阶段性

随着个人的自我成长向着更高水平迈进，个人必然会对自己的人生目标做出阶段性的调整或完善。一般情况下，个人对自己的人生目标的调整或完善往往会着眼于提高自己的原有目标，而很少会降低自己的原有目标。这就决定了个人迈向成功人生的过程必然会是一个自己的人生目标的持续提升的过程，从而导致个人的成功人生将会表现出一定的阶段性。

三、成功人生的层次性

人的存在状态具有一定的层次性，人的基本需求发展与满足具有一定的层次性，人的自我实现具有一定的层次性，这就决定了个人的成功人生也必然存在着层次性。

（一）人的存在状态的层次性决定了个人的成功人生的层次性

个人走向成功人生的过程，也就是个人致力于不断改善自我存在状态的过程。人的存在状态从低到高依次为：生存层次、生活层次与价值层次，从而使得个人的成功人生必将历经三重境界：生存存在状态的成功、生活存在状态的成功与价值存在状态的成功。生存状态的基本目标是确保自我生存，生活状态的基本目标是追求自我幸福，价值状态的基本目标是追求自我实现。将不同存在状态的基本目标集合起来，就得到了一个成功人生的目标集。不同存在状态的基本目标，也就是个人走向成功人生的阶段性目标。正是个人对不同存在状态基本目标的渐次实现，最终促成了个人的一个成功人生。

（二）基本需求发展与满足的层次性决定了个人的成功人生的层次性

人的存在状态的层次性决定了人的基本需求的发展与满足也必然存在着一定的层次性。实际上，不同存在状态下，个人有着不同的主导基本需求。人的高级基本需求之所以难以及时觉醒并得到充分发展，往往在于个人所处环境过于严酷。如由于受到不良环境的限制，许多人的自我实现基本需求往往难以及时觉醒并得到充分发展。于是，偏好基本需求就成为了他们的高级基本需求的发展顶峰，或者说，他们的自我实现被迫停留于较低层次。事实上，在日常生活中，我们经常看到，许多心智健全的正常人终日沉醉于自己的兴趣与爱好，充分享受着自己的美好生活，充分发挥着自我潜能，却对所谓的人生价值不太在意。他们虽然不是高度的自我实现者，却也是身心健康的正常人。

（三）人的自我实现的层次性决定了个人的成功人生的层次性

从根本上讲，个人的自我实现决定于个人的自我完善，而个人的自我完善是没有止境的，或者说，个人的自我完善是一个可以不断提高的过程，这就如同个人的自我潜能可以得到不断开发一样。自我完善的无限性决定了个人的自我实现必然具有一定的层次性，亦即自我实现本质上是一个可以得到不断拓展与持续提高的过程，而不是一种僵化的静止状态或绝对的终极目标。个人走向不同层次自我实现的过程，也就是个人迈向不同层次成功人生的过程。

第四章　自我存在

自我存在是研究个人成功的一个基本视角。事实上，每一个正常人都关心自己的存在，并且都会思考与存在相关的一些重要问题。个人所努力追求的所有成功，都是为了着眼于实现自我的存在。个人为实现自我生物存在、社会存在与价值存在而取得的所有阶段性成功或局部性成功，都具有促成成功人生的现实意义。个人追求成功人生的过程，也就是个人不断追求存在的目的与价值，并不断地超越自我存在的过程。

第一节　存在概述

研究事物的存在，必然涉及事物存在的依据、事物的生成与成长等基本问题。首先，任何事物的存在都必然具有其赖以存在的内在依据。事物存在的内在依据就是事物的本性或本原，亦即事物的存在是一种基于本性或本原的存在。其次，事物的生成由本原开始，事物的成长方向由本原所决定，或者说，事物的成长是事物的本性或本原在特定时空上的展开。

所谓事物存在的本性或本原，就是内在于事物并且生成事物的东西，它是事物之所以存在的内在原因。事物的生成由它所决定，事物的成长或运动变化从它开始，并按照它的意图来进行。因此，存在之物与存在物之本性或本原如影随形。存在之本性或本原存在于一切存在物之中，它以某种方式内在于事物，或者是以潜在的方式存在着，或者是以现实的方式存在着。当然，本性或本原的载体有多种形式、种类或数量。事实上，本性或本原的载体有多少形式、种类或数量，事物就会有多少形式、种类或数量的实体性存在。

一个存在着的事物，必然是由某物所生成的。生成者与被生成者之间必然具有某种内在的相似性，尽管两者之间并非完全相同。当然，所有生成之物，无论是因自然生成还是因人工生成，都可能存在或不存在，这主要取决于生成物的自身性质及其所处的外在环境。

事物存在的形式或实体是事物生成的目的与归宿。那些出于自然而生成的存在之物，如果它还不具备某种稳定的形式，就不能说已经具有了本性，尽管生成它的东西已经存在。只有当存在的形式与存在的内容两者兼备时，才能说它已经成为了一种具有本性的存在。

任何存在之物都具有其存在的合理性，都具有其存在的价值或意义——存在即是合理。尽管存在之物的内在价值要靠人来揭示，但这并不意味着存在之物的内在价值必需依赖于人，并以人的意志为转移。

事物存在的意义是多样的，其中，每一种意义都与事物的本性或本原相关。这就如同所有健康之物都与健康相关一样——有些导致健康，有些是为了保持健康，有些则是健康的标志等。因此，对于与某一本性或本原相关的东西的所有思辨，均属于对该存在之物的本性或本原的相关思辨，因为两者之间具有内在的同一性。虽然事物存在的意义具有多样性，但其中“是什么”是最为重要的。因为只有它才是原始意义上的存在，其他一切均是因它而生，并围绕着它而具体展开的。

第二节　人的自我存在

人的自我存在理论必须回答以下三个基本问题：

①人是什么？

②人是如何存在的？

③人存在的意义是什么？

第一个基本问题解决的是人的存在本性的问题；第二个基本问题解决的是人的存在方式与存在状况的问题；第三个基本问题解决的是人的存在价值的问题。

对于个人来说，如果他不能对“人是什么”这一问题做出明确的回答，那么，就势必难以深刻理解自我存在到底意味着什么；个人如果不能围绕“人应该如何存在”这一问题确立自己所追求的目标，那么，就势必难以持续而有效地改善自己的自我存在状态；个人如果不能明确回答“人的存在到底有什么意义”这一问题，那么，将势必会陷入某种存在的迷茫与空虚之中。总之，只要其中任何一个问题得不到解答，个人的存在就算不上是一种自觉的存在。许多人正是因为没有认真思考过这些问题并明确回答这些问题，因而容易被时下一些流行的观点所迷惑，甚至被误导，最终导致自己的存在状况一直得不到有效改善，甚至糊里糊涂地过完自己的一生。

其实，每一种文化都曾试图对人的存在问题给出自己的权威解答。在所有这些解答中，有两类解答最为典型：基于宗教的解答与基于道德的解答。基于宗教的解答首先确立一个超越一切的最高存在（如上帝、先知、佛祖等），然后将人的存在与这个最高存在联系起来，最后解答“人是什么”“人应该如何存在”“人的存在有什么意义”等问题。基于道德的解答强调他人或群体的存在是更高的存在，并假定人人都具有道德良知，在此基础上，再回答“人是什么”“人应该如何存在”“人的存在有什么意义”等问题。宗教利用天堂、来世允诺等赋予人的存在以永恒的意义；而道德从人的社会性出发确立存在的意义，它们都能给人带来更高层次的基本需求满足。正因为两类解答都能帮助人们解决存在的意义的问题，从而帮助人们避免了心灵与精神的焦虑与空虚，因而显示出了其强大的生命力。这两类解答都源远流长，在信仰主宰精神世界的社会里，基于宗教的解答最为流行；在人伦主导社会关系的社会里，基于道德的解答往往深入人心。在现代文化形成之前，这两类解答都一直处于主导地位，充当着维系人类精神家园的主要角色。即使在当今社会，这两类解答也仍然具有很大的影响力，在某些社会里甚至还占据着主导地位。

随着人性的进一步解放和科学的持续发展，上述两类回答都越来越面临挑战。宗教的解答依赖于神秘的最高存在，然而，对于这个最高的存在，宗教并不能给出符合科学实证检验标准的存在证据。显然，如果最高存在的存在都受到质疑，那么，这种基于最高存在的解答也就会显得苍白无力。如当尼采发现并宣告“上帝死了”的时候，实际上就已经表明，基督教有关存在基本问题的解答已经无法再让人继续信服。当理性的个人主义强调人性自由与个人的合法权益时，道德的解答就已经开始变得软弱无力。显然，当一向为人所信服的宗教回答与道德回答已经不再具有说服力时，对于存在问题的解答就必然要重新寻找新的出路。

一、自我存在的内涵

在探究人的自我存在之前，我们首先必须要搞清楚什么是“人”。为此，我们需要对人的研究边界进行界定。首先，人不是物，这是研究人的第一个边界；其次，人不是神，这是研究人的第二个边界。有了这两个“存在物”作为基本参照，我们就可以对人的研究边界做出界定。简单地说，所谓人，就是不同于“物”与“神”的一类特殊存在物。

任何存在之物都具有其存在的依据。人之所以不同于物，也不同于神，乃是由于人的存在依据不同于物，也不同于神。简单地说，物的存在依据是物性，神的存在依据是神性，而人的存在依据是人的本性或本原——人性。

物的存在本原即物性，物的存在亦即物性的存在。物的本性集中体现为物的不生不灭性。虽然物的存在形式可以是各类不同的实体，但构成各类实体的最基本组成部分是不变的，它们是自然存在着的各类基本元素。所谓基本元素，就是内在于物且不能再被分解为其他类的某种东西。一切存在着的各种形式的物都由它们生成，并在消亡之后又回归于它们。这种自然存在着的自然元素，即是一切存在“物”之本原。这些元素既可单一地存在，也可以化合物的形式存在。它们永续地存在着，既没有生成，也没有消灭，亦即“不生不灭”。它们也许会在构成物的过程中发生一些物理变化或化学变化，也可能会在数量上进行一些合并或分离。然而，所有物的生成或消灭，本质上都只不过是构成物之元素的合并或分离。

神的存在本原即神性，神的存在亦即神性的存在。所谓神性，就是由人所创造出来的一类虚拟的超自然的存在性。这种超自然的存在性实质上是人们在对人性与物性进行高度概括的基础上的一种提炼或升华，亦即神性既符合人的精神期许与主观价值诉求，同时又具有物性的永生不灭性的内涵。宗教世界里的神，实际上寄托着人们对未来生活的美好向往与现实期待，它是人类创造出来的一种虚拟的价值世界。

人的存在本原即人性，人的存在亦即人性的存在。人之所以为“人”，乃是因为人具有人性。人性是人之所以生成的本原，人因它而生成，并由它所决定。当人存在时，人性便一直存在。人的自我成长内在地遵循人之本原的要求——形成一个“人”，一个自我人性获得充分发展与有效表达的自我健康的人。事实上，健康自我的形成，既是人的自我人性表达的内在必然要求，也是人的自我成长的内在基本规律。因此，任何有关人的存在问题的回答，都必须首先符合人性的内在基本要求，并且始终遵循人的自我成长的内在基本规律。

总之，物与神是与人相对应的两类存在。正因为人性不同于物性，也不同于神性，所以，人的存在必然不同于物的存在，也不同于神的存在。物的存在最为广泛，它是人之所以存在的基础，或者更广义地说，人本身其实就是一类特殊存在之“物”。神是由人所创造出来的一类精神世界的存在物，它以人的存在为基础，或者更广义地说，神本身其实就是一类特殊存在之“人”。

二、自我存在的层次

人的自我存在具体体现为身、心两个方面。身体层面的存在是一种生物性的存在；心灵层面的存在是一种价值性的存在。然而，个人并非是一种孤立的存在之物，亦即个人必须与他人结成各种社会关系才可能实现自身的存在。因此，个人的存在本质上还是一种社会性的存在。

（一）生物存在

所谓人的生物存在，亦即人的生命意义上的存在。生命是生物的本质特征，生命状态是生物存在的根本标志。人们总是根据人的生命状态来判断一个人是否存在：当个人能够保持生命状态时，就说这个人存在；一旦个人丧失了生命状态，人们就会说这个人已经不复存在了。

宇宙演化中最伟大的事件就是在物质世界中出现了生命。生命源于物质，而又高于物质。生命一旦出现，就变成了一个相对独立的自主之体。在物质世界的生存环境中，生命具有主体开放性。生命体与外界环境交换什么、如何交换，完全根据自身存在的需要或要求来进行。生命的形成与成长是一个具有目标指向性的过程，并且，这一过程具有向前发展的单向不可逆性。生命的过程“神转不回，回则不转”；回过来，神机（生命）也就没有了。

生命问题是人类所有原始哲学的最核心问题。因为对生命的理解，也就是对人自身的理解。“天地之大德曰生”，在中国几千年的传统哲学中，生的命题是最根本的第一命题。在我国这样一个具有长期农耕文明的社会里，对生命的理解自然具有其自身的独特性与深刻性。中国哲学有关生的理论中的一个最重要概念就是阴阳。实际上，中国哲学有关生命的理论，也就是阴阳和合的理论。《素问》之《上古天真论》曰："法于阴阳，知于术数，食饮有节，起居有常，不妄作劳，故能形与神俱，而尽终其天年，度百岁乃去。"亦即生命存在的最核心问题，就是"形与神俱"，而其他一切都只是生命存在的条件。"身心合一"，身心之间的和谐是实现生命体存在的根本条件。中国哲学常常从生的对立面——死来诠释生命。中国哲学认为，"神气应乎中"，如果神气在形中间，并能对外界刺激做出反应，那么，生命就还存在；如果五脏皆虚，神气皆去，那么，就会形骸独具而生命不再。中国哲学认为，生命规律体现了天地之道，因此，深刻地理解生命，就能深刻地理解天地之道。故《中庸》曰："可以赞天地之化育，则可以与天地参矣。"

自达尔文提出生物进化论以来，对于人的生物学解答便成为了一种主流的科学解答。这种解答否定人是由神创造的，也否定人具有灵魂，而是将人彻底地还原为自然生物。现代生命科学进一步认为，生命的原动力来自基因。人的生命具有几个基本要素：一是基本上都由碳、氢、氧、氮、磷、硫、钙等元素构成；二是存在遗传物质（DNA），能复制自我和繁衍生息；三是能进行新陈代谢，如合成和代谢蛋白质；四是能与环境进行交流，通过适应环境以求得自身的生存。人作为一类高等动物，从起源上来讲，是自然长期演化的产物，是由低级生物演化而来的；从自身构成上讲，人体由各种细胞构成，而细胞又由各类元素构成。尽管人具有高度发达的思维能力，并能适应环境并改造环境，但人毕竟是一种生物。这就决定了，人必须遵循自然生命规律——必须依靠食物以维持生命，必须借助于衣物来保暖御寒，必须借助于住所来睡眠休息，必须通过性交来繁衍后代，并将不可避免地会衰老与死亡等。

总之，人的存在，首先是一种生物意义上的存在。只有在实现生物存在的基础上，才谈得上其他层次的存在。人的社会存在以生物存在为前提，并始终受其制约。没有人的生物存在，也就没有人的社会存在。无论人类多么智慧，都将永远无法离开自然世界，因为人类本身就是自然世界的一部分。

生物存在的基本目标，就是追求生命的延续、健康与快乐。维持生命、体验快乐、保持健康，既是生物存在层次的三大基本任务，也是人性的三种基本诉求。

1. 生存

生存是自我存在的首要目标，也是人性的第一基本诉求。天地之间，生之为大。如果人的生命得不到保障，其他一切也就无从谈起。求生是人的本能，人的生物本性在人的求生本能中体现得最为直接，最为明显，也最为突出。

2. 快乐

快乐是人的另一本性诉求。在人的心目中，快乐永远占据着至关重要的地位，它甚至被视为一切价值中最重要的价值，并成为一切价值的最终归宿。尽管人们对于如何才算快乐、如何获得快乐等存在不同看法，但在趋乐的倾向性方面，所有人都表现得完全一致。显然，没有人会漠视快乐，也没有人会愿意失去快乐。即使过着苦行僧生活的人也在寻求快乐，只不过他们所寻求的快乐不同于一般人而已。人们通常愿意为了快乐而付出一些代价，有时甚至愿意为此而暂时忍受一些痛苦。

3. 健康

健康是生命质量的体现，一旦失去健康，人的生命便会黯然失色。健康是快乐生活的基础，唯有健康者方能体验到生活的快乐。然而，人们常常忽视健康的价值。只有当自己失去健康后，人们才会意识到健康之于生命到底意味着什么。

（二）社会存在

自我存在既是一种生物性存在，同时又是一种社会性存在。社会存在是一种基于社会群体的存在。社会性是人的本质属性，这就决定了个人的存在绝对不是一种孤立的个体性存在，而是一种与他人结成一定社会关系（如在家庭中与其他成员结成亲属关系，在社区中与他人结成邻里关系，在学校中与他人结成同学关系，在单位中与他人结成同事关系等）的群体性存在。实际上，整个人类社会就是由各种社会关系所结成的一个错综复杂的巨大网络。每个人都与周围的人结成某种社会关系，而周围的人又与其他人结成自己的社会关系。最终，所有人都通过各种关系而实现了相互联结。事实上，正是个人与他人所结成的各种社会关系体现并保障了自己的社会存在。离开了具体的社会关系，个人也就无所谓存在。

任何一种社会关系必然同时包含三个基本要素：伦理、情感、利益。其中，伦理是社会关系的外在形式，情感与利益是社会关系的内在实质。不论社会关系多么复杂，它们无不是由各类伦理关系、情感关系和利益关系所整合而成的一个特定的存在集合体。抛开这三个基本要素，就不会有人与人之间的现实关系；而抛开人与人之间的现实关系，也就无所谓人的现实的社会存在。当然，在不同社会关系中，上述三个基本要素所占比重各不相同。

1. 伦理

社会关系首先体现为人与人之间的一种社会伦理关系。社会伦理界定了个人在社会中的位置，个人也就因此而获得了某种社会身份。在现实生活中，每个人都占据着一定的社会位置，都有自己与他人区分开来的社会身份。如在家庭中，个人是父亲或儿子、母亲或女儿；在公司里，个人是雇主或雇员等。事实上，在特定的场合，只要称呼一个人的身份，就能知道他是谁。此时，个人的社会身份实际上表征了个人的社会存在。

2. 情感

社会关系虽然在形式上表现为各种社会伦理关系，但社会关系的实质内涵却只能是情感与利益。任何社会关系都是情感与利益的对立统一。在不同社会关系中，情感的具体内涵不同。如在血缘关系中，人的情感表现为亲情；在婚恋关系中，人的情感表现为爱情；在朋友关系中，人的情感表现为友情；在一般性社会人际关系中，人的情感表现为同类之间的同情等。

3. 利益

任何社会性关系本质上都是关系双方在利益上的相互依存与相互交换的关系。当然，我们这里所说的利益是一种广义的利益——任何有益于自我存在的一切外在支持，而非仅仅只是指经济利益。当然，经济利益是最常见的利益形式。

（三）价值存在

要全面而准确地理解人生，必先弄清“人是什么”这一基本问题。“人是什么”，实际上就是要回答“人的本质是什么”。为此，我们必须深入探究人的生命、命运与价值等存在性问题。因为只有紧紧围绕着人的生命或命运这个价值中轴，我们才能全面而深入地揭示出人的本质。

人的生命存在是人类历史的自然基础，也是人的本质存在的自然基础。人的生命存在与生命价值是人之所以成为自然、社会和自己的本体基础的依据，也是人的本性生成或自我成长的原始根基。然而，人又是一种以“意义”为存在本体的生命体。对意义的追寻，对生命和世界的终极价值的理解与建构，既是人性的内在诉求，也是存在的基本使命。因此，考察人的本质，必须以对人的生命价值和圆满之本性的价值追问为逻辑起点。

人是一种能将自己的生命活动当成自己的意志或意识对象的特殊存在物，这正是人与动物的根本区别之所在。动物与其生理活动直接统一，实际上，动物的活动即是它的生理或本性。人类具有生命存在的自我意识，并且始终将实现自我存在摆在最突出的位置上。这种自我意识或存在意识，首先是一种自我价值意识。

自从人类萌生了自我价值意识之后，人的世界便开始演变成为了一个价值世界。价值世界是因为人并且为了人而发生、存在和发展的，人也正因为如此才获得了生命价值的自为本性。将自己的生命当作目的与价值的本体基础，是人之所以为人的根本标志。尽管人类曾一度背离了生命的价值本体取向，但自从尼采宣告“上帝之死”以后，这种颠倒了的价值又重新复归了。

生命价值的自我意识的萌生使得人的生命活动方式发生了根本性的变化——人的生命活动开始成为一种自为性的活动，亦即人类已将自己作为生命活动的主体，并将自身生命作为价值意识的对象。因之，人开始日益生长着人之为“人”的“类”生命本性。这种“类”生命本性与人的生物“种”的本性一起，共同构成了人的双重生命价值自为本性。这就是价值领域中的人的本性。

人的生命的价值自为本性主要体现在以下几个方面。

1. 追求生命的存在与圆满

生命的价值自为本性使人既依存于自身的生物“种”的本性，同时又超越了自身的生物“种”的本性，进而将生命的存在与圆满视为自身的最高需要或价值。因之，人的生命开始从消极依附的自然存在提升为了积极自为的社会存在。然而，作为生命自为的价值主体，人始终处于主体能动性与现实制约性、主体的实然存在与自我的应然存在之间的矛盾冲突之中，受其纠缠，并为它所推动；时刻抱着对生命价值的总体性与完整性的渴望，并为实现自己的应然存在理想而持续地进行着自我创造、自我反思与自我建构。

2. 对生命存在的理性反思

人所面临的最大生存挑战，莫过于如何正确处理好主体与客体的关系。人的“类”生命本性总是要通过个性化的形式来表现自己。然而，面对个体生命本性的偏差与扭曲、人和自然的紧张与分裂、个人与社会群体的冲突与对立，人再也不能仅仅以个体价值意识来主导自我，而是必须以“类”的生命价值意识来自问“应当怎样存在”“应该怎样才能更好地存在”等。个人以应然存在的标准来反思实然存在中的缺失和局限，其目的就在于消除现实生活中不利于自我存在的障碍，并且不断完善自我与自我的价值建构。生命的价值自为本性就在这一过程中得以持续地确证、提升与超越。

3. 生命活动的自主规定与自我调整

人对生命存在的自我反思，必然导致人对生命活动的自主规定与自我调整。一方面，人的生命的价值自为本性的内在差别、对立和矛盾挥之不去；另一方面，人的生命的价值自为本性又在不断地规制着自己、教化着自己，并在这种持续的自我规制与自我教化的过程中不断地成就着自己。社会文化对于人的影响与限制，就是通过倡导应然存在的规范来引导个人将这种规范内化成为个人的价值标准，进而实现个人的自我规范与自我教化才最终得以实现的。

4. 生命的自我创造

人的生物“种”的本性是通过生命的遗传基因而获得的；而人的生命的自为本性必须通过生命的创造性活动才能获得。生命个体从父母那里获得了“种”的生命本性，这仅仅意味着个体具备了做人的生物基础，除此之外，个人还必须在后天的学习与实践过程中持续地进行自我创造才能成为一个具有真正生命自为本性的个体。亦即人的生命的价值自为本性并非生而有之，而是要靠自我去创造才能最终获得。人正是因为成为了一类自我创造的生命，才从根本上改变了自己的生存方式——从被动适应型的生存逐渐转变成为了主动适应型的创造性的生存，从而使得自己的生命地位，以及自主、自由的自我本性得以持续地提升。

总之，人的生命的价值自为本性的成长过程，确证了人本质上是一类追寻生命价值的不断自我实现与自我超越的对象性的存在。人具有双重生命的质的规定性——自然生命的质与社会生命的质。一方面，人生而具有做人的自然生命的质的规定性。所谓自然生命的质，就是人生而具有的遗传生理特质，它是人的本质的物质承担者，是人之为“人”的可能性源始。另一方面，人又具有区别于其他动物的社会生命的质。所谓人的社会生命的质，是指通过人的自我创造与社会交往所获得的一种自为性的类性特质，它以社会历史文化的方式承载下来，又以创造、教育和交往的方式融化于人的自然生命，并通过个性化的外在形式体现于人的生命活动之中。忽视人的任何一种生命的质的规定性，都必将导致对人、人的本质的片面性理解，甚至误解。考察人的本质，就是要说明并确立起生命价值的本体地位，并在人自身的对象性活动中实现“人”是人的最高本质；在此基础上，努力寻求自己自由发展的生存方式与生存状态。实际上，这才是个人应致力于追求的生命的终极价值。

三、自我存在的意义

人的自我存在到底有没有意义？对这一问题的回答有两种：否定的回答与肯定的回答。否定自我存在的意义虽然可以免去进一步回答“人的存在意义到底是什么”的麻烦，但将从此陷入虚无的自我存在困境之中。如果肯定自我存在的意义，那么，接下来就得回答“人的存在意义到底是什么”。一般情况下，人们总是试图先找到某一人所向往的最高价值，然后，将自我存在与这一最高价值相联系。可问题是，我们怎样才能找到这一最高价值呢？果真存在这样的最高价值吗？

不管个人最终做出怎样的回答，一个不容否认的基本事实是：任何正常人都无法忍受没有意义的生活。个人如果觉得生活没有意义，那么，他将势必陷入一种难以名状的迷茫、痛苦与绝望之中。有些人正是因为感受不到生命的价值与存在的意义而得过且过、自暴自弃，甚至因此而走上绝路。由此可见，人的生命意义与存在价值的尊严具有终极的优先性。事实上，个人只有追寻到生命的意义与存在的价值，他才不会在生活中迷失自我，他才会以一种积极的心态去创造自己美好的生活，他才会去追寻自己成功的人生。

既然人的生命意义与存在价值具有终极的意义或价值，那么，到底怎样去衡量人的存在意义或价值呢？基本的衡量标准有两个：客观价值标准与主观价值标准。

从客观价值的角度来衡量人的存在价值，则人的存在无疑是有价值的。事实上，任何生命的存在都具有价值，一切存在着的生命都很美好。作为一类特殊的生命存在物，人类个体之间相互依存、相互说明、相互支持。个人的存在以周围他人的存在为依据；与此同时，个人的存在又为周围他人的存在提供了依据，并创造了条件。因而，个人的存在不仅深具内在价值，而且还具有利他的外在价值。

另外，人的存在价值更多地涉及人的主观价值判断。所谓主观价值，就是个人所体验到的生命的意义感与存在的价值感。事实上，每一个正常人都能从自我价值观出发感受到自己生命的意义与自我存在的价值。当然，不同的人从不同的主观价值标准出发，可能得出完全不同的结论。如享乐主义者认为，存在的意义在于享乐，因而，获得快乐是人生最有意义的事情。宗教则从最高存在（上帝、真主、佛祖等）出发，提出人有肉体和灵魂两个部分。其中，肉体会死亡，而灵魂不会死亡；肉体只能存在于现实世界，而灵魂可以存在于理想世界。现实存在的全部或最终意义就在于实现自我的救赎，从而最终确保自己能够脱离现实生活的苦海而进入未来的天堂、仙境或极乐世界等。

自我存在的客观价值与主观价值相互依存、相互影响、相互促进。一方面，正因为个人能够从自己的主观价值判断中获得生命的意义感与存在的价值感，才促使他去持续地进行自我创造，并寻求自我实现。另一方面，正因为个人能够不断地自我创造与自我实现，才最终彰显了个人存在的客观价值。

第三节　存在与需要

人的存在以人的需要为基础。因此，我们在深入探究人的存在之前，必须先对人的需要进行研究。

一、人的需要概述

作为一类特殊的生命存在物，人的需要完全不同于其他生命体的需要。

正是人类需要的特殊性，决定了人的存在必然不同于其他生命体的存在。

（一）人的需要的基本特点

需要是人的活动或行为的内在驱力。深入探究人的需要的基本特点，对于我们全面而准确地理解人的活动或行为，对于个人更加有效地获取自己的成功人生，都至关重要。

1. 人的需要具有确定的生物学基础，这是人的需要的第一个基本特点

既然人的需要是内在的、与生俱有的，那么，它就必然具有确定的生物学基础。基因控制着人的生命现象，包括人的思维与行为活动，而人的一切生命活动，均与人的内在需要直接相关。如正常人都需要睡眠或有规律性的休息，研究表明，生物的睡眠与其生命内核——基因有着千丝万缕的联系。通过对果蝇基因进行研究，发现至少有两种基因调节并控制着果蝇的睡眠，它们分别涉及睡眠的周期和时间，因而被称为“周期基因”与“无时间基因”，它们是果蝇的生物时钟的基本构成成分。如果果蝇缺乏“周期基因”，它们在睡眠上似乎并无异常；但如果“无时间基因”发生突变或被消除，果蝇的睡眠从此便会减少，并且不会再有补觉的行为。

2. 人的需要的社会生产决定性

人的需要的第二个基本特点，就是需要的社会生产决定性。动物的需要完全依赖于自然，人的需要主要是由自己所创造出来的，它是社会劳动的结果与产物。人的需要来自于社会生产，并且决定于社会生产。

作为自然存在之物，早期的人类也与其他生物一样完全依靠自然物来满足自身需要。然而，随着人类的不断进化，现成的自然物已经越来越不能直接满足人类的需要了，许多自然物必须经过劳动加工才能变为人所需要的生活物品。尽管自然环境提供了满足人类需要的自然条件，但自然物并不会主动按照人的要求而发生改变。因此，为了获取满足自身所需要的产品，人类必须在适应环境、遵循自然物的尺度的前提下，将人的内在尺度运用到自然物中去，并赋予它们以满足需要的形式和意义。由此可见，社会生产本质上是人类满足自身需要的方式。需要是社会生产的起点，同时也是社会生产的归宿。有需要才会有生产劳动，需要的内容决定着生产劳动的内容、过程及其方式等。同时，生产劳动也在不断地扩大并丰富着人的需要，以及需要的

实现条件。人类正是通过生产劳动来满足自身需要，进而维持人类自身的存在的。

总之，人的需要与社会生产相互依存、相互影响、相互促进。一方面，人的需要是促进社会生产发展的内在动力，没有需要就没有社会生产，需要推动着社会生产乃至整个人类社会不断向前发展。另一方面，人的需要又为社会生产所决定。

3. 人的需要的丰富性和无限性，这是人的需要的第三个基本特点

动物的需要是有限的和狭小的。动物没有有意识的生产能力，其需要完全以自然所能提供的对象物为直接满足物，因而无法超越自然。人的需要满足物则主要是由自己所生产出来的，这就为人的需要的无限发展开辟了广阔的可能空间。动物满足自身需要的手段非常有限，并且不能被超越。动物总是用一套局限的手段来满足其同样局限的自身需要。人虽然也受到这种限制，但人类能够超越这种限制。因此，相对于动物，人对环境具有普遍适应性。这种普遍适应性建立在人对环境的能动改造的生产实践基础之上。正因为人不像动物那样被动地适应环境，而是通过对环境的能动改造来让环境服务于自己的需要，从而使得人类能够在各种极不相同的环境下生存与生活。随着生产实践的发展，人类会把环境中越来越多的领域纳入自己的对象性范畴之内，进而变成自己的直接生活资料，变成自己的生命活动的材料、对象或工具等，最终将使得生活的范围变得越来越宽广。

人的需要的丰富性和无限性主要体现在以下几个方面：首先，人的需要的量的丰富性。与动物相比，人具有无限多样的需要和需要对象。动物只有一类需要——自然物质需要；人除了自然物质需要外，还有精神需要与价值需要。即便是人的物质需要，其内容也远比动物的需要更为丰富。人是草肉兼食的杂食动物，其食用品种的数量远超其他动物。自然界的动植物品种本已极为丰富，理论上，它们都可成为人的需要对象。然而，人的需要并不会仅仅局限于此。人类的生产活动可将自然界的各种存在物改造成为自己所需要的物质产品。其次，人的需要的质的无限性。人对生活需要的质量要求是无限的。当人满足了低层次需要之后，又会出现更高层次的需要。即使对于同一需要对象，人对其质量的要求也是无限的。最后，人的需要发展的无限性。人的需要是社会生产的函数，必将随着社会生产的发展而发展。人类的

社会生产是一个无限发展的过程，社会生产发展的无限性，决定了人的需要也必然是无限发展的。反过来，需要的发展又会促进社会生产的进一步发展。需要发展的无限性同样也会在质和量上表现出来。从量上，表现为所需生活资料数量的日益扩大、种类的日益增多；从质上，表现为生活消费品的档次不断提高和翻新、生产劳动和社会关系变得越来越适合于人的本性要求。总之，社会生产的无限发展决定了人的需要的无限发展，而人的需要的无限发展反过来又为社会生产的无限发展提供了持续的发展动力。人类的进步就是在这种社会生产和自身需要的矛盾运动中得以实现的。

4. 人的需要的社会性与历史性，这是人的需要的第四个基本特点

人的需要及其满足受到社会生产的影响与制约。首先，社会生产力的发展是人的需要发展与满足的基本前提。显然，只有当社会生产力能够提供某种现实产品时，人对这一产品的需要才能得到满足。社会生产力的发展从根本上决定着人的需要的发展与满足。其次，人的需要受到社会生产关系的影响与制约。生产关系既是社会财富生产的社会形式，又是社会财富分配的社会形式。因此，人的需要及其满足必然受到生产关系的影响与制约，并为生产关系所决定。最后，人的需要受到现实社会制度的影响与制约。良好的社会制度将有利于促进社会生产的良性发展与社会财富的合理分配，不良的社会制度将导致社会生产的停滞、倒退与社会财富的不合理分配，最终将影响到人的需要的发展与满足。

人的社会属性和自由、自主与自觉活动的本质与人的需要直接相关。源于人的需要的社会生产与实践活动推动着人的本质力量的持续增长，而需要的每一次满足都将对人的本质力量形成一次新的确证、充实与促进。正是人的本质力量的不断增长，才使得人能够从自然、社会的束缚中不断解放出来。而随着人的自由的不断扩大，人的社会生产与实践将会变得越来越自主、越来越自觉。

人的需要是社会历史发展的产物。社会生产是一个发展的历史过程，这就决定了人的需要也必然具有一定的社会历史性。社会生产状况不同，人的需要及其满足方式也会不同。随着社会生产的发展，人的需要也会不断地向前发展。人的社会生产活动包括认识活动、适应与改造活动，人类的历史，就是人类不断认识、适应与改造世界的历史。人类认识、适应与改造世界的

根本目的是为了满足人类自身的各种需要。人类的需要不同，人类对客观事物的改造也会不同，继而认识环境的广度和深度也会不同。随着需要的不断发展，人类认识环境、适应环境与改造环境的能力将会持续地提高。正是人的需要的发展促成了人类认识活动与实践活动的不断发展，以及人类认识世界、适应与改造世界能力的持续提高，最终推动着人类社会持续地发展与进步。

（二）人的需要的层次结构

以需要的性质为标准，可将人的需要分为如下两类：基本需求与欲望。其中，基本需求是人的需要的内在依据，欲望是人的需要的外在表现。

将需要区分为基本需求与欲望两个层次不仅有助于我们全面而准确地理解人的需要，而且有助于我们认识到基本需求满足的正当性与欲望满足的选择必要性，从而可以避免基本需求的正当满足受到不正当欲望的拖累，同时可将正当的欲望从不理智的限制与批评中解放出来。

1. 基本需求

人的基本需求是人与生俱有的最基本的需要。基本需求具有人的质的规定性，它是人之所以为人的内在依据，人的内在本性从基本需求中得到了最充分体现。

基本需求满足与自我存在是人生最重要的两大主题，两者之间相互关联、相互影响、相互制约，并且互为因果。一方面，基本需求的有效满足是实现自我存在的基本前提；另一方面，人的自我存在状况的改善反过来也会有助于人的基本需求的满足。正因为基本需求之于人的自我存在的基本性，决定了人的基本需求满足一旦受到外在因素的阻碍或限制，必将激起人的强烈反应；而如果这种强烈反应仍不足以维护自我基本需求的满足的话，就会引发某种严重后果。总之，只有当人的基本需求能够得到有效满足时，人的自我本性才能维持其正常状态，并保持正常发展，个人也才可能最终成长成为一个自我健康的人。

2. 欲望

人的需要的一个基本特点，就是会在人的内在基本需求的基础上生出许多外在欲望。人的欲望形成需具备两个基本条件：一是感到缺乏什么，即有不足之感；二是期望得到什么，即有满足之望。人的欲望就是在具备这两个基本条件的基础之上所萌生出来的一种心理状态。

欲望的产生必有其特定的对象物。亦即人的需要既表现为一种主观欲望，同时又与特定的客观对象物相联系。只有当人的主观欲望与客观对象物两相结合时，才可能形成现实的需要。个人欲望往往与个人能力及其他现实条件相适应。一般情况下，只有当个人具备了获取特定对象物的现实能力或条件时，个人才会产生获取该对象物的强烈的现实欲望。

因此，欲望的产生有两个基本来源：内在基本需求与外在环境物刺激。大多数情况下，欲望是由外在刺激物所引发的。相对而言，源自内在基本需求的欲望容易满足，源自外物刺激的欲望难以满足。而个人一旦被无穷无尽的外在欲望所支配，就将陷入某种“人为物役”的可悲境地。

欲望及其满足的正当性，对于确保人的需要满足以及人的自我存在至关重要。一般来说，不仅欲望本身应该具有正当性，而且欲望的满足方式也应该具有正当性。如果个人所选择的欲望满足方式不具正当性，那么，欲望本身的正当性也会受到严重影响，甚至可能因此而影响到需要本身的合理满足。总之，只有当欲望本身是正当的，而且欲望的满足方式也是正当的，欲望的满足才会变得无可挑剔，人的需要满足以及人的自我存在才不会受到严重影响与干扰。

（三）人的基本需求与欲望的关系

人的基本需求与欲望是两个既相互联系又相互区别的概念。理清两者之间的关系，对于我们全面而准确地理解人的需要，对于合理而有效地获取正当需要的合理满足，都至关重要。

1. 基本需求与欲望存在着相互联系

人的内在基本需求往往表现为各种外在欲望，两者之间常常相伴相随，并且密不可分。一方面，基本需求离不开欲望。基本需求必须借助于各类欲望才能表达自己，并且必须借助于各类欲望满足物才能实现自身的满足。当然，基本需求的欲望表达方式多种多样——相同的基本需求可以有不同的欲望表达方式；而在相同的欲望满足物背后也常常寄托着不同的基本需求。另一方面，欲望也离不开基本需求。基本需求是欲望产生的内在根源，人的各种欲望往往都源自人的内在基本需求。人的欲望决定于基本需求，离开了基本需求，欲望便成了无源之水、无本之木。

2. 基本需求与欲望存在着相互区别

虽然基本需求与欲望密切相关，但两者并非同一回事。两者之间存在着如下区别：

（1）基本需求的基本性与欲望的从属性。基本需求是人的最基本需要，而欲望是基本需求的外在表现，欲望的产生源自人的内在基本需求。说基本需求是最基本需要，也就是说，如果它们得不到有效满足的话，将会产生十分严重的后果。人的许多生理、心理与精神疾病往往都源自基本需求长期无法得到有效满足或者获得了不健康满足。如长期在性需求方面受挫的男人或女人往往忌妒心极强；长期缺乏安全感的人往往难以信任他人，也难与他人合作；情感基本需求的长期匮乏者往往存在着严重的心理疾病；尊严基本需求长期受挫者常常会表现出敌意、暴力，甚至反社会倾向等。相对而言，欲望远没有基本需求那么重要，欲望受挫对人的影响也远没有基本需求那么严重。正是基本需求的基本性与欲望的从属性，决定了基本需求的满足的必需性与欲望的满足的可遏止性。人的基本需求不可或缺，并且必须得到满足，否则，将可能对人的自我存在与自我成长产生十分严重的后果。相对而言，人的欲望可以节制、改变，甚至戒除。对于某些不合理欲望（如吸烟、酗酒、吸毒等）的节制、改变或戒除不仅不会影响人的自我存在与自我成长，甚至还将有益于人的自我存在与自我成长。

（2）基本需求的客观性与欲望的主观性。基本需求是人与生俱有的一种客观需要，而欲望是由人的意识所表达的一种主观需要。基本需求与人的自我本性相关，事实上，它本身就是人的自我本性的一部分。它是人之所以为人的内在依据，也是人区别于其他动物的主要标志。基本需求早已与人的生理或心理融为一体，如人需要食物时肚子就会饿，需要衣物时身子就会冷，需要休息时就会感到困倦等。不管人是否意识到了基本需求的存在，它都会一直发生作用，并会一直主导着人的意识与行为。虽然基本需求具有不以人的主观意志为转移的客观性，但基本需求的满足要求必须借助于一定的欲望形式方能表达出来，进而观念性地存在于人的意识之中。欲望是一种自觉的有着明确对象与内容的主观诉求。欲望由人的意识所提出，并且一直受到人的认知、情感、意志等心理因素的影响。由于欲望是人在一定现实条件下对特定对象物的一种主观指向，因而生活在不同环境下的个人可能会对同样的基本需求产生完全不同的欲望指向。

（3）基本需求的确定性与欲望的变动性。人的基本需求是确定不变的，并且非常稳定，它们不受主观意识的影响，也不受外在事物的干扰，其要求获得满足的倾向性十分简单、明显、直接。无论个人掌握了什么样的知识，具有什么样的观念、情感和意志，也不管个人拥有什么样的生活条件，经历过什么样的人生历程，基本需求都不会发生丝毫改变。而人的欲望是不确定的，并且很不稳定，它们常常受到人的主观意识的影响，并且很容易受到外在事物的干扰，其要求获得满足的倾向性十分具体、多元、复杂。人的欲望通常与特定的对象物相联系，它们常常以具体的欲念或愿望的形式出现，并且具有明确的主观意向性。

（4）基本需求的种类很少，而欲望的种类繁多。所有正常人的基本需求都完全相同，它们数量有限，并且固定不变。相对而言，人的欲望数量更多，并且复杂多变。从固定、有限的几类基本需求中常常可以衍生出多变、无限的个人欲望。此外，人的欲望还存在着明确的个体差异性。

（5）基本需求并不涉及具体对象物，而欲望必定指向具体对象物。通常出现在人的意识中的各类具体要求都是人的现实欲望，而在这种要求背后所隐藏着的才是人的内在基本需求。欲望是基本需求与外在事物之间的中介，它犹如一座桥梁，将基本需求与外在事物连接起来。一方面，欲望将基本需求作为自己的内在依据；另一方面，欲望又以外在事物作为自己的明确目标。如果不是欲望把基本需求的内在要求转换为指向具体事物的外在要求，个人需要与外在环境之间就无法建立起明确的意向性联系。

（6）基本需求本身非常模糊，也没有明确的具体要求，而欲望本身非常清晰，并具有明确的具体要求。欲望对基本需求的现实表达使得个人可以拥有自己想要的明确而具体的目标，这对于个人成功意义重大。然而，欲望并非总是会真实地表达人的基本需求。事实上，欲望在表达基本需求时常常偏离基本需求的实际需要。一般情况下，欲望总是会高于人的实际需要。因此，个人在确立自己的追求目标时不能一味地屈从于个人欲望，否则，就将可能偏离系统成功的健康轨道，甚至可能会因此而陷入难以成功的艰难困境。

（7）基本需求的有限性与欲望的无限性。人的基本需求不仅种类有限，而且，基于基本需求的人的实际需要也是有限的。然而，人的欲望并不受实际需要的限制。事实上，人的欲望往往远远超过人的实际需要。这种现象在人对物质财富的追求上表现得尤为明显。人的欲望本质上是无限的，一种欲望满足之后，又会提出新的欲望；新的欲望满足之后，又会提出更新的欲望，所谓“人心不足”“欲壑难填”。显然，满足人的所有欲望是不可能的，这就需要个人运用自己的理性与意志力来节制自己的欲望。如果个人不对自己的欲望加以限制，那么，它们就会远远超越自己的实际需要，并将不断向着自己的更高目标前进。个人如果顺着欲望所指引的这条道路一直走下去的话，将会感到身心疲惫、心力交瘁，并且永无出头之日。最终，一个成功的人生将会远离自己而去。

（8）基本需求的社会性与欲望的个体性。社会性是人的基本属性，这一点在人的基本需求上表现得最为明显。首先，人的高级基本需求是在人的社会化成长过程中逐渐发展起来的。其次，任何人的基本需求都同他人完全一样，并且具有共同的性质与特点。最后，人的基本需求表达方式与满足方式依赖于个人所处的社会环境，并被深深地打上了社会文化的烙印。虽然基本需求为全体人类所共有，但是，基本需求的表达与满足却存在着巨大的个体差异性。对于同样的基本需求，不同的人可能选择完全不同的欲望表达方式与欲望满足方式。基本需求的欲望表达虽然受到社会环境的影响，但从根本上讲，人的欲望表达与满足是一种完全个人化的行为。

二、需要与存在

人的需要与人的存在密切相关，两者之间相互联系、相互影响，并且相互依存。显然，人只要存在着，就必然会有需要；而只有人的需要得到有效满足，才能确保人的自我存在。个人获取需要满足的过程，同时也就是个人求得自我存在的过程。由此可见，需要与存在，是一个问题的两个方面，两者之间具有内在的同一性。

（一）每一个生命体都有其内在的需要

作为一类特殊的生命存在体，人的需要具有其他动物所不具有的特殊性。

正是人的需要的特殊性，才导致了人的存在的特殊性。

人的需要的特殊性主要表现为，人的需要分为基本需求与欲望两个层次。一方面，虽然基本需求是人的内在需要，但人的基本需求必须借助于各种欲望形式才能表达自己。欲望是人之所以为人的本质特点。没有欲望的内在驱使，人就会变得像“物”一样，而失去人的内在活力，人也就不成其为人了。欲望驱使个人采取各种行动去寻求自身的满足，从而确保了人的自我存在。当某些欲望得不到满足时，人的自我存在就会受到严重影响。另一方面，欲望的不合理满足或过度满足也会导致自我成长偏离健康发展的轨道，甚至可能诱发某些致病性后果。欲望驱使人类不停地探索，并不断取得进步；但与此同时，欲望也给人带来了无穷的烦恼与无尽的痛苦。因此，欲望既可能成为自我成长的内在动力，也可能成为精神痛苦的内在根源。

（二）人的需要与人的存在密切相关，两者之间相辅相成

需要机制是生命系统维持自身存在的内在动力机制。一方面，人的自我存在以人的需要满足为基本前提。任何生命系统的存在都必须建立在获取维持生命系统正常运转所必需的足够食物的基础之上。作为一类特殊的生命存在体，人的自我存在除了需要获取维持自身生命存在所必需的食物之外，还必须获得其他需要的满足。正是人的需要的这种特殊性，才导致了人的存在的特殊性。另一方面，人的需要又深深植根于人的存在之中。需要与存在直接相关，不存在不与人的存在直接相关的人的需要。

（三）人的需要基本内容与人的存在状态之间存在着一一对应的关系

人的存在状态包括生存状态、生活状态与价值状态三个基本层次。个人处于不同的存在状态，就会有与之相对应的主导基本需求。人的存在行为总是围绕着人的主导基本需求而展开，事实上，正是由于不同存在状态的主导基本需求的存在，才支撑起了个人的不同状态的自我存在。因此，人的基本需求是衡量人的存在状态的主要标志。一个人主要关注什么基本需求，本身就已经表明他正处于何种存在状态；反之，一个人正处于何种存在状态，他就会重点关注什么基本需求。

总之，作为一类自主、自觉与自由的理性的生命存在体，人在寻求自我需要的满足过程中，必然会遵循以存在为主要依据的基本原则。亦即个人在提出自己的需要满足目标时，必然会充分考虑自己的生物存在、社会存在与价值存在的基本要求。因为只有符合存在状态基本要求的需要目标，才具有满足的正当性。

第四节　自我存在的实现

人的存在本质上是一种多元性的存在和多层次的存在。在自然环境中，人的存在是一种生物性存在；在社会环境中，人的存在是一种社会性存在。然而，无论生物性存在还是社会性存在，人的存在都深具价值；并且个人主观上也都致力于追求存在的价值或意义。因而，人的存在还是一种价值性存在。

个人在追求人生目的与自我价值之前，必先求得自我的存在。当然，自我存在本身也是个人所追求的人生目的与自我价值的最基本内容。人的存在建立在一定的需要基础之上，个人实现自我存在的根本途径，就是通过寻求自我基本需求的有效满足。个人实现自我存在与寻求需要满足，两者之间具有内在的同一性。

人的存在是一种可领悟到的可能性存在。在现实生活中，个人除了创造性地运用自我力量以寻求基本需求的有效满足之外，还将致力于实现自我的独特性与完整性的存在，从而最终实现自我内在的统一与和谐、自我与外在世界的统一与和谐。因为只有这样，个人才可能维持稳定的自我存在；也唯有如此，个人才可能达到人性所要求的最高存在的理想境界。

一、生物存在的实现

人的存在首先是一种生物性存在。所谓生物性存在是指人的生命形态的存在。生物存在层次的基本目标是维持自我生命的延续、快乐与健康。当处于这一存在层次时，个人的一切活动都必然紧紧围绕着如何求得自我的生存、快乐与健康而展开。此时，人的生物本性能够得到最充分的体现。

同自然界的任何其他物种一样，人类首先必须解决自己的生存问题。显然，没有生存，也就没有存在。先生存后发展，这是自然所赋予人类的一种必然选择。当然，生存并不等于存在。两者之间既相互关联又相互区别。一方面，生存是存在的基础与前提。生存是一切生物的本能诉求。当人的生存问题得到解决时，个人能够从中体验到一种最原初的快乐，这种快乐是人作为生物的一种最高存在体验，也是自然所能给予人的最高奖赏。另一方面，存在是对生存的进一步丰富与拓展。人不同于动物之处就在于，对于动物来讲，生存既是一种本能需要，也是需要的一切，亦即动物的全部活动的唯一目的就是求得自身的生存，生存是动物需要的全部功能；而对于人类来说，生存只是最低层次的存在目标。人类除了生物存在意义上的生存目标之外，还有更高层次的存在目标——社会存在层次的存在目标与价值存在层次的存在目标。亦即人类除了追求自我生存之外，还追求自我幸福与自我实现。由此可见，人的存在内涵远比动物的存在内涵要丰富得多。

生存虽然是人的最低层次的存在目标，但它却是人所追求的最基本的存在目标。系统成功的首要目标就是求得自我生存。因为只有确保自我生存的前提下，才谈得上自我幸福与自我实现。事实上，对于个人来说，没有任何事情会比自我生存更为重要、更为急迫。显然，只有先让自己活下来，个人才有机会去创造并享受美好的生活，去实现人生的理想。不能生存的人是没有资格谈论幸福与理想的。也只有当生存目标得到实现后，个人才会产生享受的需要。所谓享受需要，是指在生存需要得到满足的前提下所形成的旨在优化生存条件、提高生活质量的需要。主要包括如下两方面内容，一是与生存所需相关的享受性需要，如提高食、衣、住、性等基本需求满足物的质量水平等；二是与生存需要没有直接关系的享受性需要，如获取安全感、寻求更为丰富与美好的情感、获得更加体面更有尊严的生活、发展个人偏好、寻求生命的价值感与意义感等。

人的生物性存在的实现建立在第一类基本需求能够获得有效满足的基础之上，个人实现人的生物性存在的根本途径，就是要获取第一类基本需求的有效满足。事实上，第一类基本需求早已深深根植于人的内在生理与心灵之中，并已与人的内在生理与心灵融为一体，最终形成了一种基于自我生理与心灵的内在动力学机制。

（一）人对食物的需要与感受具有深刻的生物学基础

研究发现，人控制饥饱的中枢位于大脑的下丘脑，分为饥饿中枢与饱觉中枢。当人体通过血液将机体内部养分的增减、体温的变化、毛细血管里葡萄糖的利用状况等信息传送至大脑的丘脑下部的饥饿中枢（腹外侧核）与饱觉中枢（腹内侧核）时，大脑会及时做出是否需要进食的判断。当葡萄糖的利用程度很高（血糖高）时，它会刺激人的饱觉中枢的活动，并抑制饥饿中枢的活动；反之，就会刺激饥饿中枢的活动，并抑制饱觉中枢的活动，从而产生进食的欲望。从丘脑下部所发出的信号也会传输至大脑边缘系统，并在那里汇合经由视觉、味觉、嗅觉、触觉及听觉之类感觉器官所获得的各类信息，最终转化成具体的进食欲望。除葡萄糖之外，胰岛素和脂肪酸也是影响食欲的重要信息来源。当人因精神紧张、外伤或疾病等原因而导致丘脑下部出现异常时，信息的传递就会变得不畅，大脑就会因此而无视人的生理状况，最终将导致人的食欲大振或食欲不振。

由于饱觉与体内激素分泌有关，因此，它还将影响到人的情绪变化。美国得克萨斯州大学西南医学中心的内科学和精神病学教授杰弗里·齐格曼（J. M. Zigman）博士等人经过研究发现，人在饥饿时，胃黏膜会分泌一种饥饿激素（ghrelin），饥饿激素会向大脑提出寻找和享用食物的建议，从而让人对食物产生兴趣或欲望。此外，饥饿激素还能降低人的心理压力，减轻人的抑郁与焦虑情绪。当人寻找并享用食物时会较少关注环境压力，并暂时忘却自身的许多不愉快。此时，人的心情也会发生相应变化——情绪变得更好，抑郁或焦虑情绪减轻，抵抗压力的能力增强等。

人对食物的需要是人的整个机体的需要，而非机体某一部分的需要。相应地，食物所带给人的影响也是对人的整个机体的影响，而非对人的机体的某一部分的影响。因此，食物除了影响人的饥饱与情绪外，还将影响人的感觉与认知等。事实上，人对美的感受与认知最早源于食物。这一点，在中国的会意造字上表现得最为明显。如“美”是由“羊”和“大”会意而成的，“鲜”是由“鱼”“羊”会意而成的，所谓羊大为“美”，鱼羊为“鲜”。可见，人对“鲜”“美”的感觉最初是从人的饮食快感中获得的。

（二）人对衣物的需要是由人的特殊的生理结构和生物习性所决定的

人是一类特殊的恒温性胎生动物。在漫长的自然进化过程中，人的体毛逐渐退化，并最终失去了其原本具有的保暖御寒功能。这也是人类有别于其他动物的特殊之处。动物仅仅依靠自己的皮毛就足以抵御自然环境中的严寒侵袭；如果动物的皮毛仍不足以适应自然气候变化的话，它们会通过冬眠或迁徙的方式来适应自然环境的气候变化以求得自身的生存。由于人类的毛发已失去了其原有的保暖御寒功能，因此，人类只能借助于衣物来适应自然气候的变化，否则，人类便无法在漫长的严冬中生存下来。人的整个生理结构与生物习性都是与人的这一基本需求相适应，并且围绕着人的这一基本需求来组织的。

（三）有规律的休息与睡眠是确保人的生物性存在的基本前提

人的机体的所有生理机能的正常发挥，都必须建立在保持机体有规律的休息与睡眠的基础之上。有规律的休息与睡眠是维持人的正常生理机能，乃至人的生命活动的基本方式。研究发现，在人的中枢神经系统中拥有主管机体休息与睡眠的特定的功能专区。这些特定的功能专区一旦受损，人的睡眠就会出现紊乱，人的整个生理机能就会随之而受到严重影响。必要的休息与睡眠对于任何正常人来说都是必不可少的。在人的一生中，有 1/5 ~ 1/3 的时间是在睡眠中度过的。睡眠不足将严重降低免疫系统功能，损伤人的大脑，并诱发各类疾病，严重的甚至可能威胁生命。如哈佛大学的研究人员发现，在晚间工作的女性患乳腺癌的概率增加了 50%。在超过 10000 名接受调查的女性中，晚间工作的人患乳腺癌的概率比白天工作的人提高了 1.5 倍。女性上夜班打破了长期形成的日落而息、日出而作的生理节律，从而导致体内褪黑素分泌的减少和雌激素分泌的增多。这样的女人更易患心脏病、抑郁症，以及各类癌症。因上夜班而睡眠不足的男性也面临同样的健康风险。日本在 2005 年所进行的一项调查研究发现，昼夜倒班的男性患前列腺癌的概率几乎是上白班的男性的 3.5 倍。

（四）性基本需求的满足对于实现人的生物性存在具有特别重要的意义

生存与繁衍是一切生物的本能诉求。对于人这一特殊生物来说，生存与繁衍是通过性基本需求来进行表达，并通过性基本需求满足来予以实现的。古人认为，性需求是人最正常的需要，这就如同人活着要吃饭、穿衣一样，所谓“衣食男女”。事实上，任何一个发育正常的成年人都会有性需求，并都具有性能力。与性需求相关的生理组织即人的生殖系统。当人产生性需要时，生殖系统内部会分泌出某些特殊的化学物质（如荷尔蒙等）。人体就是通过这些特殊的化学物质来反映人的性需求，并调节人的性心理和性行为的。

总之，没有人的第一类基本需求的有效满足，也就没有人的生物性存在。吃饭和喝水是为了补充身体所必需的物质与能量；穿衣是为了保护身体不受严寒的侵袭，并维持机体内部正常的生理机能所必需的恒温环境；休息是为了消除身体的疲劳与心理的紧张，睡眠是为了维持机体内部的正常生理机能；性需求的满足是为了促进机体的健康成长，并实现人类自身的生存与繁衍等。这些基本需求虽然具体内容及满足对象物各不相同，但它们的最终目标是完全一致的——为了实现自我的生物性存在。这些基本需求的满足对象物存在于外在环境之中，他们就是个人为实现自我生物性存在所致力于追求的最基本的需要目标。显然，人只要存在着，就必须首先解决食、衣、住、性这些最基本需要。在整个生命存在的过程中，个人致力于获得更丰富的食物和更舒适的服装，拥有更宽敞的住房，享受更动人的性生活等，是一种完全符合人性要求的合理需要，这也是人的生物本性的最直接体现。事实上，不管个人承认不承认、赞成不赞成、同意不同意，一直以来，人们就都是这样去作的。因为，这是最基本的人性诉求。现代社会想尽一切办法去扩大生产规模，其目的也是为了确保人的基本需求能够得到更高程度与更高质量的满足。

二、社会存在的实现

人存在于一定的社会环境之中，必然要与他人结成一定的社会关系。社会关系是社会存在的实质，个人实现社会存在的根本任务，就是要处理好这些涉及伦理、情感与利益的各类社会关系——或者维持已有的社会关系，或者建立新的社会关系，或者改变不合理的社会关系。显然，如果个人的社会角色能够从社会伦理上得到相关他人的确认，从社会利益上得到相关他人的帮助，从个人情感上得到相关他人的支持，那么，个人的社会性存在就具备了坚实的基础。

个人从出生之日起就获得了某些天然的社会关系，如血缘关系；并继承了某些社会关系，如种族关系、阶级关系等。然而，这些原始的社会关系尚不足以全面规定个人的社会性存在，在后天的社会化成长过程中，个人还必须建立更多新的社会关系，如婚姻关系、同事关系等。通过建立新的社会关系，个人不断地拓展着自己的社会存在空间，从而使得自己的社会属性变得越来越丰富、越来越复杂。个人所建立的社会关系越多，个人的社会存在空间就会越大；个人所建立的社会关系越复杂，个人的社会存在就会越丰富。

社会关系的形成与改变依赖于个人的社会性交往活动。社会性交往活动的主要目的，就是为了建立并维护良好的社会关系，同时消除并调整不利的社会关系。正是通过各种形式的社会性交往活动，人的各类社会关系才得以不断维护、巩固、发展或提高。

社会关系状况从根本上决定了人的社会存在状态。良好的社会关系有益于人的社会存在，不良的社会关系不利于人的社会存在。然而，除了一些天然的社会关系（如血缘关系）之外，人的大部分社会关系都是可以改变的。社会交往活动的根本目的，就是为了构建良好的社会关系，同时改善不良的社会关系。

人的社会存在建立在第二类基本需求的有效满足的基础之上。第二类基本需求包括安全、情感、尊严、偏好四项基本需求。实现个人社会存在的根本途径，就是通过获取第二类基本需求的有效满足。第二类基本需求的有效满足建立在良好的社会关系的基础之上，而第二类基本需求的有效满足反过来也会有助于各类社会关系的有效改善。个人建立良好的社会性人际关系的过程，也就是个人获取第二类基本需求满足的过程，同时也是个人实现自我社会存在的过程。实际上，三者之间具有内在的同一性。

（一）安全基本需求的有效满足建立在个人拥有良好社会关系的基础之上

人是高度社会化的动物。在远古时期，人类个体一旦脱离群体，其自身安全就会完全失去保障。进入文明时代以后，安全基本需求的有效满足对于个人的社会化成长仍然起着根本性的保障作用。这一点从幼儿身上表现得最为明显。研究表明，在母亲身边玩耍的孩子比不在母亲身边玩耍的孩子更愿意与其他同龄孩子交往，更容易与其他同龄孩子建立起良好的伙伴关系。当母亲在孩子身边的一定范围之内时，孩子的创造力更好，心理学家将这一范围称为创造力圈。在此圈内，孩子勇于尝试，跌倒了可以自己爬起来，原因就在于孩子心理有足够的安全感。因为他知道，那个无条件爱自己的人——母亲就在自己身旁。成年人虽然不再需要亲人的陪伴，但成年人同样需要安全感，否则，其社会存在质量就会受到严重影响。实证研究表明，那些具有足够安全感的人要比那些缺少安全感的人更勇于面对现实，生活得也更快乐。大多数情况下，安全感本身即能帮助个人避免某些危险。如当一个有安全感的人遭遇天灾人祸时，心中的安全感将有助于他尽快从不幸中解脱出来；而当一个缺乏安全感的人面临同样的灾祸或外在打击时，他从中解脱出来的困难要大得多。

（二）情感是社会关系的核心要素之一

情感基本需求满足状况从根本上决定着个人的社会存在状况。只有情感世界丰富而美好的人，才能实现良好的社会存在。一个情感基本需求长期得不到有效满足的人，其情感世界将会变得贫乏而病态，他可能会焦虑地寻求他人的接纳与情感支持，并表现出一种对情感的无止境的渴求；而一个情感基本需求得到充分满足的人，其情感世界往往丰富而美好，并且更能忍受情感的暂时性匮乏。

情感基本需求的有效满足能带给个人以心理上的安全感与精神上的幸福感。无条件的爱是幸福生活的重要源泉，它能源源不断地给个人带来精神力量，并为个人营造一个生活上的“幸福圈”。幼年时得不到父母情感支持的孩子往往缺乏安全感，其内心总是充满着恐惧与自怜，同时缺乏探索精神，并会变得胆怯。长大后会变得内向、忧郁、悲观。由于情感基本需求的长期匮乏，他们可能从幼年起便会开始思考一些诸如生死与人生命运之类的问题，并企图从哲学或神学中寻求到某种精神安慰。现实世界是一个纷繁复杂的环境，愉快之事与烦心之事常常纠缠在一起。如果个人的情感基本需求在年幼时就能得到有效满足，那么，他对现实世界的恐惧就会减少，最终，他也就不用从理想的信念世界或虚幻的神秘世界中去寻找精神的安慰了。

情感基本需求的长期匮乏将会带来严重后果，然而，情感基本需求的不健康满足同样也会带来严重后果。亦即情感基本需求的满足必须来自健康的情感支持，而非来自某种病态的“爱”或不健康的教导。例如，如果父母总是不断告诫孩子所有可能遇到的危险，让孩子觉得每条狗都会咬人，每头牛都很凶猛，那么，孩子就会变得没有安全感，并且会变得越来越胆小。在这种环境中长大的孩子，其最终结果也许会比得不到“爱”的孩子更糟。因为孩提时所形成的某些错误观念与思维习惯将会伴其终生。许多人企望通过婚恋寻找到一个能够逃避现实世界的安乐窝，并且希望从对方那里获得自己不该获得的钦佩、得到自己不该得到的赞美等，往往就与自己幼年时情感基本需求的长期匮乏或不健康满足直接相关。

（三）尊严基本需求的满足充分体现并有效确证了个人的社会存在状况

尊严基本需求的发展反映了个人的人性觉醒程度以及自我成长水平。一般情况下，人的自尊发展需要经历如下三个阶段：依赖性自尊阶段、独立性自尊阶段、无条件自尊阶段（如表4－1所示）。

表4－1　人的自尊发展

发展阶段	评判标准	自我评估倾向性	行为取向
阶段一：依赖性自尊	外在	与他人比较	得到外界表扬和肯定
阶段二：独立性自尊	内在	与自己比较	帮助自己进步
阶段三：无条件自尊	不需要	不比较	自我表达

1. 依赖性自尊阶段

依赖性自尊是自尊发展的初级阶段。所谓依赖性自尊，是指个人依赖于他人的肯定或表扬所形成的自尊。依赖性自尊包含两个基本要素：依赖性与比较性。依赖性意味着个人的自我价值感来源于外在环境而非内在自我；比较性意味着个人的自尊感建立在能够超越他人的基础之上。显然，任何正常人都具有一定的依赖性和比较性。任何正常人都不可能完全无视他人的看法，也不可能完全不与他人作比较，这是由人的社会本性所决定了的。依赖性自尊者对自己的评判主要通过将自己与他人进行比较。如自己的考试成绩比别人好，就会感觉良好；反之，就会感觉很糟。由于依赖性自尊者的生活动力主要来自于获取外在的肯定或赞赏，并希望保护自己不受批评或者不得到消极评判等，因此，他们易受他人言行的影响，并且倾向于选择别人已走过的路。他们总是喜欢得到他人肯定，害怕批评，并有完美主义倾向。

2. 独立性自尊阶段

独立性自尊是自尊发展的第二阶段。所谓独立性自尊，是指不依赖于他人的看法而完全由自我内部所形成的自尊。独立性自尊者在评价自己时通常不跟他人作比较，而是跟过去的自己作比较。他可能会问自己这样一些问题，“我的健康状况有明显改善吗?”“我是不是比过去更幸福了?”“我的事业有新的进步吗?”“我对孩子的教育有明显改善吗?”等。独立性自尊者的生活动力主要来自于做自己感兴趣并对自己有意义的事、追求自己真正想要的生活等。独立性自尊者在做自己认为正确的事情时不太在意别人的批评与消极评判，他们能够比较客观地认识自我，并且喜欢跳出固定模式，选择别人从未走过的路——如果他们选择别人已走过的路的话，那一定也是发自内心的喜爱。独立性自尊者往往乐于接受批评，乐于与挑战自己的“对手”做朋友。

3. 无条件自尊阶段

所谓无条件自尊，是指个人根本不对自我进行评价，而是处于一种自然存在的状态。无条件自尊是自尊发展的最高阶段，也是最理想的自尊境界。无条件自尊者在评价自己时既不跟别人比较，也不跟自己比较。例如，如果发表了一本著作，依赖性自尊者会和同类著作进行比较，并且非常在意能否得到相关他人的赞扬或肯定；对于独立性自尊者来说，满足感源于自己写作水平的提高；对于无条件自尊者来说，写作的目的就是希望用文字的形式将自己的思想表达出来，如果发现有同样优秀的著作，他会觉得自己找到了知音，而并不会将自己与别人对立起来。如果个人真正能够做到不与他人作无谓的比较，也不刻意针对他人，那么，个人的自我将会变得越来越强大。这也正是无条件自尊的魅力之所在。

研究表明，稳定的高自尊者往往具有较高的自我幸福感，而无条件自尊正是一种稳定的高自尊。所谓自尊的稳定性是指自尊的短期波动程度，自尊的稳定性同自尊水平之间并不存在显著的相关性。稳定的高自尊者能够在自我评价与自尊水平之间保持内在的一致性；而不稳定的高自尊往往与愤怒或敌意等情绪相联系，这反映出不稳定的高自尊者需要维持其看似积极、实则脆弱的自我观念。由此可见，高自尊并不等于最佳自尊，两者之间存在着本质的差异。高自尊也可能是一种脆弱的、防卫性的自尊，而最佳自尊才是真正的、稳定的和一致性的自尊。个人的自尊到底是高自尊还是最佳自尊，主要取决于个人自尊到底属于防卫性自尊还是稳定性自尊。

无条件自尊并不是一夜之间获得的，它是一个长期发展的过程。人的自尊发展的过程其实也就是人的自我成长的过程。刚出生时，个人基本上没有自尊感；随着年龄的增长，个人开始在意他人对自己的看法，并通过相关他人（如父母、老师或同学等）的看法来了解自己；渐渐地，个人开始有了自我独立的意识，并学会了跟从前的自己作比较；最后才会过渡到自然而然的自我存在阶段。由此可见，只有当自我成长到了一定的阶段，个人才可能真正懂得不可一味地寻求外在的肯定，并能逐渐接近理想的自尊水平，所谓“三十而立，四十而不惑，五十而知天命，六十而耳顺，七十而从心所欲，不逾矩”。当然，自尊发展到最后阶段也并不意味着个人已经完全消除了自尊的依赖性与比较性。别人肯定自己时会感到高兴，别人否定自己时会感到不悦，这是人之常情，也是人性使然。自我成长的基本原则就是要充分尊重而不是自我压抑人性。其实，个人越是压抑人性，人性的反扑就会越厉害，最终势必引发自我内心的剧烈冲突。因此，个人的自尊发展切不可逆人性而为，而只能在尊重人性的基础上顺势而为地采取某些自我促进的措施。

4. 偏好基本需求的发展与满足反映了个人所处的现实社会性存在状态

生物学、生理学、心理学等相关学科的研究表明，人生来就具有一种被称之为潜能或“天赋”的特殊潜质。随着自我的不断成长，这种潜质会以爱好或兴趣的形式表达出来。如果个人顺着自己的爱好或兴趣发展下去，个人先天的内在潜能或“天赋”就可能发展成为后天的特有能力（特长）。教育的理想状况，就在于充分挖掘个人的内在潜能，并使之得到充分发展与有效发挥。人的自我成长的关键，就在于及早挖掘自我的这种内在潜能，使之自由地发展，并得到充分的发挥。遗憾的是，由于受到各种内、外因素的影响与制约，大多数人的自我潜能都未能得到充分的发展与有效的发挥。

个人潜能的发展存在最佳期。实际上，所有动物的潜能都有最佳发展期，并且这种最佳发展期常常保持相对稳定。一旦错过了最佳发展期，动物的某些潜能就可能很难再发展起来，有些甚至可能永远无法获得发展。如小鸡“追从母亲的能力”的最佳发展期大约在出生后的4天之内，如果把刚孵化出来的小鸡在最初的4天内不放在母鸡身边，小鸡就可能永远不会跟随母亲了；小鸡“辨别母亲声音的能力”的最佳发展期大约在出生后的8天之内，如果在这段时间内不让小鸡听到母亲的声音，小鸡的这种能力就可能永远枯死。人的自我潜能的发展同样具有最佳发展期，如3岁以前是人的语言的最佳发展期，如果错过了这段最佳开发期，人的语言能力的发展就会受到严重影响。

偏好基本需求的发展与满足意味着个人选择做自己喜欢做的事，过自己喜欢的生活方式，跟自己喜爱的人建立亲密的社会性关系。如果个人能够做到这些，那么，个人的自我潜能就能得到充分的发展与有效的发挥，个人的自我创造力也会被充分地激发出来。事实上，个人对某一事件的反应不仅取决于事件本身的意义，更取决于个人所赋予它的意义。显然，对于个人来说，自己认为重要的事情必定是自我偏好的事情；而只有个人偏好的事情才能促进自我潜能的更充分发展与更有效发挥。只有当个人的自我潜能得到充分发展与有效发挥之后，个人的存在价值才可能得到现实的确证，并得到充分的体现，个人的经济基础、社会基础也才可能随之而得以不断地巩固或提高，个人的自我成长也才可能随之而得以持续地完善或促进。随着个人的经济基础、社会基础的不断巩固或提高，以及自我成长的持续完善或促进，个人的社会存在状况就会得到相应的改善或提升。

三、价值存在的实现

价值存在是最高层次的存在。所谓价值存在，就是个人通过构建自我价值体系，并在追求自我价值实现的过程中充分地弘扬人性以形成一个健康的自我，最终达到自我成长的终极目标——自我实现。人生的目的与价值是引导个人实现自我成长的内在动力，它具有终极性、永恒性和唯一性。个人的人生目的与价值在自我存在的前提下得以生成，并在自我存在的过程中得以实现。

人的价值存在建立在第三类基本需求满足的基础之上，个人实现价值存在的根本途径，就是通过获取第三类基本需求的有效满足。虽然人的价值存在同生物存在、社会存在密切相关，但人的价值存在仍然具有不同于生物存在与社会存在的特殊之处。

第一，价值性存在的需要不同于生物性存在的需要与社会性存在的需要。生物性存在的需要是一种生存性需要，社会性存在的需要是一种发展性需要，而价值性存在的需要是一种自我实现的创造性需要。自我实现的创造性需要就是个人在创造性的劳动过程中全面而自由地发展自我，充分而持续地实现自我。个人就是在这一过程中现实地确证并充分地体验到了个人生命的意义与自我存在的价值。事实上，每一个正常人都希望充分地发展并完善自我，都希望从生活中获得一种生命的意义感与存在的价值感，这是由人的本性所决定了的。

第二，价值性存在的关键在于首先确立起一个相对稳定的自我价值体系，这是个人实现价值性存在的基本前提。人的自我存在包括身体的存在与心灵的存在两个层次——身体的存在是一种有形的存在，心灵的存在是一种无形的存在；身体的存在是生物性的存在，心灵的存在是价值性的存在。心灵存在主要体现为个人追求心灵世界的自我提升。人的心灵虽然离不开身体——没有身体的存在就不会有心灵的存在，然而，人的心灵存在仍然具有其自身的相对独立性。因此，我们不能把人的心灵完全等同于物质层面的大脑或神经系统。事实上，人与其他动物的根本区别主要不在于其身体（当然，人有高度发达的大脑，也正因如此，人才具有了心灵），而主要在于其心灵。

人的心灵崇尚宁静与和谐，厌恶躁动与混乱。当个人确立起自我价值体系时，个人的心灵就获得了一种内在的精神秩序；反之，如果生活没有目标、精神无所寄托，人的心灵就会陷入一种躁动与混乱的状态之中。因此，个人构建起一个稳定的自我价值体系，实际上是在为自我成长与自我实现奠定一个良好的心灵基础。个人在接下来的实现自我价值的努力过程中将能持续地体验到生命的意义与存在的价值。亦即个人要想体验到生命的意义与存在的价值，就不能没有个人信仰。

信仰是一个人的生活目标，也是个人成功的内在精神动力。如果把人生比作杠杆的话，那么，信仰就是其支点。有了信仰，人的心灵就会变得安宁、充实，并且富有活力；反之，就会变得躁动、失落，并且无精打采。信仰越坚定，人的内心就会越安宁；信仰一旦动摇或崩溃，人的内心就得被迫承受失衡的痛苦，同时会竭力重建自己的信仰。

人的现实生活是丰富多彩的，人的自我存在是多层面的。然而，人的生存环境的许多层面并不完全为人所认识。与善恶的可选择性相比，人的生死富贵带有很大的偶然性和被决定性。生命存在的被决定性决定了人的存在很大程度上也具有被动性与被决定性。因此，个人的主观努力并不总是一定能够获得自己期待的理想结果，个人的行为结果也常常难以完全尽如人意，甚至可能与自我初衷完全背道而驰。这种与自我意愿相背离而又无法自我控制的行为结果常常使人对人力之外的力量产生某种不安感与恐惧感，从而使得自我精神世界很难得到妥善安顿。信仰最重要的功能之一，就在于它能对各种存在层面赋予意义，并做出解释，从而能够及时化解个人内在的心灵困惑，并带给个人以深刻的精神慰藉。

随着现代化的深入推进，人类的价值观日益变得多元化。一方面，多元的价值世界使得个人在确立自我价值体系时有了更多的选择与参照；另一方面，在众多的价值面前，个人往往难以取舍，甚至感到无所适从。加之现代化进程中破与立的失衡、整体性与异步性的对立、个体与类的矛盾，以及政治与经济失衡所导致的文化失聪等，都使得现代人面临着整体性的“终极关怀”的失落与深层次的意义危机。人的精神常常因此而处于某种无所依托的流浪状态，心理上也总是充满了迷惘、焦虑、失落与苦闷。如何在冲突与变迁中确立起自己的自我价值体系，如何在现代化进程中确证个人的生命意义与自我的存在价值，是现代人所面临着的最大精神挑战。

第三，人的价值性存在是一种超越性的存在。人类总是认为自己的存在比其他存在物的存在更为重要，总是想赋予人的存在以比其他存在物更高的地位。人要想实现完整性的存在，并进入超越性的存在境界，就必须为此而持续地付出努力，这是人类存在发展的必然逻辑。人类发展的历史是一个开放性的进程，在此过程中，总会不断出现新问题、面临新困境。人类的发展就是在不断解决新问题、应对新困境中走向成熟与进步的。个人的存在更是一个开放性的、不完善的、有限的，并且总是存在缺憾的存在。个人生命的意义与自我存在的价值，就体现于个人与这种不完善的、有限性的缺憾进行持续的顽强抗争之中，体现于个人在这种抗争中执着地完善自我所展现出来的崇高人性之中，体现于个人对自我发展与自我实现的永无止境的追求之中。

人生的孤独、有限、不完满等是自我存在的本真状态，因此，个人应该坦然地接受这一点。只有当个人具有深刻的生命意识与坦然接纳的态度时，个人才能勇敢地面对人生中的困难、失败、烦忧和孤独，才能淡然面对人生中的利益、名誉、地位、金钱，并且始终以平和的心态看待所有的一切。而只有当个人有了如此的从容、坦荡与平和时，他才可能在纷繁复杂的现实存在中维持自我的完整与和谐。也只有当个人能够真正做到面对生活困境时不悲观失望，也不消极沉沦，而是鼓足生活的勇气，他才可能超越自我的有限性存在，并且依靠自我力量去创造一个自己的美好人生。

第四，价值性存在是一种主观性价值与客观性价值内在有机统一的存在。一方面，人的价值性存在是一种基于主观价值意义上的精神性存在。人的生物性存在需要物质生活，人的价值性存在需要精神生活。物质生活的主要内容包括通过利用自然物并对其进行加工改造以获得维持生物性存在所必需的满足物，以及为获取生物性存在所必需的满足物所进行的物质性生产活动，如耕种、纺织、建筑等。人不仅能够创造丰富的物质生活，同时，也能够创造丰富的精神生活。物质生活主要围绕着人的生物性存在而进行，精神生活主要围绕着人的价值性存在而进行。在人的精神生活中会形成各种有益的知识、观念与意象，凝练出不同层次的理想与信念，并会伴随出现各种情绪或情感，同时塑造并磨炼出人的自我意志。然而，个人精神生活的核心或关键主要在于个人能否确立起一个相对稳定的自我价值体系。因为只有当个人确立起自己的自我价值体系，并在践行自我价值观的过程中不断地实现自我时，个人才能从中体验到一种生命的意义感与存在的价值感。另一方面，人的价值性存在又是一种基于客观价值意义上的社会价值性存在。当人的主观性价值得到充分实现时，人的客观性价值也就有了确证的机会与实现的依据。事实上，在一个正常的社会里，一个充分自我实现的人，必然同时也是一个具有高度社会价值的人，一个有益于社会并对社会做出重要贡献的人。最终，个人的价值性存在也就实现了自我主观价值与社会客观价值的内在有机的统一。

第五章　自我幸福

自我幸福是研究个人成功的第二个基本视角。幸福原本是哲学研究的一个主题，但近年来，经济学、心理学、教育学、社会学、医学、文学、历史学等其他学科也开始对幸福主题表现出极大兴趣。虽然目前有关幸福的诸多问题还不十分确定，但“人的生命真谛与生活意义在于获得幸福”这一命题已经越来越广泛地为人所接受。对于人类来说，幸福具有终极价值性，其他一切都只是达成幸福目标的工具或手段。事实上，没有任何其他追求可以凌驾于幸福之上。

幸福的发展具有层次性，个人获取幸福的过程是一个动态发展的过程。如果我们把幸福从低到高排成一个连续序列的话，那么，只有极少数人能够达到幸福谱系的最高端。这也就意味着，绝大多数人的幸福都存在巨大的提升空间。

第一节　幸福的内涵

幸福有狭义与广义之分。狭义的幸福是指个人所体验到的一种主观幸福感，而广义的幸福则是指个人的整个人生的幸福，亦即个人获得了一个幸福的人生。

一、什么是幸福

幸福本质上是一种主观体验。个人的幸福感来自于个人从现实生活中所体验到的快乐感与意义感。

（一）幸福的基本要素

幸福意味着个人能够从生活中获得快乐与意义感，亦即幸福是快乐与意义的内在有机统一。其中，快乐意味着个人能够充分感受到当下生活的美好，而意义意味着个人能够从当下生活中体验到一种生命的意义感与存在的价值感。

快乐与意义密不可分，两者之间相互关联、相互影响、相互促进。一方面，生命的意义感离不开个人的快乐情绪体验。事实上，个人生活中的快乐体验本身就是生命意义感的一个重要来源。另一方面，意义感的获得也能带给个人以深刻的快乐。当个人心存使命感时，个人往往更能从生活中体验到深层次的快乐。

趋乐是人的本性，对生命意义的追求是自我成长的内在动力。因此，个人追求幸福，必然会同时追求快乐与意义这两种基本价值。真正幸福的人，会在自己觉得有意义的生活方式中尽情地享受生活中的点点滴滴的快乐。这种状态不仅仅局限于个人生命的某些时段，而是会贯穿于生命的整个过程。

幸福的发展具有层次性。低层次的幸福意味着个人能够经常性地体验到快乐情绪，同时能有效避开抑郁、焦虑等消极情绪；高层次的幸福意味着个人能够充分感受到生命的意义感与存在的价值感。

1. 快乐

快乐是幸福的第一基本要素。个人如果想要获得幸福的生活，就必须能够从自己的当下生活中经常性地体验到快乐。在完全没有快乐，甚至频繁地感受到痛苦的生活中，几乎没有幸福可言。

快乐是人的天性，因而，追求快乐是一种合乎人性的健康行为。事实上，任何行为，当它尊重并契合于人的自我天性时，它便是健康的；当它漠视、违背，甚至践踏人的自我天性时，它便是不健康的。显然，任何一个自我健康的正常人都不会刻意回避或阻挠快乐事情的发生，而是会在条件允许的情况下去尽力地寻找快乐，并且去尽情地享受快乐。

快乐是一种积极的情绪，它在人的生活中发挥着十分重要的作用。我们很难想象一个缺乏积极情绪的生命将会是一个什么样子。当然，幸福并不意味着个人不会经历痛苦，或者完全没有负面情绪。事实上，期盼无时无刻的快乐是不现实的，甚至还可能因此而引发人的某些负面情绪。自我幸福者也不是不存在情绪上的起伏，但整体上会维持一种积极的情绪基调，并且很少会受到负面情绪的控制。亦即快乐是一种常态，而痛苦只是其中的某些小插曲。

当然，快乐并不等于幸福。首先，在情绪上，幸福并非只包含快乐，同时也可能包含某些痛苦。如一个母亲在生下自己的孩子时尽管会伴随巨大的生理痛苦，但她仍会由衷地感到幸福。其次，幸福的基本要素除快乐之外，还包括意义感。最后，幸福是有条件的，而快乐可以没有条件。

2. 意义感

只有快乐尚不足以达成幸福，除了快乐这一基本要素之外，幸福还包含另一基本要素——意义感。人是有灵性的动物，而动物不具有灵性。动物的所有行为都只限于追求生存所必需的食物、逃避天敌的捕杀，以及繁衍后代。人之所以具有灵性，是因为人能够从平凡的生活中感受到不平凡的生命意义，能够从自然的生命存在中感受到自我存在的价值。因此，从增进自我幸福的角度来看，凡是能给人带来生命意义感的事情，即便其价值再小，也远比那些不能给人带来生命意义感的事情更具价值。

（二）幸福的基本特点

实证研究表明，幸福的人们通常具有以下基本特点：

（1）热爱生活。对生活充满热情、兴趣与希望。

（2）生活有目标，工作有条理。

（3）乐观地面对生活，不庸人自扰。

（4）活在当下。不沉溺于已逝的过去，不沉迷于虚幻的未来。

（5）从事自己喜爱并对自己有意义的工作。

（6）积极思考。

（7）懂得并善于清除自己的负面情绪。

（8）爱好体育运动。

（9）喜爱社交，善于并乐于经营自己与相关他人之间所结成的亲密关系等。

从幸福的人们所具有的共同特点中可以看出，幸福其实并不神秘，更不是可望而不可即。事实上，任何正常人都能够通过自身努力获得幸福，并且不断地增进自我幸福。只要个人存此意愿，并能采取切实可行的有效措施将上述特点融入自己的日常生活之中，个人很快就能获得幸福，并能持续地增进自我幸福。

（三）幸福的主要决定因素

个人幸福主要受如下三类基本因素的影响：遗传、环境与自我成长。

1. 遗传

遗传是人的一切心理与行为的生物学基础。毫无疑问，人的幸福也必然受到遗传因素的影响。研究表明，双胞胎（特别是同卵双胞胎）倾向于具有相似的幸福水平，这就如同他们具有相似的体貌特征一样。遗传为个人幸福提供了一个发展的原始基点，个人的幸福状况总是围绕着这一基点上下波动。意外的生活事件（不幸的生活事件或幸运的生活事件）可能导致个人暂时偏离某一稳定的幸福状况，但一段时间过后，人们又会慢慢回复到自己原有的幸福状况。

2. 生活环境

人是环境的产物，自然受到环境因素的影响与制约。良好的生活环境，如快乐的童年、融洽而和谐的家庭环境、稳定而可观的收入水平、助益性的人际关系等，将有助于增进个人幸福；而不良的生活环境，如严厉或痛苦的童年、家境贫寒、严重的疾病、缺乏基本的生活来源、恶劣的人际关系等，将会导致个人幸福水平的下降。

3. 自我成长

遗传与环境因素只解释了个人幸福的部分原因，决定个人幸福的其他原因主要来自个人的自我成长。事实上，自我成长从根本上决定着个人的人生最终能否幸福。自我成长虽然受到内在遗传条件与外在环境因素的影响，但从根本上讲，自我成长是个人自我主导、自我选择、自我努力的结果。虽然个人无法改变自己所面临的内在遗传条件与外在环境因素，然而，个人面对自己的现实状况也并非完全无能为力，个人仍然可以通过发挥自我主观能动性来增进自我幸福。如个人虽然出身卑微或家境贫寒，但仍然可以通过自身努力来改变自己的命运；相反，如果个人不能以积极的心态面对生活，那么，即使个人拥有良好的生活条件，也仍然可能感受不到生活的幸福。因此，从根本上讲，人是自我决定的。

个人的幸福感主要取决于个人是否拥有积极的思维、情绪与行为。个人不能控制遗传与环境，但个人完全可以主动完善自己的思维、情绪与行为。研究表明，训练自己积极地思维、关注自己的正面情绪、养成自己良好的行为习惯等，均能有效地增进个人幸福。为此，个人应将自己的思维、情绪与行为作为自我完善的主要目标。亦即通过完善自己的思维、情绪与行为以促进自我的健康成长，最终达到增进自我幸福的目的。

（1）思维。个人幸福受到个人思维的影响。具有积极思维习惯的人，其幸福程度往往较高；具有消极思维习惯的人，其幸福程度往往较低。因此，个人应该努力培养自己进行积极思维的习惯。如针对自己所遭遇到的一些不愉快之事，个人可通过如下方式来培养自己的积极思维习惯——理性分析客观事实，坦然接纳生活中的不完美，通过换位思考理解他人等。

（2）情绪。积极的情绪有利于增进个人幸福，消极的情绪将有损于个人幸福。因此，个人应竭力减少自己的消极情绪，同时努力以积极情绪替代自己的消极情绪。如每天坚持追忆并整理自己一天中的美好事情将有助于培育自己的积极情绪。特别是对于抑郁者来说，这是一个十分实用而有效的工具。在运用这一工具时，个人不能总是只记住同一件事，因为这将降低自己提升积极情绪的效果。这一现象在心理学上被称为“适应”。此外，说服自己原谅他人也能有效增进自我幸福。原谅意味着放下——放下怨恨、愤慨或报复等。个人如果总是怀着怨恨、愤怒或报复等负面情绪，并且沉溺于反复追忆自己过去所遭受到的侵犯或伤害，将会极大地降低自我幸福。如果个人能够有效克服这种不良心态，不利的局面马上就能得到改观。

（3）行为。虽然幸福感本质上是一种心理现象，但人的心理与行为密不可分，两者之间往往相互联系、相互影响、相互作用。研究表明，如果个人能够以良好的行为替代不良的行为，个人的自我幸福感就能获得有效提升。一旦良好行为受到行为后果的反馈与强化，这种幸福感还将被进一步放大。慢慢地，个人就能培养出自己良好的行为习惯。

最能给人带来幸福感的行为，是那些对自己深具意义的行为。下列四类行为对个人来说通常深具意义：

（1）工作层面的行为：当个人全身心地投入到自己所喜爱的工作中去的时候，个人往往能够从中获得意义感。

（2）精神层面的行为：当个人找到自己的精神寄托时，通常就会觉得自己的生活富有意义。最典型的例子就是宗教。当具有共同信仰的一群人聚集在一起时，他们往往能够从中获得心理上的安全感与情感上的归属感。

（3）关系层面的行为：努力与他人保持良性互动并建立亲密关系的行为往往能给人带来意义感。

（4）社会层面的行为：当个人超越狭隘的自我，并且努力摆脱纯粹的自利价值取向，进而采取一种与他人、社会乃至宇宙万物和谐相处的行为时，个人往往容易从中体验到一种更高层次的意义感。

二、什么是幸福人生

幸福人生是个人幸福的最高理想。所谓幸福人生，是指个人在遵循自我本性的基础上，通过自我创造以追寻生活的快乐与存在的意义所达成的一种理想人生境界。幸福人生意味着个人既有明确的人生目标，同时又能在目标坚持的过程中充分体验到当下生活的快乐与生命存在的意义。

（一）生活的基本模式

系统成功理论所强调的个人幸福是指个人整个人生的幸福。为此，个人必须努力协调好现在与未来的关系，亦即个人在享受当下快乐生活的同时，又能为自己的未来幸福生活奠定更加坚实的基础。

如果我们将关注当下幸福与关注未来幸福作为两个坐标轴，并以横轴代表当下，以纵轴代表未来，其中，箭头方向表示正向取向，那么，我们可将人的生活方式归纳为如下四种基本类型（如图 5－1 所示）。

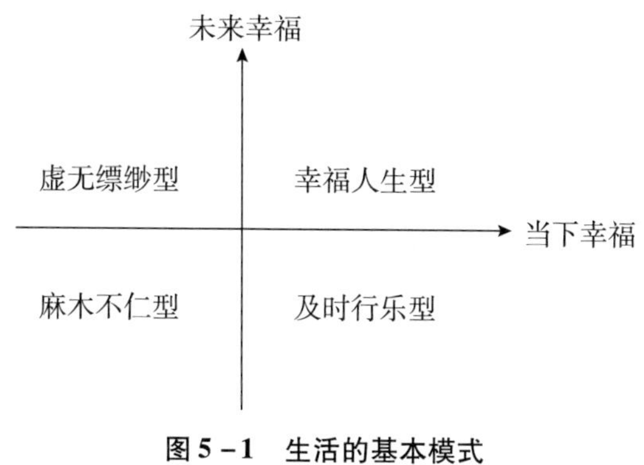

图 5－1　生活的基本模式

1. 及时行乐型

这类人只关注当下快乐，而极少顾及未来幸福，他们甚至为了能及时行乐而不惜牺牲未来，并且常常因此而误入歧途，从而为自己的未来埋下痛苦的种子，如为求一时快感而尝试吸毒等。他们崇尚“逃避痛苦，及时行乐”，他们是典型的享乐主义者。他们认为，幸福生活就是不断满足自己的欲望。因此，只要能让自己感到开心的事情就都值得去做，直到有更快乐的事情出现时为止。表现在爱情方面就是轻取轻舍，追求一时的新鲜与刺激。但新鲜劲一过，他们马上就会开始物色下一段感情。然而，研究表明，缺乏挑战与意义感的生活是不可能给人带来持久而深刻的幸福感的。如心理学家曾进行过一项心理学试验，他们付费给一些被试验大学生，被试的正常需要可以及时得到满足，但禁止被试做任何事情。4 ~ 8 小时之后，这些被试验大学生开始感到沮丧。最后，他们因无法长时间忍受无事可做的无聊与压抑而最终放弃了这一收入可观的实验工作，而宁愿选择那些收入更低但存在一定挑战与压力的工作。

当然，享乐主义与享乐并非同一回事。享乐主义是一种生活态度，一种生活价值观，一种生活方式。它将享乐看得高于一切，并且排斥与享乐相冲突的一切其他事情。当享乐成为高于一切的生活目标时，它便成了享乐主义；当享乐成为生活的手段时，则享乐不仅有利于自我成长，而且还能有效地增进个人幸福。因此，享乐是可取的，而享受主义是不可取的。

2. 虚无缥缈型

这类人只关注自己未来的幸福而忽略当下的幸福，他们甚至为了未来幸福而不惜牺牲当下幸福。他们相信牺牲现在可以换取未来，因此，他们虽然并不喜欢自己正在做的事情，但还是尽心努力着。每当面临现实困难时，他们总会拿未来希望来安慰自己。每当完成一项任务后，他们也会有一种如释重负的感觉。但很快，焦虑与压力又会不期而至。他们终生奔波忙碌，却感受不到生活的快乐。这类人的本质特点就是被动服从而非自我主导。幼年时，他们通常都是听话的乖孩子；进入学校后，他们又是听话的好学生，并努力取得好成绩。实际上，取得好成绩成了他们学习的主要目标。然而，他们并不觉得学校是个可以找到快乐的地方；参加工作后，他们又是听话的好员工。他们拼命工作以适应自己的角色，并追求职位上的升迁。他们虽然也会偶尔开心一下，如加薪、发薪金或升职之时，但这种感觉很快就会消失。虽然他们常常被身边的人认定为“成功”的典范，并成为许多人学习的榜样，但他们却为自己感到悲哀，因为他们的“成功”经历并没有给自己带来幸福。他们甚至不知该如何去教育自己的孩子，难道让自己的孩子重复自己的老路？或者教育孩子不听家长、老师、领导的话？不用努力学习、努力工作？因此，他们的内心总是经常性地充满了矛盾与冲突，但又不知到底如何去改变自己。

这种将人生幸福一味地寄托于虚无缥缈的未来，却对自己的当下生活毫不在意的态度，实际上割裂了幸福人生的内在逻辑。现在是过去的未来，未来是将要到来的现在，将所有现在联结起来，便构成了自己的人生。因此，没有了现在，实际上也就没有了未来或人生。过去的已然过去，未来的尚不可知，其实，个人真正能够把握住的只有现在。

3. 麻木不仁型

如果说“及时行乐型”代表为现在而生活，“奔波忙碌型”代表为未来而生活，那么，麻木不仁型则代表沉迷于过去而放弃现在与未来。这类人既不享受当下生活的快乐，也不寄希望于未来。他们对生命没有期待，对生活缺乏热情，更谈不上激情，对人生不抱希望。他们实际上已经放弃了追求幸福人生的努力，也不相信生活是有意义的，存在是有价值的。这种心态被心理学家 Martin E. P. Seligman 称为习得性无助。一旦个人陷入这种习得性无助的困境，那么，只要遭遇生活的挫折或失败的厄运，个人就会感到无助、无望，甚至绝望。于是，便只能选择放弃，选择向命运屈服，甚至完全听天由命。

4. 幸福人生型

这类人既注重当下幸福，也希望通过自身努力争取到一个更加幸福、更加美好的未来。他们认为，现在与未来都很重要，并且两者不可或缺；当下幸福与未来幸福并不完全对立，也不相互排斥，而是两者可以得兼。有时，他们也会为了未来幸福而暂时牺牲一些当下的快乐，如为了未来而刻苦学习并努力工作等。但即便如此，他们也仍然会十分珍惜自己当下的生活，十分珍惜自己所拥有的一切——健康、亲人、事业、婚恋等。

总之，奔波忙碌者一味地寄希望于未来，而放弃寻找并享受当下生活的快乐；享乐主义者一味地注重当下生活的快乐，而完全不顾未来幸福；麻木不仁者既不相信未来，又不把握现在，他们实际上已经完全失去了追求幸福生活的意愿与意志。以上三种生活方式都不可取，因为它们都不能帮助个人获得一个幸福的人生。只有当个人既立足于寻找并享受当下生活的快乐，又能致力于争取一个更加美好的未来时，他才可能为自己创造一个幸福的人生。

（二）幸福人生的基本问题

幸福人生是由多种因素所综合促成的。在影响人生幸福的诸多因素中，以下四类因素最为关键：健康、婚恋、事业、亲子，它们从根本上决定着一个人的人生是否幸福。

1. 健康

健康是幸福人生的基石。因此，个人追求自我健康，也就是为自己的幸福人生奠基。为此，个人需要构建一种趋向健康的自我发展模式。趋向健康的自我发展模式包括健康的身体自我发展模式与健康的心理自我发展模式。两者之间相互联系、相互影响、相互作用。健康的身体自我发展模式包括坚持科学而有规律的作息、保证全面而均衡的营养、坚持适度而经常性的体育锻炼等基本内容。健康的心理自我发展模式就是要在充分尊重人性并且遵循自我成长内在基本规律的前提下，采取切实可行的有效措施完善自我思维、情绪与行为，同时更多地用积极的思维、情绪与行为去替代自己消极的思维、情绪与行为。

（1）个人首先应该学会自我接纳。有人认为，如果个人能够去除自己的抑郁、焦虑等消极情绪，就能变得更加快乐。可事实上，任何人都不可能完全克服自己人性中的全部弱点。正确的态度应该是学会接纳并适应人性的弱点。如人性本身存在追求情感多样化的倾向，亦即所谓“喜新厌旧”。许多人不了解或无法接纳人性的这一弱点，以至于他们常常对爱情抱有过于绝对化或理想化的期待。可一旦自己的理想爱情之梦破灭，又常常会对爱情彻底失望，甚至绝望。事实上，只要个人能充分理解并接纳人性的这一弱点，并在此基础上，努力追求彼此间的快乐而有意义的共同生活，就能为自己的爱情不断地注入新的活力，最终，一个幸福的婚恋是完全可以争取到的。

（2）要善于管理自己的情绪。个人应在充分接纳自我的基础上重点关注自己的积极情绪，同时努力促成消极情绪向积极情绪的转化。特别是当自己面临困难或不幸时，个人不能悲观失望，而应将它视为促进自我成长的难得机会。如果个人能将这种反应方式发展成为一种思维习惯，将能极大地增进自我幸福。

在所有情绪中，压力是最常见的一种负面情绪。然而，只要处理得当，个人在一个充满压力的环境中仍然能够获得幸福。其实，压力本身并不是问题，问题在于个人如何看待压力。压力也并非毫无价值，一定的压力甚至还有益于个人的自我健康，如体育锻炼时，机体就需要承受一定的压力。当然，个人不能长期处于过度的压力状态之中。如果个人承受的压力过久、过大，而又得不到及时排解的话，就将可能诱发各类疾病。研究表明，80% 的身体疾病都与个人所承受的压力过久、过大有关。压力过大还将影响人的思维，并降低人的自我创造力。因此，个人必须学会接纳压力、适应压力、调节压力并且释放压力。最简单、实用的方法就是学会自我放松；同时尽量做到劳逸结合。研究表明，适当的工作与适当的休息交替进行往往更有益于个人的自我健康。

（3）要养成良好的行为习惯。在思维、情绪与行为三者之中，行为往往最具可操作性。一旦个人的良好行为形成一种习惯，它就会对个人的思维与情绪产生持久而积极的影响。

此外，自我健康以自我成长为基础，一个自我健康的人必然同时也是一个自我全面发展的人。因此，一切有利于自我成长的措施、方法或行为都将有助于自我健康，最终也将能够有效地增进自我幸福。

2. 婚恋

婚恋是人生的大事，幸福婚恋是幸福人生所必不可少的内容。人的许多基本需求都是从婚恋中获得满足的，其中既包括低层次基本需求，也包括高层次基本需求。幸福婚恋的价值除了体现于婚恋能给人带来直接的幸福体验之外，还体现于它能促进婚恋双方取得健康、事业及亲子教育等方面的成功。

（1）爱情具有独特的幸福价值，爱情是幸福生活的主要源泉。在许多情况下，爱情其实就是幸福的代名词。人的生命离不开爱情，生命的最大意义就在于拥有爱。事实上，每一个正常人都渴望爱情，这是人性的基本诉求。爱情能使人的整个生命焕然一新。有爱的心灵就像镜子，从中可以反映出人性的丰富与美好；而没有爱的生命必然会黯然失色。

人的自我存在与自我成长有赖于人与人之间的良好合作，合作导致美好情感的产生与真诚友谊的形成。爱情是男女双方合作所能产生出的最美好情感与最真诚友谊，那些未能获得爱情的人必将错失人生所能拥有的这种最美好情感与最真诚友谊。事实上，那些获得了真正爱情的人绝不会认为自己的幸福人生与个人成功同自己的恋人毫不相干。

（2）爱情发展的必然归宿是婚姻，而幸福的婚姻反过来又会巩固并加深爱情。虽然世界上不同时代有过不同的独居哲学，如禁欲主义者和早期的基督徒就认为个人完全可凭自己的意志，至少无须他人帮助，就可以实现人生所能实现的尽善尽美。可事实上，没有一种独居哲学真正结出了健康的人性之果。实质上，单个男人或女人都是一种不完整的存在，亦即男人或女人必须通过与女人或男人相结合，才能体现出自身的生命价值，才能实现人的完整性存在。理想伴侣的不可获得或错失往往意味着个人的生命价值难以完整地、不打折扣地得以实现。

婚姻是契合于人性要求的一种基于社会存在的制度性安排，幸福婚姻所带给个人的价值是全方位的。婚后彼此间的情感慰藉与相互支撑足以让彼此共渡难关，并同享安乐。研究表明，婚后的男女会变得更有责任心、做事更有恒心、为人也更加成熟可靠。各国人寿统计的综合报告显示，已婚者往往比未婚者更长寿，死亡率更低，而在犯罪、发疯及自杀方面则要少得多。事实上，一个人如果长期不结婚，其自我心理往往容易变得不正常。或者说，这本身就是一种自我心理不正常的外在表现。

3. 事业

一般情况下，事业常常被人们用来作为衡量个人成功的最重要指标。事实上，事业成功不仅是成功人生的基本内容，同时也是幸福人生的基本保障。

（1）一般情况下，个人收入主要来源于自己的工作报酬。事业成功意味着个人可以获得更多的工作报酬，从而为自己的幸福人生奠定坚实的经济基础。

（2）事业能为个人生活不断注入新的活力。目的性是快乐生活的基本条件，而事业具有十分明确的目的性。研究表明，个人最难忍受的苦闷生活就是无所事事。事业不仅能让人免除这种生活苦闷，而且还能带给人以持续的快乐感与意义感，从而让自己的生活变得更加充实、丰富、美好、幸福。事实上，当个人心存事业时，即使暂时无所事事也会心有所归而不至于感到精神空虚。此外，事业成功所带给个人的快乐与意义感还是治疗个人心情忧郁与精神空虚的最佳良药。

（3）事业为个人提供了自我成长的最佳机会，并搭建起了一个实现自我的最佳平台。由于事业寄托着个人的自我偏好与自我价值观，因而，事业成功能给个人带来深刻的满足感与幸福感，并且这种满足感与幸福感是任何其他东西所无法替代的。事业让人的自我潜能得到了最充分发展与最有效发挥，它让人不仅不觉得工作苦闷、烦琐，而且还能从中体验到一种自我实现感。现实生活中的许多人之所以不幸福，主要原因之一就在于他们找不到施展自我才华的机会。他们常常迫于生活压力而不得不干一些简单、烦琐而无须过多技能的工作。如果个人长期陷入这种状态而得不到有效改善，并且又看不到任何希望的话，他将会因此而感到十分苦闷、烦躁。由于无法从工作中获得自我价值感，久而久之，个人也就真的会怀疑自己的能力与价值。

4. 亲子

亲子在增进个人幸福方面的价值是多方面的。

（1）每个人都必须面对死亡。如何坦然面对死亡，这是每一个正常人都必须接受的一大人生挑战。亲子的存在让人觉得自己死后，自己的生命与灵魂能够以另一种方式继续存在下去，这在一定程度上化解了人们对死亡的恐惧。

（2）个人可从亲子关系中获得一种最深刻的情感满足。亲子在所有亲人中始终处于最重要的位置，亲子的存在让家庭中充满了无限的温馨与快乐。

（3）个人可从亲子教育中获得一种深刻的自我实现感。从新生命的诞生到长大成人，父母不仅无怨无悔地付出，而且还能从中获得一种极大的幸福感，这大概是人世间最大的奇观。事实上，孩子的每一步成长都浸透着父母的心血，同时也能给父母带来深刻的幸福感与自我实现感。任何文化背景下，父母能将自己的孩子教育成才，都是一件十分光荣的事。他们将会受到来自家族、社会的普遍赞扬与尊敬。因此，亲子教育的成功既是个人最大的成功，也是个人最大的荣耀。

（4）亲子的存在可以让个人在自己年迈体衰后获得一种生活上的经济保障。在社会生产力低下，或者个人经济基础较差的情况下，亲子的一个基本功能就是经济上的保障功能，亦即所谓的“养儿防老”。此时，父母养育孩子实际上相当于在进行养老储蓄。

第二节　幸福的价值

无论对于个人还是社会，幸福都深具价值。幸福是人性的基本诉求，毫无疑问，每一个正常人都会追求幸福；同时，幸福又是人类的最高理想，幸福对于整个人类都具有永恒的终极性价值。

一、幸福的个人价值

幸福的个人价值首先表现为幸福能促进自我的健康成长。当个人感到幸福时，个人的整个身心都将处于良好状态。此时，个人的生理机能与心理状态能充分协调，并能发挥出各自的最佳效能——精神上更加朝气蓬勃，工作效率更高，自我创造力更强，克服困难的勇气更大，人际关系更好。实际上，每个人都能感受到，当自己心情愉快时，生活的各个方面都似乎变得更加顺畅了，自己的生活态度也似乎变得更加积极了，自己的包容力、理解力和宽容之心也似乎变得更高了，承受困难和挫折的能力也似乎变得更强了。即使一个品德较差的人，当他心情愉快时，也会流露出其人性所固有的善良一面，行为上也会更多地表现出利他性。大量临床实践证明，积极情绪对于增强机体的免疫力与康复能力效果明显。如，当人高兴时胃口会比较好；而悲伤时食欲会减退。在战场上，胜利者的伤口往往比失败者的伤口愈合得更快、更好。事实上，幸福者的寿命普遍长于不幸福者。

反之，不幸福所诱发的消极情绪将会严重损害自我健康，很多疾病（如内分泌功能失调、免疫力下降，肿瘤的出现等）的产生与发展都与消极情绪直接相关。大量科学实验证明，不良的心理因素是一种强烈的促癌剂，关于这一点已在动物身上得到了确证。现代医学实验证明，不良心理因素及过度紧张、抑郁、悲伤等消极情绪可以通过类固醇作用而使得胸腺退化，从而造成免疫性T淋巴细胞的成熟障碍，并抑制其免疫功能，进而诱发癌症。频繁的生气、恼怒、抑郁等不良情绪则会导致肠胃、心血管、脑部和皮肤等疾病，如愤怒、焦虑情绪会导致结肠功能亢进，并降低结肠持续收缩，最终使得结肠变窄，溶菌酶分泌增加，肠结膜变脆，并出现斑点出血，甚至糜烂、溃疡；过度紧张、长期焦虑等精神负担将诱发甲亢等。此外，心理紧张很容易导致肌体内分泌功能失调，使儿茶酚胺类物质——肾上腺素、去甲肾上腺素等过量分泌，从而诱发身体产生一系列病变。如导致血压升高、心跳加快、消化液分泌减少、胃肠功能紊乱等，同时可能伴随出现头昏脑涨、失眠多梦、乏力倦怠、食欲不振、心烦意乱等症状。这种不正常的生理反应反过来又会进一步加重人的紧张心理，进而形成一种恶性循环。人的精神状态对于人的心血管机能也有明显影响，如当情绪激动时会出现心动过速，害羞时会出现面部血管扩张等。临床研究表明，心绞痛往往在情绪激动时才会发生。当情绪激动或过度脑力劳动时，神经系统将处于高度兴奋状态，血液中儿茶酚胺含量就会增加，从而引起血管收缩、血压升高，并且增加心肌的耗氧量，最终将会造成突发性心绞痛，严重者甚至可能诱发急性心肌梗死而致人死亡。

同时，幸福有助于个人成功。人的认知与情绪相互影响、相互作用，并且互为因果。幸福感是一种良好情绪，它能带来个人认知上的深刻变化：摆脱功利取向的羁绊，超越认知偏见，并进入存在性认知的新境界。个人的自我特性也将随之而发生深刻变化：对自我有更高的认同感，更愿意展现真实的自我，自我潜能得到更充分的发展。幸福感本质上是一种具有强烈自我认同感的体验。此时，个人倾向于既不干预自我，也不干预非我，而是按照自我的本然状态存在着，并且更易产生包容一切的接纳与欣赏态度。这种存在性体验是自我证实的，它是一种目的行为和目的体验，而非手段行为和手段体验。研究表明，快乐的性格更易孕育出自我的聪明才智。因而，一旦个人拥有快乐的性格，成功便会成为一种习惯。

反之，不快乐性格将会成为个人认知上的巨大障碍，它将妨碍个人做出理性判断，并可能诱发各种不合理行为，最终必将妨碍个人成功。不快乐的心理与性格还是各种不道德行为和心理问题的内在诱因。如果个人受到不良情绪的长期控制，就很容易形成自私、狭隘、唯利是图等不良品质，以及相应的自我人生观。事实上，现实生活中不乏意志坚强、志存高远者，他们各方面都很优秀，并且拥有巨大的成功潜力。然而，他们在追求自我成功的过程中屡屡失败，并且常常会犯同样的错误。究其原因，乃是他们的不快乐性格以及不快乐性格所导致的认知障碍妨碍了他们的成功。对于他们来说，失败实际上已经成为了一种潜在需要。

总之，个人成功必有其成功的内在原因。那些在特定时期仅仅依靠个人运气、机遇和一时的小聪明而取得暂时成功的人只可能昙花一现。没有成功的性格，个人很难成就一个成功的人生。

二、幸福的社会价值

幸福不仅深具个人价值，而且还深具社会价值。社会群体是由个体所组成的，当更多的个体变得更幸福时，必将会导致社会群体也变得更幸福。普遍幸福的社会群体的存在，必然会催生出健康的群体价值观，进而形成健康的社会文化。健康的社会文化反过来又会孕育出更多健康的社会个体，从而形成良性循环。反之，当更多的个体变得不幸福时，必然会导致社会群体也变得不幸福。普遍不幸福的社会群体的存在，必将催生出不健康的群体价值观，进而形成不健康的社会文化。不健康的社会文化反过来又会孕育出更多不健康的社会个体，从而形成一种恶性循环。

通常情况下，个人的不幸福会通过各种方式发泄出来。一旦这种发泄形成某种社会现象，就会汇集成一股可怕的破坏力量。此时，人性中阴暗、消极或暴戾的一面会被充分放大。实际上，社会动乱、革命或起义等一系列社会动荡，都是特定的病态社会文化在特定时期的集中爆发。这种特定时期的病态文化，从根本上讲，往往源于特定时期的病态社会心理；而病态的社会心理又源于社会群体普遍的不幸福，以及群体内部过于明显的制度化的苦乐不均。然而，任何重大的社会动乱都会以不同的方式带来相同的毁灭性后果。在人类历史的长河中，多少文明被毁，多少血雨腥风，多少社会动荡，从根本上讲，无不源自社会的整体不幸福。总之，没有社会群体的幸福，没有苦乐大致均匀的社会现实条件，历史的悲剧就很难被避免。实现社会大同的崇高理想必然建立在普遍的社会幸福，以及苦乐大致均匀的基础之上，否则，表面上的暂时平静，只不过是在为下一次更大的社会动乱积蓄更多的破坏性力量而已。

因此，为了避免历史悲剧的重演，一方面，整个社会都应充分尊重个人追求自我幸福的权利，并且采取一切有效措施帮助更多人实现其追求幸福人生的目标。实际上就是在铲除滋生病态社会文化的土壤。另一方面，个人追求自我幸福，实际上就是在为这个世界变得更幸福、更美好、更和谐做出自己的贡献。

第三节　幸福的内在机制

幸福是人类的终极性价值追求。人类对于幸福的这种终极性价值追求可从生理与心理两个层面来进行解释。探求人类追求幸福的内在生理机制与内在心理机制，就是要确证人性的这种内在基本诉求，从而为个人追求自我幸福的合情性、合理性与必要性提供可靠而坚定的理论支持。

一、幸福的生理机制

幸福本质上是一种主观情绪体验。探究幸福的内在生理机制，就是要探求人的情绪决定的内在生物学原理。

生命的潮汐因幸福而升，因不幸福而降。如果将人的情绪从正向到负向依次排序，即可得到“快乐（正向）→平静（中性，即非正向也非负向）→抑郁（负向）”这样一个情绪序列。在这一情绪序列中，快乐与抑郁分置于两极。由于快乐与抑郁是完全相反的两类情绪，这也就意味着，只要我们能够把握这两类情绪中的一种，同时也就意味着我们能够把握另一种。

日常生活中，人的情绪总是保持在“快乐→平静→抑郁”情绪序列之间游移。幸福者更多地停留于“快乐→平静”情绪区间，而较少地停留于“平静→抑郁”情绪区间。然而，人的快乐情绪并不总是容易获得，反倒是抑郁情绪常常如影随形地纠缠着人们。尽管不同国家的抑郁症患者的分布存在着一定的差异性，但几乎在所有的国家，抑郁症患者都占据着总人口的相当比例。据不完全统计，抑郁症患者占总人口的比例在6%～15%，并且随着生活水平的不断提高，这一比例似有进一步蔓延扩大之势。如何克服抑郁情绪对人们的折磨，并在此基础上努力提高社会的整体幸福指数，已然成为一个十分严峻的现实问题。因此，从问题解决的角度来看，从抑郁情绪入手来探究幸福的内在机制似乎更具现实价值。

显然，每一个正常人在其一生中都难以完全避免产生抑郁情绪。从表面上看，诱发抑郁情绪的直接原因是各类外在因素，如工作业绩不佳、个人生活不顺、妇女产后不适、节假日晕眩等。然而，进一步研究之后，我们将能发现，导致抑郁情绪产生的根本原因其实并非来自外在环境，而是来自自我本身。抑郁情绪的产生、恶化或缓解具有确定的生理学基础，并且具有其特有的内在规律性。

研究发现，人的血清素（5-羟色胺）与人的抑郁情绪的产生直接有关。血清素对于人的情绪、睡眠、性欲、食欲和环境感知等都起着重要作用，如果大脑中这种物质含量较低，人就很易情绪低落而产生抑郁情绪。正因为如此，5-羟色胺也被称之为人体的快乐激素。除5-羟色胺之外，去甲肾上肾素、多巴胺等也具有与5-羟色胺相似的功能。临床研究发现，5-羟色胺、去甲肾上肾素和多巴胺等分泌越少，抑郁症就越严重；而抑郁症越严重，5-羟色胺、去甲肾上肾素和多巴胺等的分泌也会越少，两者之间互为因果。

5-羟色胺是由大脑中的5-羟色胺神经元（神经细胞）所分泌的一种生物化学物质，这些神经细胞沿脑干中线分布，并发出长轴支配着从脊髓到皮质的整个神经系统。前脑的5-羟色胺几乎全部来源于中脑背侧中缝核神经元，其末梢密集区包括下丘脑、皮质、海马回、杏仁核、纹状体等。5-羟色胺的分泌与大脑神经细胞的结构密切相关。研究发现，抑郁症病人中存在着神经解剖学意义上的改变现象，如海马回体积缩小等。严重的抑郁症患者、慢性或复发的抑郁症患者，尤其是未经治疗的抑郁症患者，其海马回体积缩小现象十分明显。海马回体积缩小意味着海马回中可分泌5-羟色胺的神经细胞在减少，5-羟色胺在大脑中的浓度也就会相应减少。尤其是在漫长的严冬，由于阳光减少，大脑中清除5-羟色胺的蛋白分子又不断清除着5-羟色胺，更使抑郁症患者的抑郁症状雪上加霜。

大脑中有一种微型蛋白分子能让人脑中的5-羟色胺浓度发生变化。这种微型蛋白粒子是运载5-羟色胺的载体。在不同季节里，这些蛋白粒子在人脑中的活跃程度不同。在光照不足的秋冬两季，它们表现极为活跃，因而，它们清扫人脑所有区域的5-羟色胺的效率更高。再加上大脑内的5-羟色胺分泌减少，人也就更易感到压抑，甚至抑郁；而在春夏两季，由于阳光充足，这种微型蛋白粒子对5-羟色胺的清除就会相对少一些，人也就会因此而感到更加愉快。正因为大脑中的5-羟色胺浓度在不同季节大不一样，因而导致人对一年四季的感知很不一样。

2000年诺贝尔医学奖得主之一的格林加德（Paul Greengard）发现了另一种调控大脑细胞如何对5-羟色胺起反应的物质——P11蛋白质。通过对接受救治的抑郁症病人的大脑组织进行研究后发现，抑郁症患者的大脑组织中的P11蛋白水平大大低于非抑郁者。对相关动物的实验研究也证实了这一结果。现在可以肯定，P11蛋白就是人们长期以来都在探寻的5-羟色胺调节因子。这种调节因子的作用机制为：大脑中的P11蛋白增多→神经细胞表面1B（5-羟色胺受体之一，迄今已经发现有14种不同的5-羟色胺受体，它们左右着血清素的多少，并被大脑细胞所利用）增多→5-羟色胺发挥作用→阻止或减少抑郁产生。在这一系列神经递质的反应过程中，如果上游的P11减少，就会引发一系列连锁反应，最终将导致抑郁情绪的产生。

厘清了抑郁情绪产生的这种内在生理机制之后，我们就能找到应对并治愈抑郁情绪的基本思路。首先，由于阳光影响大脑中与抑郁情绪产生相关的各类生物化学物质的分泌，因此，应对秋、冬季节阳光减少引起大脑内如5-羟色胺减少的一个有效而实用的好办法就是改换环境，即像候鸟一样把秋、冬环境换成春、夏环境。如英伦三岛的雾霾天气总是让人感到抑郁，心理医生和卫生部门就动员有条件的人们去阳光明媚的地方旅游度假。在明媚的阳光下，大脑中的蛋白分子将会因失去积极性而不能大量地清除大脑中的5-羟色胺；同时，大脑分泌的5-羟色胺、去甲肾上肾素等也会增多，人们也就会因此而感到更加心情舒畅。其次，通过药物治疗方式增加体内的5-羟色胺和多巴胺等物质也能有效改善人的抑郁状况。现在人们所使用的抗抑郁药——百忧解（Prozac），其药物的作用原理就是通过产生更多的5-羟色胺供大脑细胞使用而达到减轻抑郁情绪的目的。5-羟色胺等神经递质是在神经细胞突触间发挥信息传导作用的物质，它们发挥作用后就会被突触前细胞摄取，或使其失去活力。另一种药物——抗抑郁药5-羟色胺再摄取抑制剂（SSRI）就是通过阻断5-羟色胺的再摄取，使神经细胞突触间隙中的5-羟色胺增多，从而增强5-羟色胺的神经传递，最终起到抑制抑郁的作用。此外，抗抑郁药还能通过第一、第二信号系统的作用升高脑源神经营养因子（BDNF）和廿二碳六烯酸（BHA）以营养和修复神经细胞，并使其恢复正常分泌5-羟色胺、去甲肾上肾素和多巴胺等的功能，最终达到缓解抑郁的目的。最后，针对P11的产生也将是治疗抑郁的潜在新方法。

二、幸福的心理机制

人对幸福的感知是一种特殊的心理现象。探求幸福的内在心理机制，就是要透过幸福这一特定心理现象去揭示幸福感之所以产生并发生变化的内在基本规律。

现代心理学认为，人对外部世界的感知一般需要经历如下三个阶段，它们分别对应着人的三个心理区域：

（一）舒适区（Comfort Zone）

舒适区是一个让人感到得心应手并且舒适惬意的心理区域。个人处于舒适区往往意味着个人正身处熟悉的环境、正和熟悉的人交往、正从事熟练掌握的工作等。虽然个人在这一区域会感觉舒适，但个人如果长期处于这一区域将很难学到新东西，相应地，个人的自我成长也会变得非常缓慢。此外，个人长期停留于舒适区意味着个人在避开挑战压力的同时，也就失去了体验挑战所能带给自己快乐与意义感的机会。因此，舒适区并不是一个能够持续给人带来深刻幸福体验的区域。

（二）延展区（Stretch Zone）

延展区是舒适区的外向扩展。个人进入延展区往往意味着个人正进入不太熟悉的环境、正和不太熟悉的人交往、正面临很少接触到的新工作、正涉足自己从未涉足过的新领域等，如接触专业以外的新知识，被调换到新的工作岗位等。当个人处于延展区时，个人所面临的挑战往往既不太难也不太易，亦即个人所面临的压力和激励均处于最佳值。此时，个人虽然感到有压力、不舒适，甚至还有些无所适从，但正是这种个人完全可以承受的挑战能够极大地激发个人的自我潜能，自我也就能够更快、更好地成长。最终，个人将能从这种可以明显感受到的自我改变中体验到一种深刻的快乐感与意义感。因此，延展区是一个能够持续给人带来深刻幸福体验的区域。

（三）恐慌区（Stress Zone）

恐慌区是一个让人感到非常忧虑、恐惧，甚至不堪重负的心理区域。个人进入恐慌区往往意味着个人进入一个完全不能适应的新环境，或者个人所面临的新任务完全超出了自己的能力范围，因而会引发个人内心的极度恐慌。如天性害羞者被要求在公共场合发表公开演讲，天性胆小者被要求从事一些十分危险的极限性运动等。由于恐慌区是一个隐藏着潜在危险的区域，因此，个人进入这一区域需要得到外在的物理保护或精神安慰，否则，将可能引发某种严重后果，甚至可能导致个人心理的彻底崩溃。因此，恐慌区不仅不能给人带来幸福感，而且还会给人带来痛苦，甚至可能导致自我的倒退。

显然，每个人都会在某些环境或情况下感觉轻松或舒适，而在另外一些环境或情况下感觉紧张或有压力。人类天性追求轻松与舒适，并逃避紧张与压力。然而，个人如果总是待在自己的心理舒适区的话，他也就难以有任何改变。因此，为了促进自我更快、更好地成长，为了增进自我幸福，个人应该有意识地逐步拓展自己的舒适区。事实上，个人的自我成长与幸福感的获得，往往源于个人对自我舒适区的适当延展。个人的自我完善的过程，实际上也就是个人不断拓展自我舒适区的过程。个人每一次尝试新的挑战，都会带来自我的新变化，个人都能从中体验到一种从压力到适应、从不舒服到舒服所带来的满足感与幸福感。因此，每当面临新挑战时，个人不应刻意回避，而是应该勇敢面对，并且努力应对。如果个人能够经常有意识地计划做一些自己过去感到不太舒服的事情，以便不断地寻求自我突破，渐渐地，自己的舒适区就会不断拓展。最终，能让自己感到舒适与快乐的事情就会变得越来越多。

个人进行有意识、有计划、有针对性地自我延展的基本步骤如下：改变习惯→逃离自己的舒适区并进入自己的延展区→养成新的习惯并形成新的自我舒适区……自我就在这一螺旋式的上升过程中得到不断成长，幸福感就在这一循环往复的过程中得以持续获得。

当然，自我延展应该是一种渐进式的延展，而非是一种跳跃式的延展；应该是一种持续性的延展，而非是一种忽冷忽热式的延展。因为一旦延展过度，就可能会越过延展区而进入恐慌区。当个人进入恐慌区时，由于自我心理会受到强烈恐惧感与焦虑感的控制，个人将不仅达不到延展的目的，而且还可能导致自我的倒退。因此，为了减轻延展过程中的紧张感与压力感，个人应逐步扩大自己的延展区，亦即理想的自我延展要求一次延展的跨度不能过大。总之，一切自我延展行为都必须遵循适度延展与渐进延展这两个基本原则。

第四节　幸福的障碍

每个人都必然会在自己的生命旅程中经历许多痛苦，每个人都必然会在自己追求人生幸福的过程中遭遇许多障碍。我们将这些影响个人幸福的障碍归纳为如下三类：经济条件障碍、社会环境障碍与自我成长障碍。

一、经济条件障碍

经济条件是影响自我幸福的第一大障碍。显然，不具备一定的经济条件，个人幸福就失去了必要的物质保障。然而，如果个人过于迷恋于物质财富，那么，个人的人生幸福也会受到严重影响。

第一，一定的经济基础是个人幸福的必要条件。首先，没有一定的经济基础，个人的许多需要就无法得到正常满足。如个人生活所必需的食、衣、住等无一不需具备一定的物质条件。在一定限度内，物质财富确实可以增进个人幸福。尤其是当个人尚处于生存状态时，物质财富更是能够直接地提升个人的自我幸福感。其次，不具备一定的经济条件，个人就难以获得真正的独立与自由。显然，只有当个人具备一定的经济基础时，他才有资本对自己不喜欢的工作说“不”，也才有条件去做那些能让自己感到快乐并对自己有意义的事。最后，在某些情况下，获取物质财富本身就是一种充满挑战性的工作，它能直接给人提供创造的灵感与成长的动力，并带给个人一种成功之后的自我实现感。事实上，财富与幸福都为人所向往。从根本上讲，两者之间并不相互排斥，而是相互促进。

第二，幸福与财富又是完全不同的两个概念。人的幸福与他所拥有的物质财富并非绝对地成正比，物质财富的增长也并不意味着个人幸福的必然增加。实证研究表明，高收入者确实对自己的生活感到比较满意，但高收入人群的幸福度并不必然会比低收入人群高，许多高收入者的幸福度甚至远远低于低收入者。事实上，许多人在变得更富有之后不但没有变得更幸福，而是变得更不幸福了。

总之，物质财富只是实现个人幸福的手段，它本身并不能直接给人带来幸福。遗憾的是，人们常常混淆幸福目标与财富手段的本质区别，有时甚至不惜牺牲自我幸福以换取个人财富。许多情况下，人们获取财富的欲望甚至远远超过追求生命意义的欲望。之所以存在这种现象，主要源于人类本身所固有的财富崇拜心理机制。

人类的财富崇拜倾向具有深刻的进化心理学内涵。人类是从远古时代逐渐进化而来的，人类的进化历史必然深刻地影响着人的内在心理与外在行为。在人类进化的早期阶段，由于生存环境异常严酷，储存更多的物质生活资料就成为了确保人类自身生存的必要手段。储存更多的物质生活资料意味着早期人类可以顺利度过下一个严寒的冬天，可以应对因家庭成员生病或新成员降生所急需的食物保障等情况。显然，只有那些具有物质贮存偏好的个体才可能最终生存下来，而不具备这种偏好的个体必将会惨遭淘汰。渐渐地，人类偏好物质储备的习性经过自然选择就被保留了下来，并且内化成为了人类的一种内在心理机制。因此，一定程度上讲，人类甚至不是在为生活而积累财富，而是在为积累财富而生活。

二、社会环境障碍

人的自我幸福必然受到社会环境的影响。良好的社会环境对于个人幸福所具有的价值是不言而喻的。在良好的社会环境下，个人的基本需求更易得到满足，个人的健康自我更易形成，个人的幸福人生更易实现。反之，如果社会环境不良好，个人的基本需求就难以得到有效满足，个人的自我成长必然受到严重影响，个人的人生幸福必然会面临严重障碍。

恶劣的社会环境对于个人的独立与自由是一种严重威胁。许多情况下，这种威胁所带给人的压抑与痛苦往往令人难以言表。特别是，如果个人在自我成长早期就遭遇恶劣的社会环境的话，那么，个人将不得不面临一个不快乐的童年，这委实是人生的最大不幸。当然，如果个人能有幸接受更高的教育，他将仍有机会选择更好的环境。如果个人在离开学校之后还能找到一份自己喜爱的工作，个人生活中的快乐感与意义感还有望获得更进一步的提升。然而，这种好运气与好机会并非每一个人都可获得。同时，个人即使获得了这种机会，幼年的不幸遭遇也仍将会对自己的幸福人生产生严重的负面影响。

这种严重的负面影响并不仅仅意味着个人失去了一段快乐时光，而主要在于个人年轻时所经历的那些痛苦与接受的那些错误观念将会长期潜伏于自我内部，并将成为妨碍自我幸福的一个隐形杀手。它们会时不时地冒出来，甚至可能让人一世都不得安宁。

有一种理论认为，只要是人才，就总会有出头之日，所谓“是金子放在哪里都会放光”。许多人以此为据，提出对青年人的早期修理与身心摧残不仅无碍，甚至还将有益于其更快地成长与更好地成才。显然，这是一种十分荒谬的论调。恶劣的社会环境对于个人摧残与扼杀的威力是异常巨大的。诚然，有些人确实可以从逆境中脱颖而出。然而，这毕竟只是极少数。除此之外，那些原本可以成才，却被恶劣的社会环境所扼杀的潜在人才又有多少？此外，每个人确实都能适应各种不良环境，也不得不适应各种不良环境。然而，这种适应并非没有代价。其付出的代价就是：个人将无法形成一个健康的自我，个人将被迫失去一个幸福的人生。

三、自我成长障碍

个人之所以不幸福，除了受到经济条件与社会环境的制约之外，还因为自我本身存在某些障碍。相对于经济条件障碍与社会环境障碍，自我障碍对于个人幸福的影响往往更为深刻，也更为严重。

事实上，幸福人生并不容易获得。个人幸福源于自我健康，而又高于自我健康。个人幸福与自我健康密切相关——自我越健康，个人就越可能体验到更多的幸福，因为更高的自我一致性能带来更多的自我幸福感。然而，即使是自我健康者，其本身也仍然存在着一些影响个人幸福的自我障碍。

进化心理学认为，人类本身存在着许多基于进化所形成的且有损于自我幸福的障碍，如对愉快情境的习惯化与适应化倾向、社会比较倾向、对等值收益和损失的不对等反应倾向、适应性的痛苦情绪等。

（一）对愉快情境的习惯化与适应化倾向

为了求得自我生存，远古人类必须迅速习惯并适应那些愉快的情境。如狩猎获得了食物或建造了更好的住所将能给远古人类带来很大快乐，但如果他们太容易满足于现状而不再思进取的话，他们就难以在严酷的生存环境中存在下来，或者说，他们将无法更好地生存下来并获得持续进化。事实上，正是这种对愉快情境的习惯化与适应化倾向才最终促成了人类的不断进化。

然而，这种由进化所获得的习惯化与适应化倾向在促进人类进化的同时，也成了影响人类幸福的一个重要障碍。如人们原以为获得食物、衣物、家居用品、汽车或房子后会感到更幸福，可事实证明，获得这些东西之后不久，人们便会习惯或适应这种生活，幸福感也就会随之而降低。于是，人们又会萌生出获得更好的生活条件的新欲望，所谓“人心不足，欲壑难填”。这就是人的本性。正是这种对愉快情境的习惯化和适应化倾向导致了个人的幸福感并不会随物质生活的丰富而得以同步提升。

总之，人类本性需要不断改善生活条件，并不断体验新的更好的生活。因为只有这样，才可能维持原有的幸福感水平。如果能将人的某些需要分拆开来，并形成某种渐次满足的态势的话，人的这种习惯化与适应化的步伐就能放缓，个人就能从这种适度而持续的满足过程中体验到更多的幸福感。因此，遵循基本需求的适度满足原则不仅能够促进自我健康成长，而且还能提升个人的自我幸福感。此外，为了能从同样的需要满足中体验到更多的幸福感，个人还应主动培养自己的“惜福”意识。个人只有真正懂得“惜福”，才能从自己当下生活中感受到更多的美好，才能从自己所拥有的现实生活中体验到更多的幸福。

（二）社会比较倾向

社会比较偏好也是人类在漫长的进化过程中所形成的一种适应性心理机制。社会比较倾向促使远古人类的每一个个体都努力争取成为同类中的优秀者，因为只有这样，个人才能从激烈的生存竞争中获得更多、更好的生存资源，从而确保自身的生存与繁衍。

远古人类的活动范围十分有限，所有个体都只能选择自己的同伴作为自己的社会比较参照对象。由于所有个体的竞争起点大致相同，因此，当原始人类确定了自己的比较参照对象之后，自己通过竞争胜过比较参照对象的目标是完全可能实现的。然而，在各类媒体高度发达的现代社会，人们从各种媒体中所看到的东西往往都是事物最美好、最优秀的一面。这种呈现于人们面前的各类理想形象，绝大部分都是一般人所难以企及的，甚至是自己永远都达不到的一种虚幻境界。当个人将自我现实状况同自己所看到的这种经过特殊处理而集成的理想标准进行比较时，个人永远都只可能是失败者，这就必然会导致个人产生持续的挫折感与低自尊感。

（三）对同等收益和损失的不对等反应倾向

对同等收益和损失的不对等反应倾向，是指个人从某一损失中所感受到的负向情绪体验往往要高于自己从同等收益中所感受到的正向情绪体验。人类的这种自我心理特征同样是从长期的进化过程中获得的。远古时期，只有具有这种心理习性的个体才能更好地适应环境，并求得自我的生存。如那些体验过失去猎物而产生强烈消极情绪的远古人类，会在更强烈的补偿动机的驱使下去努力捕获更多猎物以弥补自己所遭受到的猎物损失，这就大大地提高了他们生存下来的可能性；而那些缺乏这种自我心理特性的原始人，将会因为没有捕获到更多猎物而难以生存下来。最终，在自然选择机制的作用下，人类就慢慢进化而形成了“对同等收益和损失的不对等反应的倾向性”，并且将这种倾向性内化成了人类的一种内在心理机制。

然而，现代人从远古人类祖先那里所继承下来的这一心理机制已经成为了影响个人幸福的又一严重障碍。因为它意味着个人要想获得某种程度的幸福感，就需要获取更多的满足物；而体验到等量的痛苦感，却只需要失去一点点就足够了。于是乎，在现代社会条件下，尽管人们已经得到了许多，但由于人们难免在生活中要失去一些东西，而失去所带来的挫折感又远远超过收获所带来的愉悦感，于是乎，人们总是会感到不满足，总是会感到不快乐。正是人类从进化过程中所获得的这种对于同等收获与损失的不对等反应倾向，使得个人的幸福感大打折扣。因为巨大的收益只能小幅度地提高幸福感，而少量的损失却能大幅度地降低幸福感。

（四）适应性的痛苦情绪

痛苦情绪（如焦虑、恐惧、愤怒、抑郁、嫉妒等）是随着人类的进化而逐渐发展起来的。由于痛苦情绪的存在有利于远古人类更好地适应环境而求得自身的生存，因此，经过漫长的自然选择，它们被保存了下来，并已内化成为了人类的又一特殊心理机制。如当远古人类遇到危险或威胁（如野兽来袭等）时会感到恐惧与焦虑，而正是这些恐惧与焦虑情绪驱使着他们去努力回避自己所面临的各种危险或威胁，从而最终确保了自身的生存。另一方面，这些痛苦情绪的存在又极大地降低了人的幸福感。最终，人类进化所形成的所有适应性的痛苦情绪在提高人类生存可能性的同时，也成为了影响人类感受幸福的一种自我障碍。

除上述基于进化所形成的一些自我障碍之外，个人在幼年时所接受的一些有违人性的错误观念也会降低个人的幸福感。事实上，人的许多不幸福往往源于幼年时所接受的一些错误观念。随着年龄的增长，个人的认知能力虽然也在不断提高，但是，个人始终难以完全摆脱幼年时所形成的一些错误观念的影响。这些错误观念长期束缚着自我，并成为了个人幸福的一种无形障碍。

第五节　幸福的实现

个人追求自我存在的所有活动便构成了个人的现实生活，而个人生活的最高目标就是追求生活的幸福。幸福是人生的最高理想，其他一切都是实现幸福目标的手段，都是为幸福目标服务的。因此，理论上，任何有益于增进自我幸福的事情对于个人来讲都具有价值，都值得去做。不同的人采用不同的方式或方法努力实现自我幸福，最后殊途同归。

一、幸福的本源

个人需要的满足是自我幸福的本源。从根本上讲，自我幸福来源于个人需要的满足。人的需要满足不仅能给人带来生理上的放松感，同时也能给人带来心理上的愉悦感和精神上的意义感。人的许多不良情绪、思维或行为的产生，往往都源自人的需要的无法满足，或者得到了不健康的满足。

人的基本需求是人的需要的内在根源，因此，从根本上讲，人的幸福感源自人的各类基本需求的满足。然而，个人在寻求基本需求的满足过程中如果只是一味强调满足所能带给自己的暂时性快乐，而忽视基本需求满足之于健康自我形成的适应性关系，那么，基本需求的满足可能将不仅不能促进自我健康，而且还可能会损害自我健康，最终必将有损于个人的长远幸福。由此可见，快乐与幸福并不能画等号。即使单纯从生理上讲，快乐也并非一定有益于自我健康。事实上，过于强烈的持续性的生理快感会对人的自我健康产生极大的负面影响，如借助于各种药物作用或物理刺激以寻求短时间内的频繁的性快感就有害于个人的身心健康。总之，只有那些能够促进自我健康的快乐，才能真正地增进自我幸福。

为此，个人在追求自我需要的满足时，应该致力于将这种满足保持在与自己的实际需要相适应的水平上。个人既不能刻意压抑自己的欲望，也不能过度纵欲，而应追求与实际需要相适应的满足，亦即个人在寻求基本需求的满足时必须遵循适度满足的原则——健康原则。事实上，只有适度的快乐才真正代表了人的健康存在状态，也只有基本需求的适度满足才能真正有助于自我健康，并为个人的长远幸福奠定基础。

自我幸福必须置于自我全面发展的背景下来理解。事实上，人的全面发展与自我幸福具有内在的同一性。一方面，幸福为人的全面发展指明了方向；另一方面，只有当人的全面发展真正指向个人的人生幸福时，人的全面发展才真正具有现实意义，并且才可能真正实现。人的全面发展以基本需求的有效满足为基本前提，而幸福又与人的全面发展内在同一，这也就意味着，要获取人生幸福，必须首先获取基本需求的有效满足。基本需求的有效满足不仅决定着个人能否全面发展，而且还决定着个人的整个人生能否幸福。

（一）人是现实世界中的生命存在体

为了生存，个人需要获取食、衣、住、性等基本需求的满足。显然，足够的食物、温暖的衣服、安全的住所、基本的医疗保健、和谐的性生活等，都为幸福生活所不可或缺。当个人因温饱问题、子女教育问题、老人赡养问题等而忧心忡忡时，他是不可能感受到幸福的。然而，人的存在又并非单纯生物意义上的存在。在实现自我生物性存在的基础上，个人还必须实现自我的社会性存在。为此，个人还必须致力于寻求安全、情感、尊严、偏好等基本需求的满足。当个人的第二类基本需求得到有效满足时，个人将能从生活中体验到更丰富、更深刻的幸福。特别是，人的存在还是一种价值性存在。最具价值的幸福感往往是在个人发展自我、发挥自身潜能的自我创造过程中获得的，亦即个人最深刻、最具价值的幸福源自个人的自我实现。实际上，个人的生命力、创造力和自我潜能能够在何种程度上得到充分发挥，个人幸福也就能够在何种程度上得以实现。个人的生命力与创造力的全面、自由而充分的发挥既是个人追求自我实现的必然结果，同时也是对个人存在价值的客观确证。个人正是在充分表现自我生命力与创造力的过程中才获得了自我的独立与自由。自我创造赋予个人幸福以本质内涵，并且赋予自我存在以现实意义。个人只有通过不断发挥自我生命力、创造力和内在潜能，并且不断创造价值，才能彰显生命存在的价值与意义。个人的自我潜能发挥得越充分，个人为社会所创造的价值就会越大，个人也就越有可能为社会所承认，并获得相应的回报，个人也就越有条件获取自身需要的满足。

（二）人的需要的不断丰富和持续发展将不断丰富个人幸福的内涵，并且不断提升个人幸福的层次

围绕着需要，个人从事着各类社会性生产活动。人的需要是不断发展的，某一需要满足之后，又会不断产生出新的需要。正是人类的需要的不断丰富和持续发展为人类的文明与进步提供着不竭的内在动力。人的需要的不断丰富、发展及其满足的过程，也就是人的幸福内涵不断丰富、人的幸福层次不断提升的过程。显然，当人的劳动时间主要用于获取生存所需的满足物时，幸福的实现主要与获取生存所需满足物的活动相联系；随着生存问题的解决，个人用于获取生存所需满足物的劳动时间将会变得越来越少，而用于获取生活与价值所需满足物的劳动时间将会变得越来越多，从而导致个人所获得的需要满足物变得越来越丰富。最终，将会形成包括物质需要和精神需要、自身生物性存在需要与社会性存在需要以及价值性存在需要在内的多层次与多样化的综合性需要。

（三）人的需要的发展与人的全面发展互为前提，并且相互促进

正是个人需要的发展与个人的全面发展的相互联系与相互促进促成了个人幸福的发展。一方面，个人需要的发展意味着个人的物质与文化生活将会变得越来越丰富，个人将因此而获得更多的幸福机会，这将极大地促进个人的全面发展。另一方面，个人越是全面发展，个人对于物质与精神满足物的需要就会变得越来越旺盛，同时，个人所创造的物质与精神财富也会变得越

来越多。正是在获取需要满足的自我创造过程中，个人源源不断地体验到了幸福感。由于人的需要发展与人的全面发展是一个逐步提高，并且永无止境的过程，这就决定了社会生产力的发展也必然是一个逐步提高，并且永无止境的过程，最终，个人幸福也是一个逐步提高，并且永无止境的过程。

二、幸福的基本实现方式

人的存在性活动主要集中在三个方面：学习、工作、生活。实际上，人生的绝大部分时间和精力都花在这三个方面。因此，个人追求幸福的人生，也就是要努力实现快乐而有意义地学习、快乐而有意义地工作、快乐而有意义地生活。

（一）快乐而有意义地学习

人天性对外部世界充满了兴趣与好奇，个人了解并探索外部世界的过程，也就是个人不断学习的过程。对于个人来讲，学习原本就是一件快乐而有意义之事。个人只有通过学习才能适应外部环境，从而确保自我存在，并实现自我成长。个人的自我社会化成长的过程，实际上也就是个人不断学习并完善自我的过程。

然而，从幼年时起，我们就被过多地灌输了诸如“先苦后甜”之类的学习观念。这实际上是在接受这样的暗示：学习原本就是一件令人痛苦的事，个人并不能从学习中获得快乐与意义感；并且个人只有先忍受学习的痛苦，才可能换取自己未来的幸福。显然，个人要实现快乐而有意义的学习，必须首先改变这种错误观念，亦即个人首先应将学习视为一件快乐而有意义之事。事实上，任何形式的学习都能给人带来快乐，并让人从中体验到意义感。

快乐而有意义地学习的能力实质上是一种情感能力。同时，它也是个人最重要的一种能力，因为它从根本上决定着个人能否通过学习获得幸福。遗憾的是，自从进入学校的第一天起，大多数人就从父母或老师那里接受了以成绩为导向的学习指令。他们被反复地告知：学习的目的就是为了拿到好成绩，而不是去享受快乐，更不是去寻找虚无缥缈的所谓意义感。在这种错误观念的指导下，个人从一开始就背离了学习的本质。由于这种以分数为唯一目标的学习违背了人的自我本性，因此，学习不仅不能给人带来快乐与意义感，而且还将遏制个人的情感能力的发展。

快乐而有意义的学习是一种沉浸式的学习。所谓沉浸式的学习，就是个人完全沉浸于学习的体验之中。当个人处于沉浸的学习状态时，个人的感觉与体验就已合二为一，个人的行为与感知也已融为一体。此时，个人在感受学习的快乐的同时，还能体验到一种当自我处于最佳存在状态——全神贯注而不受外界干扰时的美好。事实上，只有这种沉浸式的学习才是最具效率的学习，也只有这种沉浸式的学习体验才能将“学习之苦”转变为真正快乐而有意义的学习。显然，当个人处于这种沉浸式的存在状态时，个人的存在就是一种最佳状态的存在。

要实现自我沉浸式的学习，个人首先必须要有明确而具体的学习目标，以及切实而可行的学习计划。当然，个人的学习目标必须是一种基于个人偏好与自我价值观为导向所形成的目标，而非是一种外在导向的目标；个人的学习计划必须紧紧围绕着自己的人生定位与职业定位，而非偏离自己的人生定位与职业定位。总之，只有当个人以目标为导向并按计划全身心地投入学习之中去时，他才可能真正获得一种沉浸式的体验。此时，个人当下的学习已与未来目标合二为一，个人的未来目标已然成为个人感受当下快乐的内在依据或内在动因。其次，个人要将学习视为个人生活的一项基本内容、一种生活习惯、一个获取生活乐趣的基本方式。最后，要想达到沉浸的境界，学习任务的挑战性必须适度。学习任务的挑战性过大而学习能力不够，就会让人感到焦虑；学习能力高超而学习内容太过简单，就会让人感到乏味；只有当学习任务难度与学习技能完全匹配时，沉浸式的学习体验才可能真正出现。一方面，过大的学习压力会降低学习的快乐。在中国的教育体制下，孩子们所承受的学习压力普遍太大，而学习的难度又大大超过了孩子的能力范围，以至于许多中国孩子一想到学习就感到痛苦、焦虑。在以成绩为唯一导向的学习中，孩子们被迫只重结果而不重过程。这种学习实际上不是在教育孩子，而是在摧残孩子，并且这种摧残将会危害孩子的一生，使得他们终生都可能感受不到学习的快乐与意义。另一方面，没有任何挑战的学习也不能给人带来快乐与意义感。真正的学习快乐与意义感来自于个人对挑战性学习任务的完成。事实上，个人失去应对挑战的机会，也就失去了沉浸式体验的机会，同时也就失去了获取战胜困难的宝贵人生经验的机会。当今社会的许多“富二代”“官二代”“星二代”们，年纪轻轻就已拥有了本不该属于他们的一切，这实际上并不能给他们带来幸福，反而可能会让他们身陷危难。他们中患抑郁症的人越来越多，而一旦心理抑郁，他们又有条件进行发泄式的挥霍，如吸毒、嫖娼、飙车等。最终，将会无可避免地导致严重的个人问题、家庭问题以及社会问题。

（二）快乐而有意义地工作

工作的基本价值之一，就是能给人带来深度的幸福感。个人做自己喜欢且能发挥自我能力，并可获得一定报酬的工作，能够极大地增进自我幸福感。许多人之所以因为工作而不开心，只是因为他们在从事着自己并不喜欢的工作，如为了生存而被迫从事某项工作；还有一些人之所以因为工作而不开心，是因为他们过于看重工作收入，而忽视了工作所能带给自己的快乐与意义感。而对于那些视工作为事业的人来说，工作本身就是目标——它是自我实现的基本方式，它是人生幸福的主要来源，而不仅仅只是谋生的手段。

人们似乎喜欢休闲多于工作，并且常常将休闲与快乐相联系，而将工作与痛苦相联系。人们之所以这样认为的一个主要原因，就是觉得工作限制了自己的自由。对于视工作为事业的人来说，工作并不会限制个人的自由，相反，它能充分释放自己的自由天性。事实上，只要能从工作中找到快乐与意义感，个人就能充分感受到自由。因此，个人能否从工作中感受到自由主要取决于个人对工作的态度——个人究竟是受制于工作收入或外在期望，还是为个人偏好与自我价值观所主导。当个人视工作为事业时，个人从工作中所能获得的沉浸式体验将会远远多于从休闲中所能获得的沉浸式体验。有时，个人将工作与痛苦相联系仅仅因为个人获得了某些错误的观念，而正是这些错误观念限制了个人所能从工作中获得的幸福感。因此，为了能从工作中获得更多的幸福感，个人首先必须转变观念。个人需要明白一个基本道理：工作需要付出努力、克服困难，并成功地应对挑战，工作的快乐与意义感正是个人从努力克服困难并成功应对挑战的过程中获得的；而如果将挑战排除在工作之外，这也就意味着个人同时排除了从工作中获得快乐与意义感的机会。

当然，努力工作并不意味着个人必须拼命工作。压力虽然一定程度上可以提高工作效率，但是，长期处于过大的压力状态下，个人的自我创造力就会大大降低。一般情况下，当个人面对单一的任务时，基于使命感的压力可一定程度上激发个人的创造性灵感，并提升个人的工作效率；然而，当个人需要同时处理多项任务时，过大的工作压力往往会导致个人的自我表现欠佳。因此，适当减少一些工作压力以让自己感觉更轻松一些，有时反而更有助于个人取得更好的工作成绩，并且提升个人从工作中所能获得的幸福感。总之，努力工作对于个人成功至关重要，然而，过于拼命地工作将会带来负面影响，而长期超负荷地工作则会严重损害自我健康。许多人年纪轻轻就过劳而死，即是最好的明证。

个人理想的工作，是既能从工作中获得不菲的报酬，又能充分地发挥自我能力，同时还能从工作中获得快乐与意义感的工作。收入、能力、快乐与意义四者之间相互联系、相互影响、相互作用。除收入提高、职位升迁与能力发挥等能给个人带来工作的快乐与意义感之外，个人对于工作的态度与定位、工作环境等也会影响个人从工作中所能体验到的快乐与意义感。

第一，研究表明，工作态度直接影响个人的工作体验。“想做”比“能做”更重要。“能做”仅仅意味着经验与技能，而“想做”意味着责任与使命感。许多理论都“指导”个人去寻找一份“适合自己”能力的工作，而不是鼓励个人去寻找一份自己真正想要的工作；大部分职业介绍所与职业测评机构往往注重对个人能力的测试，而不强调个人的工作态度，这实际上是在误导人们的职业规划。自然，工作能力非常重要，但是，工作能力只有在确定了融合快乐与意义感的目标之后才能显示出其内在价值。如果个人对自己提出的第一个问题是“我可以做什么”，这就意味着他是在优先考虑某些实际问题（如工作报酬、外部期待、职位升迁等）；如果个人对自己提出的第一个问题是“我想做什么”，这就意味着他是在优先考虑什么能给自己带来快乐与意义感，亦即个人选择工作的初始出发点与最终归宿都是为了追求自我幸福。

第二，个人对工作的定位很大程度上决定着个人能否从工作中获得快乐与意义感，以及能够在多大程度上获得快乐与意义感。如果个人仅仅视工作为谋生的手段，他就难以从工作中获得快乐与意义感；如果个人视工作为职业，则个人能从工作成绩与职位升迁中获得满足感；而对于视工作为事业的人来说，工作就是自己的使命，工作本身就是目标。工资和升迁固然重要，但工作本身更为重要。为了弄清楚自己能否真正从工和中获得快乐与意义感，个人应该经常问自己这样一些问题：我能从这一工作中获得快乐吗？我会为更快乐、更有意义的工作而辞职吗？到底什么原因使得自己不愿意放弃自己目前的工作？

第三，研究表明，外在环境能够帮助个人从工作中获得更多的快乐与意义感。一个优秀的管理者应该懂得怎样去创造一个良好的工作环境以提高员工的满意度与工作绩效，如更合理的工作安排以提供给员工一个难易适中的岗位；创造条件激发员工的个人才华与自我潜能；让员工获得更大的自我发挥空间；让员工在组织运作中扮演更重要的角色，而不仅仅只是一个被动的执行者，甚至是一个无关的旁观者；让员工感受到自己的重要性等。组织的管理者创造条件让员工体验更多的快乐与意义感是提高员工工作效率的唯一途径。因为此时，员工的目标与组织目标已经实现了高度耦合，甚至已经合二为一。当然，个人不能坐等好的工作从天而降，也不能坐等工作环境自动变好，而将自己对工作的不满迁怒于外在环境更是于事无补。正确的态度应该是：主动从目前的工作中寻找快乐与意义感，如通过对工作进行适度调整即可从中寻找到更多的快乐与意义感——为自己设定明确而富有挑战性的目标；主动承担更多的工作责任；主动参与自己喜爱的工作岗位；主动要求被调换到自己能从中找到快乐与意义感的岗位上去等。

第四，如果自己无论怎样努力都无法从自己目前的工作中寻找到快乐与意义感，那么，个人就应考虑更换自己的工作。如果工作在养家糊口之外不能给自己带来任何幸福感，那么，个人就确实需要有所改变。当收入不能满足自己的生存所需时，每个人都会尝试着去寻找更好的工作。既然我们能为改善自己的生存条件而做出改变，那么，我们为什么就不能为改善自己的工作状况而做出改变呢？当然，离开自己长期从事的工作是一个十分艰难的决定。有时，由于现实条件的限制，更换工作可能变得异常困难。然而，大多数情况下，个人仍然可以寻找到理想的新工作——既能获得一定的收入，又能发挥自我能力，还能从工作中寻找到快乐与意义感。当然，改变需要勇气。勇气并不意味着不害怕，而是感到害怕仍能采取行动。许多改变的困难其实都是自己预先想象出来的。一旦付诸行动，许多事情其实并没有自己原来想象的那么难。自我改变的障碍主要源自个人的畏难情绪。事实上，个人唯一应该感到恐惧的，其实就是恐惧本身。

（三）快乐而有意义地生活

个人的所有生命活动，便构成了个人的现实生活。广义地讲，学习与工作也是现实生活的一部分。生活的真谛在于幸福，幸福对于人类具有终极价值性。个人或许可以忍受没有快乐与意义感的生活，但这种生活一定不会给人带来幸福。

快乐是幸福生活的基本要素。快乐有两大基本来源：一方面，基于外在感官满足的快乐与基于内在精神满足的快乐。基于外在感官满足的快乐是短暂的，感官刺激停止之后，快感就会马上消失。而要想维持这种快感，就得继续保持原有刺激。另一方面，人的感官又对外在刺激具有适应性，因而，单一的刺激方式很难保持原有的快乐强度。因此，要想获得更多的快乐，就必须改变感官刺激的方式。显然，如果个人循着感官刺激的路径走下去，将势必陷入纵欲的歧途而难以自拔，最终必将导致自我身心的极度疲惫。总之，感官刺激所能带给个人的满足是不稳定的、短暂的和肤浅的。要想获得稳定、持久、深刻的快乐体验，必须通过寻求内在精神的满足。而最深刻的精神满足，源自个人对自我存在价值与生命意义的深刻体验。

人的存在活动亦即人的生命活动，人的生活状态亦即人的现实存在状态。事实上，在现实生活之外不再会有人的现实存在。人的存在是深具价值的，因而也是美好的。个人体验生活的美好，也就是体验存在的美好。事实上，个人无论遭遇怎样的悲伤、考验或挫折，都有理由为自己活着本身而感到快乐。个人如果能够深刻地明白这一道理，必能极大地增进自我幸福。然而，许多人都不能感受到存在的美好，或许这正是个人难以获得持久、稳定、深刻的快乐体验的内在根本原因。当然，个人充分体验到存在的美好也是有条件的——必要的经济基础以维持自我的生物性存在，丰富的精神生活以维持自我的价值性存在，和谐的社会环境与助益性的人际关系以维持自我的社会性存在。

生活是丰富多彩的，个人感受生活的幸福，首先必须善于发现生活的美好，并能充分感受生活的美好。事实上，趋美避丑是人的天性。虽然不同文化背景下的人们对于美的表达方式不同，不同的人从不同角度以不同审美标准来看待同一事物可能会产生完全不同的审美效果，但人类趋美避丑的天性是完全相通的。美使人身心愉悦，丑使人身心压抑。如果生活中缺乏美，个人被迫生活在一个充满丑恶事物的环境中，个人的身心必将因此而受到严重压抑，自我的发展也必将因此而受到严重影响。特别是，人的审美与认知相互关联、相互影响、相互促进。人心中的美好意动越多，人的认知就会越发达；而认知能力的提高反过来又会进一步提升人的审美能力。艺术是美的最佳表达方式，创造性的艺术教育能持续激发人的自我潜能，从而造就一个更加完美的自我。研究表明，在艺术教育中，美的滋润对被教育者还具有独特的心理治疗效果。

品味生活中点点滴滴的美好需要保持一种相对宽松的生活状态，超负荷的工作或过重的生活压力将会严重妨碍个人对美好生活的感知。研究表明，时间上的充裕比物质上的富裕往往更能提升人的幸福感。时间充裕往往意味着个人有更多时间去做对自己有意义的事、去感受当下生活的美好；而时间紧张则意味着个人正被迫承受巨大的学习、工作或生活压力。遗憾的是，在现代社会中，时间短缺已经成为了一种普遍现象，这或许正是导致人们幸福感普遍降低的一个重要原因。因此，为了提高自己的幸福度，个人应努力简化自己的生活，同时要学会自我减压。

除了善于发现并充分体验当下生活的美好之外，个人感受生活幸福的另一基本途径，就是要充分感受存在的价值——既包括感受一切外在存在物的价值，也包括感受自我存在的价值，同时还包括感受自我与外在环境融为一体的超越性价值。一切存在着的事物都具有其自身存在的价值，无论它们能否满足人的需要。如果个人能全面而深刻地感受这种存在性价值，那么，他便能更深切地体验到生活的美好。事实上，当个人能深切感受到存在的价值时，即使生活暂时还很艰苦，个人也能感受到当下生活的美好与幸福。

快乐而有意义地生活的关键在于活在当下。活在当下意味着个人尽情领略现实生活的美好、充分发掘当下生活的快乐、全面感受事物存在的价值、深入领会个人生命的意义。唯有如此，个人方能获得一个幸福的人生。人生是由当下的时间之流所构成的。过去的已然成为历史，未来的尚不完全确知，个人真正能够把握住的只有现在。不能把握当下也就意味着不能把握过去和未来；放弃当下也就意味着放弃自己的整个人生。奥古斯丁甚至说："将来和过去并不存在。说时间分过去、现在和将来三类是不确当的。或许说，时间分为过去的现在、现在的现在和将来的现在三类比较确当。”总之，个人只有将注意力集中于当下，并且努力从当下生活中寻找生活的快乐与存在的意义，方能真实地感受到生活的幸福。

努力活在当下以寻求快乐而有意义的生活的基本途径有三个：做自己喜欢并对自己有意义的事、过自己喜欢并对自己有意义的生活、跟自己喜欢的人保持亲密的关系。

第一，追求幸福人生的最佳切入点，就是要做自己真正想做的事情。由于自己喜欢做的事情完全合乎个人的自我愿望与内在需要，因而，它们能给个人带来真实的快乐与意义感。事实上，越是自己想做的事情，就越能充分发挥个人的自我潜能或天赋，个人就越可能从中体验到生活的美好与幸福。而这反过来又会让个人对自己所做之事更加热情、更加投入。生命是短暂的，为了能够充分体验到当下生活的美好与幸福，个人应该首先确定哪些事情是自己真正想做的，并对它们进行排序，然后依次将其付诸实施。为此，个人应该经常问自己这样一些问题：自己所做之事真的对自己有意义吗？它们真的能给自己带来快乐吗？要想真正弄清楚这些问题，个人必须努力保持自我真实，并且认真倾听自我内在的声音。对于那些自己不愿做而又无法完全避免的事情，个人也应尽量减少其数量，或者用自己想做之事来替代它们。事实上，不得不做之事和想做之事的比例从根本上决定着个人的幸福状况。个人虽然难以完全避免受到内、外因素的干扰，但个人完全可以做到尽可能少地将时间花在自己不喜欢与无意义的事情上，尽可能多地将时间花在自己喜欢并对自己有意义的事情上，这样做，即能有效提升个人的幸福度。当然，个人在各种事情上到底应该花多少时间，需要根据自己的实际情况来具体确定。

第二，生活幸福意味着自己当下的生活正是自己真正想要的生活。由于个人真正想要的生活反映了自己的需要，并且契合于个人的自我价值观，因此，它能充分激发个人的自我创造力与自我潜能。反之，如果个人的当下生活并不是自己真正想要的生活，那么，个人的自我创造力与自我潜能就会受到抑制。如果个人的自我创造力与自我潜能长期处于某种潜伏状态而得不到充分发挥的话，个人的自我成长就会受到严重束缚，个人的生命活力就难以被充分激发出来，个人也就难以从当下生活中体验到生活的美好与幸福。

第三，跟自己喜欢的人保持亲密关系，或者跟自己喜欢的人生活在一起，能够极大地增进个人幸福。人际关系对于个人幸福至关重要，幸福者与不幸福者的一个重要区别，就在于是否拥有助益性的人际关系。显然，经常与自己要好的朋友、亲人等共度美好时光，经常与自己所关心的人同时也是关心自己的人分享彼此的经历、想法和感受等，能够有效解除自我内心的寂寞，并及时安抚自我内心的痛苦；能够让人充分感受当下生活的美好，并真切地体验到存在的快乐。

每个人都有一条生活的幸福基准线，个人的现实幸福感总是围绕着这条幸福基准线上下波动。一般情况下，个人的幸福基准线往往保持相对稳定，并且不会随意外事故的发生而发生根本性的突然改变。如一个遭遇好运或不幸之人，可能会在第一个月内感觉极好或极差，然而，大约半年以后，幸福感就会回复到其原有水平。一年以后，基本上就会一切如常——如果他以前就很快乐，那么，他会重获快乐；如果他以前就不快乐，那么，他依然会继续保持原来的不快乐状态。由此可见，要从根本上改变个人的幸福水平，必须设法移动个人的幸福基准线。事实上，人的幸福基准线并非绝对不变，个人完全可以通过自身努力来移动自己的幸福基准线。亦即从根本上讲，个人幸福主要决定于自己，而非决定于外在环境。实际上，当个人的生存问题已经获得基本解决之后，环境对于个人幸福的影响就已经变得非常微弱了。

每一个正常人都拥有获得更多幸福的巨大潜力。为了能够让自己变得更加幸福，亦即为了实现向上移动自我幸福基准线的最终目标，个人必须改变自己。自我改变非常困难，但并非完全不可能。自我改变需要从大处着眼，从小处着手。从大处着眼，意味着个人要对自己的生活做出全新的规划，然后分步实施；从小处着眼，意味着自我改变必须从细微处入手，并且持之以恒。显然，改变不会在一夜之间发生，个人只有坚持日积月累的自我完善，方能达到逐步移动自我幸福基准线的目的。为此，个人在实施自我改变计划之前，必须首先找准好切入点。好的切入点要求难度适中，并且具有可操作性。自我改变本质上并非是要对自己的生活完全推倒重来，而是要通过在自己的现有生活中增加一些自己喜欢、有意义并能有效发挥自我能力之事，或者从现有生活中挖掘出新的意义与快乐来。通过赋予当下生活以更多的意义，通过从当下生活中发现更多的快乐，个人完全可以提升自己的幸福水平。久而久之，个人就能缓缓向上移动自己的幸福基准线。

自我改变的基本前提就是自我接纳，其中包括接纳自己的痛苦与失败。如果个人能够以积极的心态来面对自己的痛苦与苦难，那么，痛苦就能成为自己宝贵的人生经验，苦难也能成为自己难得的良师益友。事实上，自我成长常常发生在自己感觉非常痛苦之时。人生不如意之事十之八九，即便是非常幸福的人，也不可能完全没有痛苦。生活存在许多缺陷，充分接纳这些缺陷是获取人生幸福的基本前提，而完美主义的想法只会降低自我幸福感，极端的完美主义更是一种人格障碍，如强迫型人格障碍者就存在着十分明显的完美主义思想。1980 年，美国精神病学会制订的《心理障碍的诊断与统计手册》，就把完美主义作为强迫型人格障碍的诊断标准之一。

自我改变与自我接纳相辅相成。自我改变着眼于重新塑造自我而非完全否定自我。事实上，人的许多负面情绪往往为人性所不可或缺，因此，我们应该坦然接纳它们。问题的关键其实不在于个人是否存在负面情绪，而在于个人如何去看待自己的负面情绪。如果个人能以一种接纳的态度看待自己的不良情绪，自我改变往往更容易发生。即使对于那些不可改变的部分，个人也应在充分接纳它们存在的前提下，再去努力寻找其存在背后的原因。

幸福感并不完全取决于个人得到了什么，或者身处何境，而主要取决于个人选择用什么样的心态去看待自己的生活。事实上，个人看待或描述自己生活的方式本身即能影响自己在其中的体验。一般情况下，个人关注什么，个人往往就会体验到什么。如果个人选择有意识地去发现自己生活中的积极部分，个人的幸福感就能得到有效改善。有时，痛苦更多地来自于个人对痛苦本身的关注，而非绝对地来自于痛苦本身。

个人往往关注什么，就会有什么样的体验，这是由人的意识与潜意识性质所共同决定的。一方面，人的潜意识会影响人的意识；另一方面，人的意识又会主导人的潜意识。一般情况下，意识具有自主性，而潜意识不具备自主性。当意识向潜意识发出指令时，潜意识会毫不保留地加以接受，而不管这种指令是真实的还是虚幻的。潜意识一旦接到意识的指令，就会调动个人的所有自我潜能来共同完成这项指令。因此，如果个人更多地关注事物的积极方面，潜意识就会引导自我更多地感受事物积极的一面；反之，如果个人更多地关注事物的消极方面，潜意识就会引导自我更多地感受事物消极的一面。于是，关注失败的人，他们往往总是会接收到与失败相关的信息，并且总是会抱怨生活的不幸；关注成功的人，他们往往总是会接收到与成功相关的信息，并且总是能够从逆境中看到希望。如果个人总是沉浸在失败的阴影之中，这就无异于给自己套上了一副无形的精神枷锁，自己的情绪将会因此而变得越来越抑郁，自己的认知将会因此而变得越来越消极，自己的意志将会因此而变得越来越消沉。而那些能在逆境中百折不挠的人，哪怕经历了常人难以忍受的苦难，却依然能够从艰难困苦中看到未来与希望。由于他们信念坚定，并且坚持不懈地努力，最后，他们真的如愿以偿地取得了自己想要的成功。

除了更多地关注生活中的积极的一面之外，个人还可以通过积极的自我暗示来提升自己的幸福感。积极的自我暗示实质上是意识对潜意识所发出的一类积极指令。如果个人经常对自己保持积极的自我暗示，渐渐地，这种暗示（意识对潜意识的指令）就会渗入到个人的潜意识之中去。久而久之，个人的自我潜能就会被慢慢激发出来，最终，个人也就真的会朝着那个方向去发展。

总之，幸福是值得争取的，幸福是需要争取的，幸福是完全可以争取的。事实上，任何一个正常人，只要自己愿望努力，就都可以凭借自我力量去创造一个完全属于自己的幸福人生。

三、个人成功与自我幸福

成功与幸福相辅相成，两者之间相互联系、相互影响、相互作用，并且相得益彰（如图 5－2 所示）。一方面，成功能极大地增进个人幸福；另一方面，幸福感的获得又将有助于个人获得更多的成功。实证研究表明，幸福者在生活的各个方面（包括健康、婚姻、事业、人际关系等）往往更容易取得成功。

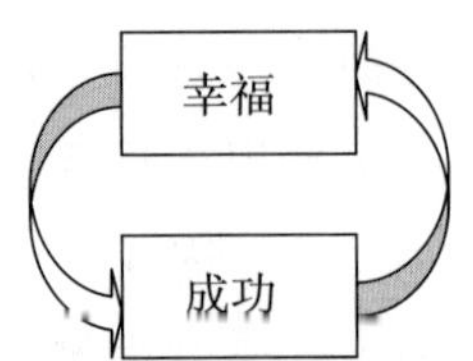

图 5－2　成功与幸福的关系

（一）目标确定与自我幸福

有梦想的人是幸福的。事实上，正是个人的信念改变才带来了个人的生活改变。因此，个人设定自己的人生目标，实际上就是在掌控自己人生幸福的方向。事实上，仅仅通过确定目标并且深信自己完全有能力实现自己的目标本身，就足以让人从中体验到某种幸福感。

人生就像一场旅行。没有目标的人生就像一场没有目的地的旅行，个人势必将因此而陷入一种漫无目的的游荡状态之中。如果个人不知道自己的人生方向，甚至连自己要去哪里都不知道，那么，人生的每一个岔路都会让自己感到迷茫，并且极易受到外在因素的干扰与诱惑。而一旦个人确立起了自己的人生目标，那么，他就不会再感到迷茫，并且更能抵御外在的干扰与诱惑。明确的人生目标给人指明了前进的方向，并赋予自己的生活以明确的意义。有了明确的人生目标，个人的现实生活将不再是一个个支离破碎的片段，而是一个能够实现相互耦合的有机整体。明确的人生目标，就像协调各个音符的交响乐主题。单一的音符也许没有什么特别的意义，而一旦当它成为交响乐的一部分，就会显示出其动人的美妙来。

目标的确立必须完全由自我来主导。因为只有自我主导下所确立的目标才真正反映了个人的自我意愿与内在需要，个人也才可能从目标的实现中体验到成功的快乐与意义感。个人在自我主导下确立自己的人生目标既是个人对自己的人生负责的具体体现，同时也是自我成长发展到了相当高度的重要标志——自我负责并自我主导是独立性自尊的本质特征，同时也是无条件自尊的内在精髓。生活就像一个大舞台，每个人都在这个舞台上扮演着不同的角色。有些人由于能够保持自我真实而表现自然；有些人则因为一味迎合他人而自我压抑。一味迎合他人固然可以得意于一时，但由于自己的生活中总是充斥着许多自己不愿意做而又不得不做之事，个人常常将被迫穷于应付，最终必将导致自我身心的极度疲惫，个人当然也就无法从中体验到幸福。因此，为了获得一个幸福的人生，个人首先必须强化自我责任意识，并在此基础上自我主导自己的人生与生活。也只有当个人真正做到自我负责并自我主导时，他才能在面对外来压力时仍能坚持走自己的路。否则，个人将会因为处处受制于人而无法充分地发展自我，并且有效地发挥自我潜能，最终，个人将只能收获一个失败的人生。

为了能够更好地自我负责并自我主导，个人首先必须保持自我真实，并且坦然接纳自我。个人不能倾听自我，也就无法选择自己真正想要的生活。只有当个人完全听从自我内心的召唤，并根据自我兴趣与内在需要选择自己真正想要的生活时，他才可能从中体验到生活的美好与存在的价值。其次，要从自我探求入手弄清自己真正的需要，并据此确立自己的人生目标。其实，目标及其实现本身并不必然能够确保个人感受到生活的美好与存在的价值，如果目标不是自己真正想要；只有当目标是自己真正想要的时候，目标的实现才能给人带来幸福感。亦即确保生活幸福的基本前提，就是个人所确立的目标必须是自己真正想要的目标，而不是为了满足社会标准或者迎合他人期待所确立的目标。一个能从自己的学习、工作或生活中找到快乐与意义感的人，必然是一个幸福的人。而个人能否从自己的学习、工作或生活中找到幸福的关键，不在于个人具体在学习些什么、从事些什么工作、自己的生活内容到底是什么，而在于个人所选择的学习、工作或生活目标是否真正契合于自己的个人兴趣与自我价值观，并且能否实现相互之间的内在统一与有机耦合。

总之，搞清楚自己真正想要什么，什么才能给自己带来快乐与意义感至关重要。而要真正做到这一点，个人首先必须保持自我真实。

（二）目标坚持与自我幸福

目标确定与目标坚持是成功的两个最重要的阶段。一旦个人确立了自己真正想要的目标，接下来要做的，便是坚持自己的目标，并且充分享受这一过程。

个人对意义的追求是绝对的。个人为了一个有意义的目标而坚持努力奋斗最可能为自己带来源源不断的幸福感。如果将成功比喻为爬上一座山峰的话，那么，幸福绝不仅仅只存在于作出爬山决定与爬上山顶的那一刻，而更多地存在于充满挑战的整个攀爬过程之中。

目标坚持的过程，其实也就是个人充分发挥自我潜能的过程。正是这种自我潜能的充分发挥最能给人带来深刻的幸福感，个人最感充实与愉悦的时刻往往就在个人为追求某一目标而将自己的能力发挥得淋漓尽致之时。事实上，无论从事什么工作，只要个人感到能将自我潜能充分地发挥出来，他就能够从中获得快乐与意义感。而个人如果不能将自己的人生理想落实于自己的具体行动之中，他就难以充分地发展自我，并且有效地发挥自我潜能，自然，个人也就难以从生活中感受到幸福。

个人在目标坚持过程中将无可避免地要遭遇各种困难、挫折，甚至失败。真正的幸福并不意味着自己的生活中没有困难、挫折与失败。事实上，幸福的人一样需要面对困难，一样需要克服成功过程中的种种障碍。个人正是从克服困难、挫折与失败的过程中才体验到了深刻的快乐与意义感。如果个人能够轻而易举地获得自己想要的所有东西，并能毫不费力地满足自己的所有欲望，个人幸福必将因此而大打折扣。有时，人的空虚仅仅由于自己的需要太容易得到满足。此外，个人经历困难、挫折与失败还能让自己认识到幸福生活的来之不易，从而有助于个人更加珍惜自己所拥有的一切，并对生活与生命心存感激与感恩之情。而正是这种惜福之心与感激、感恩之情能够极大地增进自我幸福。无疑，没有人会主观上喜欢困难、挫折与失败，然而，困难、挫折与失败确实为自我成长所不可或缺。因为困难、挫折与失败最能激发个人的生活斗志与生命活力，并为个人提供认识自我与发展自我的绝好机会，从而极大地促进个人的自我成长。最后，个人正是在目标坚持的过程中成功地克服各种挑战，才最终确证了个人的自我价值。事实上，一个没有经历过任何挑战的生命往往是脆弱的。人生最大的悲哀与不幸，就在于事事顺心而无须努力，可一旦希望破灭，却再也生不起奋斗之心，并且再也无法凭自己的力量站立起来。

（三）目标实现与自我幸福

目标实现是成功的最终标志。当个人完全听从自我内心的召唤确立自己的目标之后，一种发自内心的使命感便会油然而生；而一旦自己所确立的目标最终得以实现，个人便能从中体验到一种成功之后的幸福感。这种幸福感不仅存在于最终目标的实现之时，同时也存在于各类局部性目标或阶段性目标的实现之时。

从根本上讲，个人的不幸福往往源于自己的才华无法得到施展、自己的需要无法得到满足、自我存在的价值无法得到确证。而目标的实现意味着个人能力不仅已经得到了充分发挥，而且还得到了充分发展；自我需要不仅已经得到了有效满足，而且还具备了继续满足的更好条件；个人的自我存在价值不仅已经得到了充分体现与有效确证，而且还获得了进一步彰显的更好的基础。亦即目标的实现能够从根本上提升个人的自我幸福感。

目标实现对于维持并强化个人争取获得进一步成功的内在动机意义重大。对美好未来的预见与憧憬只能在短期内维持个人的行为动机。显然，无论目标多么伟大，前景多么诱人，都难以给人以长期坚持目标的持续的内在动力。只有局部性目标或阶段性目标的不断实现所带给人的快乐与意义感方能不断地给人以激励，从而确保个人对人生目标的长期坚持，并促使个人在目标坚持的过程中持续地完善自我。

从系统成功的角度来看，幸福只是一种境界，而并非一个终点；幸福人生是一个过程，而并非一种静止状态。某一个具体目标的实现，并不意味着个人成功的一次性完成，而仅仅意味着下一次成功的重新开始。成功人生是由许多局部性成功或阶段性成功所共同促成的，正是这种局部性目标或阶段性目标的不断实现能够给人带来永无止境的幸福体验，亦即人生没有最幸福，只有更幸福。事实上，现实条件决定了任何一个正常人都不可能达到完美无缺的理想幸福状态，亦即任何人都可以永远趋向更幸福。因此，个人与其浪费精力去思考自己是否幸福，自己到底有多幸福，或者为自己没能达到幸福的理想境界而懊恼、沮丧，还不如去探求自己到底怎样才能变得更幸福。

第六章　自我实现

自我实现既是人的一项基本需求，也是衡量个人成功的一项基本标准。成功的人生，必定也是一个自我实现的人生；个人追求成功人生的过程，必定也是一个追求自我实现的过程。

自我实现是个人在自由、自主的创造性活动中，通过充分发挥自我潜能，通过全面发展自我，通过无限地逼近理想自我，而最终得以实现的。实际上，无论一个正常人的人生状况如何，他总是会趋向于将自我全面而充分地展现出来，总是会在自己的现实生活中积极地寻求实现自我，并且寻求能够最终超越自我。

第一节　自我实现的内涵

自我实现有狭义与广义之分。狭义的自我实现意指自我实现是人的一项基本需求；广义的自我实现意指自我实现不仅是人的一项基本需求，而且也是衡量个人成功的一项基本标准。同时，它还是成功人生的一种最高境界。

一、狭义的自我实现

狭义的自我实现是从人的基本需求的角度来看待自我实现。同食、衣、住、性、安全、情感、尊严、偏好基本需求一样，自我实现也是人与生俱有的一项基本需求。

狭义的自我实现包括如下基本内涵：首先，自我实现是个人对于发展自我与完善自我的一种内在基本欲望。其次，自我实现是个人希望不断发掘、展现与表达自我潜能的一种内在基本诉求。这种内在诉求是人性的一部分，它源自人的自我成长内在基本趋向。最后，自我实现预示着正常人都有一种追求自我存在价值或生命意义的内在终极需求。除了通过充分发展自我、完善自我、发挥自我以形成独特的自我之外，正常人还具有一种建立自我价值体系并寻找生命意义或存在价值的内在基本需要。实际上，追求生命意义或存在价值与成为独特的自我是完全内在一致的。

二、广义的自我实现

广义的自我实现是从个人成功的角度来看待自我实现。广义的自我实现除了包含上述狭义的自我实现基本内涵之外，它还是系统成功的一项基本内容——它是衡量个人成功的一项基本标准；它是成功人生的一种最高境界。实际上，个人通向成功人生的过程，也就是个人追求自我实现的过程。

自我实现的过程是一个全面发展自我的过程。自我的全面发展意味着个人的自我潜能与自我创造力能够得到充分发展与有效发挥、个人的生命意义或存在价值能够得到充分体现与有效确证。正是个人在自我潜能与自我创造力得到充分发展与有效发挥的过程中，个人的生命意义或存在价值得到了充分体现与有效确证，亦即个人充分地实现了自我。同时，这一自我实现的过程还是一个能动地创造美好生活并充分地享受美好生活的过程。由此可见，追求成功人生、促进自我全面发展、自我实现、获取个人幸福四者之间密切相关，并且内在同一。

广义的自我实现可从多个方面来进行考察。如果从自我存在状况的角度来考察个人的自我实现，自我实现则包含以下三个基本层次：生存层次的自我实现、生活层次的自我实现与价值层次的自我实现；从系统成功的角度来考察个人的自我实现，自我实现则包含以下四项基本内容：健康自我形成的自我实现、幸福婚恋获取的自我实现、事业成功的自我实现、亲子教育成功的自我实现。

第二节　自我实现的内在机理

自我实现是自我成长的终极目标，或者说，自我实现是自我成长的内在基本趋向。揭示人的自我实现的内在机理，也就是要从自我实现的角度来描述人的自我成长内在基本规律。

自我实现以个人自我责任意识的有效觉醒与充分表达为基本前提，以个人持续的自我完善为基本方式。个人只有在自我责任意识的内在驱使下持续地完善自我，他才可能达到自我成长的终极目标——自我实现。由于自我实现是人的内在基本诉求，而并非为外界所强加，因此，个人寻求自我实现必然是一种主动的追求，而非被动的胁从。个人主动追求自我实现是个人责任意识有效觉醒与充分表达的具体体现。

自我实现是研究个人成功的一个基本视角。个人成功与个人追求自我实现两者之间存在着内在的、本质的、必然的联系。系统的个人成功包括目标确定、目标坚持与目标实现三个基本要素，而自我实现体现为个人在自我责任意识的内在驱使下，通过持续地完善自我，最终达到了自我成长的终极目标——自我实现。这样，个人成功基本要素与自我实现基本步骤之间就建立起了一种一一对应的关系（如图6－1所示）。

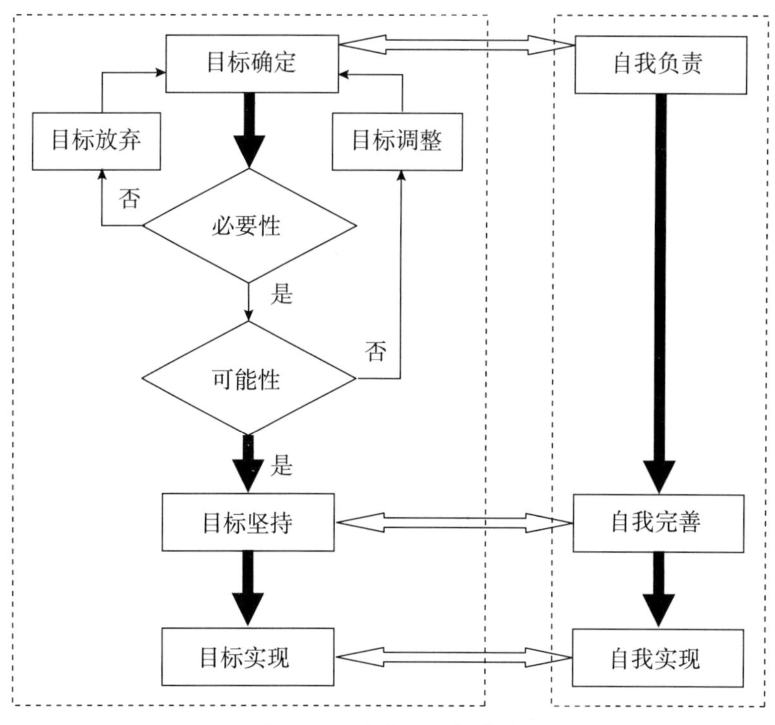

图6－1 自我实现与成功

一、自我负责与目标确定

个人成功以自我责任意识的有效觉醒与充分表达为基本前提。只有当个人真正地能够自我负责时，他才可能真正地自我导向，也才可能最终达到自我成长的终极目标——自我实现。其实，在这个世界上，除了个人自己，没有任何人会对自己负责，也没有任何人能够替自己负责。如果个人不想成功，没有任何人会逼迫自己成功；如果个人不想自我实现，也没有任何人能够逼迫自己自我实现。事实上，唯有个人自己才可以把个人带到自我实现与成功人生的彼岸。个人达到自我成长终极目标的唯一途径，就是个人要真正承担起对自己生命的责任。

为此，个人必须首先确立起自己的人生目标。个人从自我偏好、自我价值观以及现实需要出发来确立自己的人生目标，就是个人对自己的人生负责的最重要体现，同时也是自我负责的最高体现。其次，当个人确立起自己的人生目标之后，个人还需要围绕自己的人生目标制订出切实可行的人生计划。最后，个人必须坚定不移地实施自己的人生计划。只有当个人真正确立起自己的人生目标，并且制订出相应的人生计划之后，个人的人生努力才有了明确的指向，个人的自我完善才有了内在的依据，个人的自我注意力才有了可资释放的空间，个人的自我潜能才有了可以充分发展与有效发挥的舞台。也只有这样，个人对目标的坚持与自我完善之间才可能建立起相互之间的有机联系，并实现彼此之间的内在耦合。

总之，个人在自我主导下确立自己的人生目标，是个人对自我负责的最重要体现。在自己的人生目标的指引下，个人通过将自己的人生目标分解成为各类局部性目标或阶段性目标，然后围绕着这些目标的实现而持续地完善自我，个人就能不断地实现自己的各类局部性目标或阶段性目标。借此，个人不仅能够持续地发展自我，而且还能从这一过程中持续地体验到一种生命的意义感与存在的价值感。

二、自我完善与目标坚持

个人成功的一个主要方面，就是强调关注自我的积极改变，并对自我进行有效管理。个人确立自我目标之后，接下来要做的，便是对目标的坚持。

目标坚持是为了实现目标，而要做到这一点，个人必须在目标坚持的过程中持续地完善自我。个人坚持目标的过程，实质上也就是个人不断地完善自我的过程。当然，自我完善十分困难，因为它意味着个人必须不断地挑战自我，并且不断地超越自我。然而，为了能够获得一个成功的人生，个人除了坚持自我完善之外，也别无他法。

自我完善不仅是个人实现自我的基本途径，同时也是人类之所以能够不断进化的内在根本原因。人类正是通过自我完善以调节自我，从而不断地适应环境，最终才求得了人类自身的生存与进化。显然，任何不能自我调节的物种都难以最终生存下来。

（一）自我完善之于成功

自我完善是为了发展自我，并且最终实现自我。自我完善不是抽象的，而是具体的，它体现于个人为实现自己的人生目标所制订的每一个自我改变计划之中。自我实现的主要标志，就是个人最终实现了自己的人生目标。而个人要想最终实现自己的人生目标，就必须紧紧围绕着自己的人生目标持续地完善自我。这样，自我完善目标就与人生目标之间实现了相互耦合。自我完善目标与人生目标实现相互耦合，也就意味着个人的自我完善目标同个人偏好、自我价值观、自我需要之间实现了内在有机的统一。而一旦个人的自我完善目标同个人偏好、自我价值观、自我需要相契合，自我改变就会变得更加容易。

自我完善意味着自我改变：改变自己消极的一面，发扬自己积极的一面。同时，自我完善还意味着自我控制：克服自己消极的行为与心理，形成自己积极的行为与心理。相对而言，个人更应关注自我积极的一面，这是自我完善的一个基本原则。尤其是当自己身处逆境之时更应积极地看待问题、乐观地投入生活、勇敢地面对人生。唯有如此，个人才能充分地发展自我，并最终实现自我。然而，现实生活中，人们往往更加倾向于关注自己消极的一面。这或许正是个人难以成功，并且难以充分自我实现的一个重要原因。

任何人都可能对自我改变心存犹豫或畏缩。如果个人在制订自我完善计划之前就能对自己的这种矛盾心理进行检视，将会更加有助于个人取得成功。为此，个人可以尝试着先列出一张自我改变的得失权衡表（如表6－1所示）。

这将有助于个人厘清自己到底需要什么、到底需要做什么、到底应该怎样去做；并有助于个人事先预料到改变所面临的可能障碍，从而预先找到解决问题的办法。

表 6－1　　　　　　自我改变的得失权衡

	短　期	长　期
改变所带来的好处	1. ……	1. ……
改变所带来的坏处	1. ……	1. ……

个人的自我改变行为只有在它形成习惯之后才能充分发挥出它对于个人成功的持续的促进作用。事实上，成功者往往都有许多良好习惯。良好习惯会让个人行为变得更有效率，进而促进自我潜能的充分发展与自我创造力的充分发挥。因此，个人应该在努力强化自律性的基础上，着力培养自己良好的行为习惯。

（二）自我完善的基本前提

自我完善的基本前提是自我认知，有效的自我完善计划必须建立在正确的自我认知基础之上。自我认知是一个需要个人做出主观努力的自为的过程。一般情况下，人们对于自我的认知往往并不十分准确，如人们往往高估自我能力，而低估自我行为的健康风险等。虽然个人难以完全准确地认识自己的所有方面，但个人必须能够比较准确地认识自己想要改变的某些方面。否则，个人就难以确立起自己的自我完善目标。

1. 自我认知的基本内容

人的认知（Cognition）、情感（Affect）与行为（Behavior）是决定个人成功的三个最重要的自我因素。认知是指人对事物的看法，其中，尤以思维能力最为重要；情感是指人对客观事物是否满足自我需要所产生的一种倾向性的心理体验；行为是指人在日常生活中的一切活动。

人的认知、情感、行为三者之间相互联系、相互影响、相互作用，并且互为因果。人的情绪在很大程度上决定于人的认知，而人的情绪又会对人的认知与行为产生直接的影响。如当个人体验到愉快的情绪时，他的认知往往会变得更加积极，并将激发个人的积极行为。人的认知不但影响人感受事物的方式，而且还将对人的行为产生重要的影响。如积极的认知激励个人去做那些与自我人生目标相一致的事情（如坚持锻炼、为家庭幸福创造更好的条件、解决工作中的问题、改善亲子关系等）。人的行为反过来也会影响人的认知与情绪。因此，个人一旦确立了自己的目标，就应立刻付诸行动。因为如果个人开始行动——哪怕只是强迫自己行动，将会引发个人在情绪与认知方面的积极变化。反之，如果个人总是希望等到自己的认知与情绪准备好了之后再去采取行动，那么，个人将可能永远没有采取行动的机会。

自我认知就是要搞清自己的思维、情感与行为方面的现实状况，亦即要达到对自我思维、情感与行为的整体把握，从而为个人的自我完善提供内在的依据。个人的自我完善，就是要促使这三个相互联系的方面同时发生积极而有意义的改变，并且最终形成一种良性循环（如图 6－2 所示）。如果个人在这三个方面已经形成了恶性循环，那么，就应同时对这三个方面进行积极的干预，亦即同时进行认知疗法、精神疗法、行为疗法，以便能够尽快打破这种恶性循环，并促使它们向着良性循环的方向发展。如对于社交恐惧症患者来说，可先通过认知疗法改变其认知，再通过药物治疗平抑其情绪，最后通过行为疗法完善其行为，直至帮助其恢复正常状态。

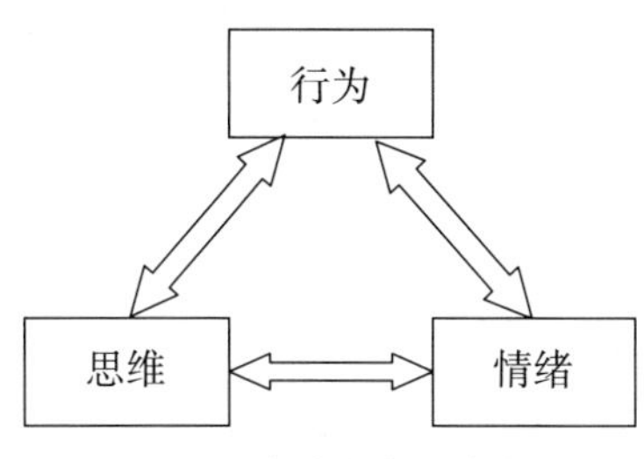

图 6－2　自我完善目标体系

2. 自我认知技术

自我完善效果主要依赖于个人的主观努力。为此，个人必须善于运用各种自我完善技术来帮助自己达到自己想要的理想效果。最常见的自我认知技术有如下几种：自我观察、自我记录、自我评价。

（1）自我观察。几乎所有成功的自我完善都是首先从自我观察开始的。自我认知不够准确的一个基本原因就在于个人未能认真观察自己。显然，只有在进行了充分的自我观察之后，个人才可能制订出完善的自我完善计划。当然，自我观察的结果必须真实、可信。自我观察结果的不真实与不可信往往意味着个人对自我认知不准确。

自我观察贯穿于自我完善的整个过程之中。个人通过自我观察不仅可确立起自己的自我完善目标，而且还能及时把握自我改善计划的进展情况，并为计划的实施与完善提供及时的信息反馈。自我观察的价值不仅在于它能提供自我认知信息，而且还在于它能直接导致自我发生积极而有意义的变化。当个人感觉自己被观察时，他就会对这种观察做出反应。心理学把这种现象称作反应性。反应性现象普遍存在，如希望得到老师表扬的孩子，当受到老师的观察时会表现得更好，注意力也更集中。因此，当个人刻意观察自己的某些不良行为时，不良行为往往就会马上减弱，甚至完全停止，这种现象在自我完善过程中十分常见。不良行为趋于消失而期望行为趋于增加，有时仅仅只是因为个人正在有意识地观察并记录它们。

（2）自我记录。自我改变并不会突然发生，而是会循序渐进地进行。如果个人没有仔细的自我观察记录，个人就不能注意到自己正在发生的细微改变。显然，在没有得到及时的信息反馈的前提下，个人也就无从对自己的表现做出准确、及时的调整。自我完善计划之所以失败的一个主要原因，往往就在于个人缺乏及时、准确的自我记录。同自我观察一样，自我记录本身就足以引发自我所期望的积极变化，个人完全可以利用自我记录的反应性效应来改变自己的不良行为，或者将自己的不良行为转化为良好的行为。许多心理治疗都要求患者首先进行自我观察，并将它作为治疗介入的第一步。

自我记录必须及时进行，因为如果推迟记录，就可能难以记下自我变化的某些重要细节。而正是这些重要细节反映出了自己的真实变化。此外，记录应该尽量简化，并且适合自己的风格。

自我记录有两种基本形式：结构化的自我观察日志（如表 6－2 所示）与等级评价量表（如表 6－3 与表 6－4 所示）。前者用于观察记录，后者用于自我评价。结构化的自我观察日志主要用来记录个人思维/情绪/行为方面的变化；等级评价量表主要用于衡量目标思维/情绪/行为的变化强度。自我观察日志让个人明白自己到底需要改变些什么；而相关分析能将个人的兴趣从对原有思维/情绪/行为的关注转移到对其产生影响的某些因素的关注上来。自我观察日志的内容有两类：情境因素（前提与后果）与自我表现。自我观察记录的要点就是要及时、准确地发现到底哪些情境因素正对个人的自我表现产生重要影响。

表6－2　　自我观察记录日志

前提	自我表现	后果
发生在何时 与何人在一起 正在做什么 在何处 对自己说过什么……	思维 情绪 行为	结果发生了什么 它是令人愉快的还是不愉快的

日期：________________

①情境因素。人的思维/情绪/行为必然发生在一定的具体情境之中。情境分为两类，在心理学上，它们分别被称为前提（antecedents）与后果（consequences）。前提是行为发生之前的背景事件，它暗示或刺激个人按照一定的方式采取行动。前提可以是自然的事件、思维、情感或内部言语等。后果是行为发生之后的事件，它对个人行为具有强化效应，从而影响个人是否会重复该行为，并影响个人的自我感受。大多数情况下，人的行为都是自我与环境交互作用的结果。研究表明，人们通常认为与不良行为无关的某些情境实际上与不良行为关系密切。情境的作用受到个人在相似情境下所习得的经验的影响，不同的习得经验将会诱发个人的不同表现，即使个人面临同样的情境。习惯是对情境所做出的自动化反应。如果个人已经形成了某种习惯，他就会不假思索地表现出来。而要改变习惯，就必须首先对该情境“去自动化”。

任何前提都可能诱发个人产生某些相关的行为、思维与情绪。因此，个人在制订自我完善计划之前，必须准确了解现有前提。为此，个人必须解决如下三个关键问题：一是要完整而准确地记录现有前提；二是要对事件链进行认真分析；三是要准确鉴别自我陈述。相对而言，准确鉴别自我陈述更为困难。

自我陈述是一种自我导向信息，它对自我表现影响极大。控制不良自我表现的关键，就是要改变那些会激起不良反应的自我陈述。自我陈述有三种基本类型：自我指令、自我信念与自我解释。自我指令是最常见的一种自我陈述。个人通常会通过自我指令将自己的思想转化为行为指示。自我信念是自我陈述与自我行为赖以存在的内生假定。相对于自我指令，自我信念往往更难觉知，因为它需要通过对自我观察记录进行逻辑分析才可能推断出来。现实生活中，人们通常受到一些错误的自我信念的束缚，诸如我必须（如我必须在任何时候、各个方面都表现出色等）、他人必须（如他人必须在所有时候都友好而公正地对待自己等）、环境必须（如环境必须是自己希望的样子，否则，生活就是糟糕的、令人无法忍受的）等。正是这些不合逻辑的自我信念诱发出了个人的一系列问题，如高水平的消极情绪与报复性的破坏行为等。自我期望是自我信念的另一种表现形式。特定的自我期望会诱发出特定的自我表现，如完美主义式的自我期望常常会引发自我挫折感与自我沮丧感等。接受一些更为合理的自我信念往往意味着个人获得了一些有利的自我控制前提，并建立起了一些新的自我导向模式。最后一种自我陈述是自我解释。个人对事件的解释往往反映了个人的内在认知结构，如低自尊者往往会将某些不良情境解释为对自己的冒犯、侮辱等。

后果是对自我表现的信息反馈，它将对自我反应的进一步发展或改变产生直接影响。对后果保持不间断的观察与记录有助于个人不断完善自己的自我完善计划，最终将有助于个人取得良好的自我完善效果。

②自我表现。对自我表现保持记录能让个人看到自己的缺陷以及自己正在取得的进步。为尽快达到自己的自我完善目标，个人应该更多地记录自己的成功表现，而更少地记录自己的失败表现。因为过多地记录自己的失败表现将可能导致个人产生更为消极的自我认知，而更多地记录自己的成功表现将能有效提升个人的自信心，并能获得更多的自我效能感——个人能够实现自我目标的坚定信念。

对自我表现的记录不能只是一味地关注最终结果，而应更多地关注过程。如，一位想提高成绩的学生不能只是一味地关注考试的分数，而应更多地关注自己为取得好分数所采取的行动。研究表明，相对于将注意力集中于最终目标，那些将注意力集中于过程的人往往更容易取得进步。此外，自我表现记录还应包括对自我思维/行为/情绪的出现频率与持续时间的记录，并从中分析出自我表现指标的变化强度与变化趋势。有时，对出现频率和持续时间的记录也能为与目标相关的前提和后果控制提供思路。

（3）自我评价。自我评价十分重要。基于自我完善的自我评价包括两方面：一是对目标思维/情绪/行为本身的评价；二是对目标思维/情绪/行为变化情况的评价。任何存在强度的指标都应评价其强度，对目标思维/行为/情绪本身的评价主要是对其强度进行评价。自我评价的常用工具是等级评价量表（如表6－3与表6－4所示）。等级评价量表中常见的强度值有两种："0～10"强度值与"0～100%"强度值。

表6－3　　0～10等级评价量表

强度值	0	1	2	3	4	5	6	7	8	9	10
含　义	完全不				中度			非常			极度

表6－4　　0～100%等级评价量表

强度值	0	20%	40%	60%	80%	100%
含　义	完全不		中度		非常	极度

自我改变往往按照某种变化趋势循序渐进地发展，而不会是一种无缘无故的突变。通过对自我表现及其改变评价数据进行处理，个人完全可以掌握自我表现的现实状况及其未来变化趋势。基线技术可以帮助我们做到这一点。基线实际上代表了个人某一思维/行为/情绪改变的平均数，了解基线也就意味着个人掌握了自己的整体变化情况。一旦掌握了基线，个人就能明白自己是否正在取得进步，并可预测自己未来的可能变化。当然，并不是所有的目标思维/情绪/行为都能得到一条基线，有些自我表现也许永远也显示不出一条稳定的基线，如抱怨或发脾气就依赖于具体情境。图表是反映自我改变趋势的另一个工具。以时间为横轴，以目标思维/情绪/行为变化为纵轴，即可建立起一个平面坐标系。然后，将各时点的自我表现数据标注于坐标系上，就能得到一条自我表现的变化曲线。借此，个人不仅可以了解到自我思维/情绪/行为的现实表现情况，而且还能了解到其未来变化趋势。

（三）自我完善的基本步骤

自我完善是一项系统工程，需要进行系统思考。同时，自我完善又是一个永无止境的过程，它伴随着个人的整个一生。通常一个自我完善计划完成之后，新的自我完善计划又会重新开始。虽然自我完善计划的具体内容各不相同，但任何一项自我完善计划都必须包含以下四个基本步骤：

1. 确定自我完善目标

自我完善计划的第一步就是确定自我完善目标。自我完善目标是自我完善的内在依据，事实上，仅仅通过设定目标本身即能导致自我发生积极而有意义的变化。自我完善目标分为两类：一类是要去除的不良思维/情绪/行为，另一类是要获取的良好思维/情绪/行为。事实上，这两类目标之间相互关联，对某一不良思维/情绪/行为的去除通常伴随着新的良好思维/情绪/行为的建立。也只有将不良思维/情绪/行为用良好思维/情绪/行为来进行替代，自我完善才可能达到理想的效果。否则，原有的不良思维/情绪/行为很快就会重新回来。研究表明，通过建立一种与不良的自我反应不兼容的良好的自我反应，能够达到控制不良自我反应的最佳效果。与不良自我反应不兼容的自我反应方式很多，如，集中注意力于替代性事物、性欲唤醒、体育运动与锻炼、听自己喜爱的音乐、冥想、采取积极的应对性陈述替代自我挫败性陈述、对情境进行重新评价以重建自我信念、练习自我放松、积极的自我暗示等。当然，如果再能辅之以新的良好情境替代诱发不良反应的不良情境，则不兼容自我反应方式的替代效果将会发挥得更好。

2. 制订自我完善计划

一旦个人已经确立了自己的自我完善目标，接下来要做的，便是围绕着自己的自我完善目标制订切实可行的自我完善计划。一个有效的自我完善计划必须能够将前提、自我表现和后果整合成为一个有机统一的整体。一个完整的自我完善计划必需包括如下基本内容：确立、完善并分解目标，自我观察与记录，控制前提，建立新行为，利用结果强化新行为等。理论上，一个成功的自我完善计划必须具备如下基本要素：明确的目标、清晰而详细的行为规则、完善的信息反馈、实际行为与目标的比较、对计划本身的调整。

（1）目标。任何自我完善计划都必然包含有明确而具体的目标（包括子目标）。此外，总目标与子目标之间、各子目标之间必需能够相互衔接、相互耦合，并且存在明确的规则。一个子目标实现之后，必然伴随有新的子目标与新的规则，亦即每一个目标的实现都成为了下一目标开始的前提。

（2）规则。规则是对个人将在具体情境中所运用到的技术、行为或思维的详细说明。制订规则的目的是为了让合意的反应变得更易发生。为达到自我完善的目标，任何自我完善计划都必须包含有在具体情境中导向自我改变的明确而具体的规则——用明确的规则来指导自我反应，直至这种反应变得十分自然。

（3）反馈。自我完善计划必须包括一个收集相关信息的反馈系统。没有与自我表现相关的信息反馈，就不能及时了解并及时纠正自己的不良反应。自我观察与自我记录是实现信息反馈的主要方式。正因为个人持续地进行自我观察与自我记录，才为自我完善目标的确立与自我完善计划的制订提供了可靠依据。

（4）比较。信息反馈是为了将自我表现与期望标准进行比较，以便及时了解自己是否正在取得进步。

（5）调整。当实际情况发生变化时，个人应及时地调整计划，包括目标的调整、实施策略的调整、信息反馈系统的调整等。事实上，自我完善计划本身也存在一个自我完善的问题。为了寻找到一个有效的自我完善计划，个人需要构思出大量方案，然后评价这些方案，最后从中优选出最佳方案。

3. 实施自我完善计划

实施自我完善计划就是将预先制订好的自我完善计划付诸实施。自我完善计划的实施要点包括如下三个方面：改善前提、完善行为、利用后果强化预期行为。

（1）改善前提。改善前提是达成自我完善目标的重要步骤。为此，个人首先必须认真鉴别当前情境，并做好记录。改善前提的基本策略有两个：改进原有前提、安排新前提。

①改进原有前提。改进原有前提包括以下具体策略：

• 回避不良前提。实现前提控制的首要策略就是回避有可能诱发问题行为的高危前提，尤其是要避开那些别人也在其中做类似事情的情境。对于那些业已形成某种生活方式的不良行为（如酗酒等），最有希望的自我完善策略就是回避那些可能诱发不良行为的高危情境。由于完成每一次自我完善行为都能使行为本身得到强化，因此，回避不良前提本质上就是要让自我调节反应在诱惑性情境出现前尽可能获得强化。

•限制不良前提。通过限制对行为起控制作用的不良前提也能达到控制不良行为的目的。如失眠症患者应限制自己在床上阅读、看电视、听收音机、聊天、发愁等行为，如上床10分钟后仍睡不着就应离床，直到困了以后才重新回床睡觉。限制不良前提应先从最简单的情境入手，然后再逐渐过渡到困难情境。某些不良行为可能存在特定前提，为此，个人应尽快找到它们，并对它们进行分析，然后找到控制它们的具体办法。一般情况下，可将问题前提分为两类：生理性前提（如一边看书一边吃东西等）和情绪性前提（如抑郁时喝酒等）。一般来说，生理性前提相对比较明显，也更容易控制。为此，个人应先消除生理性前提，然后再消除情绪性前提。当然，消除不良刺激并非易事，原因之一就是人们通常并不愿意认真审视自己所处的环境。

•重新解释前提。当个人实在无法回避或限制不良前提时，改变不良反应的有效策略就是改变自己看待情境的方式，如重新理解前提，或只关注情境的某些特定部分，或将注意力转移至别的事情上以降低不良情境对自我的控制等。

•改变事件链。许多行为都是由某一事件链所引发的某种必然结果。一种前提引发一种能导致某种特定后果的行为，而这种后果又是另一行为的前提，依此类推。于是，一条完整的行为链便建立起来了。虽然只有最后行为才被视为问题行为，但实际上整条行为链都与问题行为相关联，问题行为本身只不过是一系列“前提—行为—新前提—新行为……”的最终结果。事实上，正是一些小的决定诱发了事件链的形成。改变事件链就是要通过干扰或中止事件链，或通过替换事件链中一个或多个环节来打破问题行为的自动化倾向，最终达到阻止问题行为如期发生的目的。具体策略如下：一是嵌入停顿。当一条事件链建立起来以后，个人往往会对特定情境做出不假思索的反应。改变这一趋势的方法之一就是在做出反应前先停顿一下。对于某些放纵性行为（如吸烟、酗酒、过度进食等），这种方法特别有效。因为停顿为个人赢得了自我警醒的时间。当然，该策略只有与其他策略结合起来应用才能发挥出其应有的效力。二是做记录。记录不良行为本身即可降低其发生的频率。记录越早进行越可能为个人赢得控制的时间。三是打断事件链。在实在无法回避问题前提的情况下，有意识地打断事件链就显得十分必要。显然，对不良事件链越早打断越好。

②安排新前提。利用前提来达成自我完善目标的第二个基本策略，就是安排新前提。新前提可被插入事件链的任何位置。安排新前提的最有效方法之一就是运用自我指令。自我指令是个人为自己所创造的一种新前提，它能有效引导自我反应。不同的自我指令将引发不同的自我反应。由于自我指令技术简便易行、适用性强，并且行之有效，因此，几乎每一种自我完善计划都可考虑运用这一技术。

自我指令应该直接、简洁、清晰。特别是，自我指令必须真实可信。实证研究表明，只有真实可信的自我指令才能对自我完善起到积极的并且具建设性意义的激励作用。事实上，成功的自我完善者与不成功的自我完善者都曾使用过激励性的自我指令，两者的主要差别就在于：成功者的自我指令真实可信；而失败者的自我指令往往不真实可信。此外，自我指令应与自己的长期目标相衔接。借助于自我指令经常将自己的长期目标带入自我意识之中，将能极大地激发自我活力，并为自己提供内在精神动力。以下是一些言语性前提的具体运用：

• 消除消极的自我陈述。当个人完成某些自我挫败行为时，他实际上可能正在指令自己这样做。此时，个人必须找到自己消极的自我陈述，并尽快消除它们。

• 开始积极的自我指令。成功抑制消极思想的关键就在于能用积极的自我陈述替代消极的自我陈述。

• 思维替代。消极的思维方式常常困扰着人们，并严重阻碍个人成功。当消极思维出现时，刻意压抑它们可能会适得其反，此时，通过采取分散注意力的方法可能会更有效。然而，最好的办法还是进行思维替代，即用积极的思维来替代消极的思维。首先，个人要对自己的消极思维要时刻保持监控，并及时将它们记录下来，这样做，即能及时切断消极思维与不良情绪之间的链接。然后，有意识地用积极的思维去替代消极的思维。将这种程序坚持下去，直至形成一种自动化的反应模式，即能有效遏制不良的自我反应。

• 建立新的刺激控制。有时，个人通过选择良好的外在环境（物理环境与社交环境）可有效提高对期望行为的刺激控制，如选择一个安静而非嘈杂的地方开始学习。对自我反应最强有力的外在暗示莫过于看见他人也在做同样的反应。为此，个人可考虑利用他人作为支持性的刺激以获取自己想要的行为，如个人选择图书馆而非寝室作为学习的场所。因为图书馆里的人都在认真学习，当自己身临其境时，学习也就成为了一种自然行为。如果某种习惯化的社会交往模式已经严重妨碍了自我完善计划的实施时，个人就应及时做出改变。由于自我效能感的获得本身即能建立起新的前提控制，因此，当开始实施一项十分困难的自我完善计划（如戒烟、戒酒等）时，个人应努力获取早期的成功经验，以增强自己的自我效能感。一旦个人在某一情境下获得了某种自我效能感，就应及时将这类行为推广至其他情境中去。

• 合理利用刺激泛化规律。刺激泛化是指在某种前提下习得的行为在其他相似前提下也能完成的现象。新的情境与原情境越相似，个人新近习得的行为越易泛化。一旦个人建立起了一种能够在某种特定情境下完成的行为，就应逐渐将它迁移至其他相似情境中去。一种最简单有效的工具就是自我指令。自我指令可在多种情境下使用，并创造出一座连接熟悉情境与陌生情境之间的桥梁。如果个人利用自我指令架起了不同情境之间的沟通桥梁，那么，这些自我指令就能成为一种在不同情境下做出同一反应的提示物。

• 对相关情境做出有利的预先安排。凡是能对自我完善起促进作用的任何情境都可考虑做出有利的预先安排。当某些问题情境出现时，尤其是在预期的最困难时刻，做出这样的安排至关重要。预先安排的方式多种多样，如，请求家人及朋友到时提醒，设定闹钟提示，制订每日或每周的任务进度表来提示等。特别是，一份针对某一自我完善目标的日常计划可有效提升个人的心理适应能力，而伴随着计划的逐步实施，自我改变的积极效应还将不断累积。

（2）完善行为。任何自我完善计划都涉及新行为的建立。自我完善的最重要任务就是要建立起新的行为反应，而非只是一味地压抑问题行为。事实上，用新行为替代问题行为较之于仅仅压抑问题行为更为可取。当然，建立新行为本身即能自动抑制问题行为。然而，如果在暂时消除问题行为的同时没有新行为来替代，就会人为地创造出一种行为“真空”，此时，原有问题行为很快就会回来填补这一行为“真空”。

当然，对不良反应的替代必然会招致习惯性不良反应的抵抗。此时，个人可考虑用转移注意力的方式来进行应对。在选择分散注意力的事物时，最好一直使用某一种分散物而非多种分散物。个人也可利用某些注意力分散技巧来抑制自己的不良反应。事实上，个人如何看待自我反应本身就能影响这些反应。如，个人过度关注自己的消极情绪，并不断思考其产生的前因后果，将会诱发更多的消极情绪；而热烈地表达自己的积极情绪也能让这种积极情绪变得更加强烈、广泛、持久。

任何时候，选择一种不兼容行为来替代问题行为都将有助于对问题行为的控制。事实上，许多不良行为都有多种不兼容行为，如微笑与皱眉就不兼容。研究表明，面部表情能神奇地影响自我情绪。如微笑会让自己变得更快乐；皱眉会让自己变得更抑郁；满面怒容会强化内心的愤怒感等。当然，最好是不兼容行为本身就是自我期望的新行为。即使替代行为本身没有特别优点，通过替代进一种中性行为也比仅仅只是一味地压抑问题行为更为可取。而保持对替代行为的持续记录将能有效地强化新行为。

掌握一种新行为的基本方法就是在可能情境中对新行为进行反复预演。事实上，高水平的行为表现都是反复练习的结果。当个人无法获取行为发生的合适情境而导致预演难以进行时，可考虑用想象性预演来替代真实预演。想象性预演有许多优点，如它简单、易行、可控；能提高真实行为发生的可能性；能缩短通向目标的时间；能增强建立真实行为的信心等。当然，想象性预演只是真实预演的前奏，它本身并不能完全替代真实预演。此外，想象操作还必须是一种有效的操作，否则，想象预演就难以奏效。想象预演的目标必须清楚、明晰，否则，想象预演不仅无用，甚至可能会有害。如果个人不知怎样去完成一项活动，最好的方法就是找到相关的榜样，然后依此预演，再将反应迁移至真实情境。此外，通过回忆自己过去的成功应对经历，并将它迁移至新的情境中去，也能有效提高个人的应对技能。

（3）利用后果强化预期行为。自我完善计划实施的基本规则之一，就是当期望行为出现后，必须及时对期望行为进行强化。强化实质上是要在后果与行为之间建立起某种联结，以便提高期望行为发生的概率，直至期望行为发展成为一种自动化的习惯性行为。强化必须紧随行为之后，强化延迟得越久，效果就会越差，因为延迟或回避会使强化物变得不明显。

强化必须被组织到一个包括“前提—行为—后果”的完整的自我完善计划之中去。首先，在各种前提控制策略（如回避前提、限制前提、建立新前提等）中，每种策略都涉及强化的行为改变。如回避原有前提涉及强化的急剧下降，因为原有强化物消失了；而新的强化则是通过强化紧随行为之后以求得在回避问题前提的基础上建立新的相关性。其次，所有新行为都必须得到强化，这是自我完善必须遵循的一条基本原则。在自我强化过程中，个人应努力避免自我欺骗——在没有执行目标行为时也能获得某种强化物。此外，如果奖励与完成新任务之间没有建立起直接的相关性，过度的自我肯定将可能降低自我动机。

自我完善的效果是渐次显现的。由于见效慢，那些不注重收集数据的人就很可能中断计划，因为他们片面地认为计划的实施没有效果。因此，在实施自我完善计划的整个过程中，保持持续的自我观察与自我记录至关重要。

总之，对任何期望行为的强化都是必需的。除非个人确信行为改善本身即能产生即时强化效果，否则，个人就必须使用主动强化策略。当然，强化本身并非目的，而只是达成目的的方法或手段。自我完善的最终目标是要去除旧的不良思维、情绪与行为，并建立起新的良好思维、情绪与行为。

4. 完善或改进自我完善计划

在自我完善计划的实施过程中，个人可能会经常遭遇挫折与失败。挫折与失败令人沮丧、难过、愤怒，个人可能会因此而失去信心，甚至一度中断或最终放弃自我完善计划。为确保计划的继续实施，个人需采取必要措施来努力改变这种状况。其中，最重要的措施莫过于完善或改进计划，因为不完善的计划往往是导致自我完善遭遇挫折或失败，进而诱发上述负面情绪的最主要原因。

完善或改进自我完善计划，就是要仔细查找出阻碍自己取得进步的各类因素，并且找到克服它们的相应办法，然后将这些办法在改进的自我完善计划中体现出来。为此，个人必须明确地界定问题、必须找到解决问题的方法、必须预测各种可能的前景等。事实上，学习如何解决问题，就能不断提高个人更加独立自主地灵活处理各类事务的能力与信心。其实，这本身就是自我完善的一种最佳方式。

（1）要完善或改进自我完善计划，个人必须认真评估计划的执行情况。而要对自我完善计划进行评估，个人首先必须详细记录计划的执行情况。事实上，自我完善计划之所以遭遇失败的最常见原因，往往就在于个人没有坚持自我观察并自我记录。在自我完善计划的执行过程中，以下因素常常妨碍个人进行持续的自我观察与自我记录：压力、挫折、沉溺性行为等。压力与挫折会分散个人自我改变的注意力，从而使得个人不再关注自我控制本身，而是转向于控制负面情绪，最终将会导致计划的实施变得更加困难。为此，个人必须事先制订出应对压力或挫折的专门预案。当然，应对压力或挫折的方法必须适合自己。有些人在遭遇压力或挫折时很容易陷入某种沉溺性行为（如酗酒等）。事实上，沉溺性行为正是导致个人将注意力从任务本身分散开的一个最重要因素。总之，自我观察与自我记录是完善计划的前提。个人从设计自我完善计划开始就要认真观察并记录到底是哪些因素妨碍了计划的实施，并且认真思考问题背后的原因。

（2）个人应该搞清楚到底是什么原因导致了计划的执行变得困难。为此，个人需要系统思考“前提—行为—后果”的各个环节及其相互关系。通常情况下，目标本身不现实是自我完善计划需要改进的首要原因。不现实的目标必然导致个人产生挫折感与沮丧感，甚至导致个人完全放弃计划。此时，个人需要修正目标，并及时调整心态，特别要说服自己放弃完美主义的幻想。

当了解到存在的问题之后，接下来的任务就是找到解决问题的具体方法，以便能及时消除所存在的问题。一般地，有效解决自我完善计划执行过程中所出现的各类问题的基本步骤如下：一是尽可能具体地列出问题的细节；二是想出尽可能多的解决方法；三是选择一种或多种可行的方法，并加以执行；四是经常核查以确保自己正在执行这些解决方法。实际上，上述每一步都是一项有效的自我完善技能，并且需要反复练习才可能完全掌握。练习得越多，就会掌握得越好。而个人越是练习解决问题，就越是会变得善于解决问题，进而增强解决问题的信心，进而获得更多的自我效能感。当然，所有存在的问题并不会很快得到解决，它们需要个人进行多轮反复或循环练习才能彻底解决。

（3）就是要将存在的问题以及诱发问题的原因、解决问题的办法等融进新的自我完善计划之中去，并在此基础上，形成更加完善的新的自我完善计划。然后，继续实施新的自我完善计划。如此反复。

（四）自我完善的典型模式

一般来说，一个典型的自我完善计划需要经历以下五个阶段：

①前思考阶段：尚未考虑是否需要改变；

②思考阶段：考虑做出改变，并可能在接下来的某个时候做出实验性的改变；

③准备阶段：准备好在接下来的时间内开始改变；

④行动阶段：正式着手执行实质性的自我完善计划；

⑤维持阶段：在最初目标达成之后继续维持改变。

不同的自我完善计划的持续时间必然不同。有些自我完善计划的完成相对比较容易，而有些自我完善计划的执行会异常艰难，需要个人持续努力才可能最终完成。有些人甚至可能陷入前几个阶段长达数年，甚至终其一生。如有些人酗酒成性，以至于不再对生活中的任何别的活动感兴趣，但他始终认识不到这一问题对自我健康的危害，或者虽然认识到了却难以改变，以至于一生都停留在前思考时期、思考阶段或准备阶段。此外，在自我完善计划实施过程中，常常会因一些错误而导致自我改变的停滞，甚至退步。当犯错或退步之后，个人会体验到深深的挫折感与失败感，以至于自己很长一段时间都不再考虑改变。许多人在这条通向自我完善的路上时进时退，这就决定了个人的自我完善进程并不会呈现出一条直线式的变化轨迹，而必然会是一种螺旋式的上升轨迹（如图 6－3 所示）。

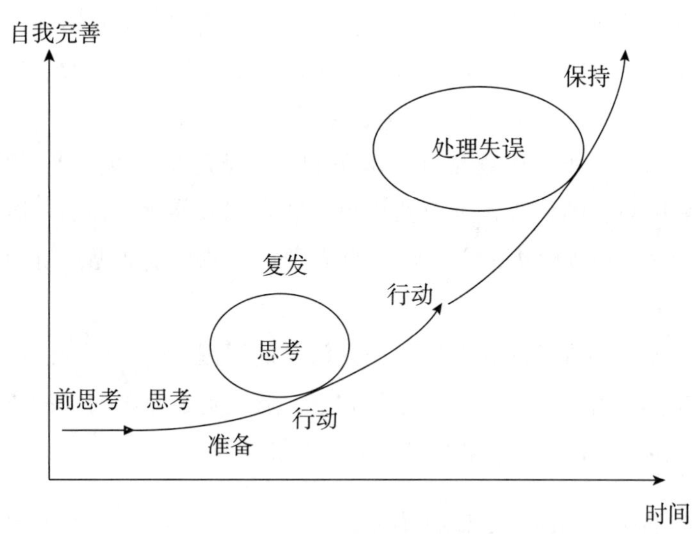

图 6－3　自我完善的典型模式

自我完善过程之所以会呈现出上述螺旋式的上升轨迹，主要源于个人在考虑自我改变时常常会进行得失权衡。当个人感到改变所失相对于改变所得更为重要时，个人便会继续维持现状而不思改变；只有当改变的得失平衡被打破，亦即个人认识到自我改变所带来的好处要超过自我改变所带来的损失时，个人才会考虑改变。如一位长期吸烟者多年来从不考虑戒烟，而一旦自己身患重病之后，他才感悟到生命的宝贵与健康的价值，于是开始制订戒烟计划，并坚决予以实施。

（五）自我完善的内在机制

自我完善，无论是积极的思维/情绪/行为的获得，还是消极的思维/情绪/行为的去除，本质上都是一种自我控制行为。自我控制的基本前提是个人必须首先确立起自我完善的标准。行为缺乏标准，或者个人未将实际行为与行为标准进行比较，都不可能导致行为的改变。当然，人的自我完善标准是动态变化的，情境、自我期望与自我价值观等内外因素的变化，都将可能导致行为标准的改变。

为了能将不良的自我表现从自动化的“无意识”状态中解脱出来，个人需要利用一组被称之为习得性才智（learned resourcefulness）的技能。借助于这些技能，个人完全能够有意识地打断那些非合意的无意识程序，并将它们置于自我控制之下。

心理控制论认为，激发人类活动的内在能量有两类：物质能量与精神能量。其中，精神能量以物质能量为基础，并在自我控制过程中起着关键性的作用。注意力是激发自我活动的一种最重要的精神能量。事实上，仅仅是对某一问题“注意”本身，就足以产生某种自我控制效应。一般情况下，人的自我反应会逐渐形成某种习惯，亦即实现所谓的“自动化”。而“注意”可以打破这种习惯性的自动化程序，尤其是具有高度技巧性的行为会因为被注意而受到抑制。因此，个人完全可以利用注意力来打破那些具有高度技巧性的不良反应。这就是为什么系统化的自我观察与自我记录对于自我完善十分重要的内在原因。而一旦自我调节行为在环境与自我之间形成了某种平衡，新的自我反应也会实现自动化。另一种激发自我活动的重要精神能量是情绪。当个人将自我行为与行为标准进行比较时，令人愉快的比较结果将会引发积极的情绪，而令人失望的比较结果将会引发消极的情绪。显然，不同的情绪将会诱发个人产生不同的反应。

自我控制行为的产生是自我控制机制发挥作用的结果，正是自我控制机制的存在才使得自我完善成为可能。自我控制机制是一组心理机制的集合，它们相互配合，共同发挥着对自我调节的功能。

1. 语言控制机制

语言控制机制是最常见的自我控制机制。语言能直接影响自我表现，自我导向型语言更是一种具有普遍适用性的有效的自我控制工具。

语言是人类区别于其他动物的主要标志之一。语言与思维密不可分，“语言是思维的物质外壳”。在幼儿的成长早期阶段，父母的首要任务就是要尽快将其带入人类的语言世界中来，并逐渐学会使用模仿的、有声的自我指令来调节自我，这对于幼儿的健康成长至关重要。随着年龄的增长，孩子的自我调节型语言中会逐渐增加一些无声语言。许多心理学家认为这种情况发生在思维发展的初期阶段，因为大量思维都被视为是无声的语言。

总之，自我导向型语言（有声或无声）是行为的一种强有力的控制性前提。当个人处于新的或充满压力的情境中时，利用自我导向型语言来调节自我表现显得十分必要。当行为的自然进程因某种原因而被打断时，有意识的自我语言调节往往能够发挥重要作用。困难情境下的自我导向型语言更是个人在自动化行为不再符合行为标准时对其进行“挽救”的一种重要方式。个人成功地应对问题情境的过程，实际上，也就是个人有条不紊地向自己发出自我控制的语言指令的过程。

还有一种被心理学家称之为规则控制型语言的更为有效的语言型自我调节方式。人们通常通过对他人所授规则的适应或对自我经验的提取来为自己建立行为规则。有些规则是基于抽象的道德原则，如仁慈、忠诚等；有些规则涉及个人的日常计划安排，如坚持早起或约会不迟到等。实际上，每一条规则都是一条自我陈述性（self-spoken）语言，它们往往主导着个人对事件的解释，并为个人确立起了实际的行为标准，它们是个人行为的强有力的控制者。因此，个人有意识地为自己建立更加合理、有效的行为规则，对于自我完善与个人成功至关重要。

2. 操作性机制（后果控制机制）

人的行为受到行为后果的影响，心理学上把受后果影响的行为称为操作性行为。人的许多行为都具操作性。深入分析行为后果，并且弄清行为后果是如何起作用的，以及这种作用到底是积极的还是消极的等，对于个人制订有效的自我完善计划至关重要。行为的操作性效应主要体现在如下几个方面：

（1）强化。强化是指行为后果对行为本身具有加强的效应。任何能起强化作用的刺激物都可称为强化物。强化效应的产生依赖于行为与后果之间是否建立起了相关性，而不仅仅决定于是否存在某种“强化物”。同样的原理也适用于惩罚。强化物如何强化行为依赖于后果的性质。依此为据，我们可将强化物分为如下两类：正强化物与负强化物。正强化物是指能让行为更有可能再次发生的事物；负强化物是指当它被排除时能使行为得到强化的事物。当然，任何强化物都只具个体性，而不具共同性，亦即对于某人而言的正强化物或负强化物，对于他人来说未必也是正强化物或负强化物。

负强化原理能解释了个人是怎样学会逃避或回避某些令人不快的情境的。逃避与回避存在差异：逃避是指终止了有某种令人不快的结果的行为；回避是指消除了某种令人不快的可能行为。或者说，逃避终止了某种令人不快的后果；而回避避免了某种令人不快的后果。无论逃避或回避都是一种学习方式，然而，它们有时也会带来一些非合意的后果。个人有时所做的一些看似“无动机”的行为，实际上可能是一种回避性行为，如个人可能喜欢独自一人去一个自己熟悉的地方，尽管“独自一人”并非特定的强化物。个人也许弄不清自己到底是在对什么做出反应，可深入分析之后，他也许会发现，自己实际上是在回避过去的某段不愉快经历。

任何新行为的建立都必须经过强化。事实上，个人弄清楚如何完成某一行为本身就能获得某种强化效果。个人愿意或能做之事，往往也是已经受到过强化之事。为了利用后果来强化预期行为，个人首先需要发现并选择有效的强化物。理论上，一切事物或活动都可作为新行为的强化物。理想的强化物是当个人失去它后会感到非常失望，而它一旦出现又有助于维持期望的新行为的事物。运用个人偏好的习惯性行为作为目标行为的强化物通常是一个好的策略，亦即个人在执行偏好行为之前，要求自己先去实现目标行为。如果环境中没有强化物，个人应该通过自己或中介来对行为进行强化。自我强化是一种包含了多种因素的复杂过程。当个人对行为进行自我强化时，他实际上是在唤起自己对这种行为的注意，并让这种行为变得更加清楚、明确，同时还能从中获得信息反馈。当个人实在难以找到强化物时，通过某种中介（如他人帮助）来提供强化也是一个可行的替代性策略。然而，个人永远应该记住：自己永远都不要将自我控制权交给他人，任何自我完善计划的成功实施都建立在成功的自我主导与自我控制基础之上。

想象强化是另一种自我强化的替代性策略。想象强化物通常被行为心理学家称为内隐强化物。想象强化虽然不如实际强化那么直接、有效，但它简便、易行。最好的想象强化物是对奖励及现实结果的预期。此外，想象强化的意象必须生动，否则，就难以产生强化效果。

任何情况下，正向激励（如表扬）都是一种有效的强化方式，同时也是自我控制的基础。伴随着期望行为之后的口头自我强化——表扬自己也能取得自我强化的效果。每个人都能体验到目标实现之后的快乐，个人如果能将这种快乐表达出来，就能取得强化效果。研究表明，抑郁者的自我强化频率往往低于非抑郁者，而且抑郁者经常口头自我惩罚。虽然低自我强化并不一定导致抑郁，但低自我强化者产生抑郁情绪的可能性更大。当外部强化消失时，低自我强化者往往更易变得抑郁。

愉快事件能够扩大强化的效果，伴随愉快事件所产生的积极情绪实际上正在增强个人的自我控制能力。缺少愉快事件的生活更容易导致抑郁，有的心理学家甚至认为抑郁是由于失去外部强化而产生的，因此，他们提出治疗抑郁的主要方法就是在日常生活中增加愉快的活动。为此，个人需平衡好“需要”与“应该”之间的关系。实际上，充斥着太多“应该”的生活往往不是自我所“需要”的生活，并且这种生活极易诱发个人产生消极的思维、情绪与行为。自我感觉很糟通常是不良思维、情绪或行为行将出现的前兆。改变这种状况的最有效办法，就是改变自己的生活方式：尽可能多地做那些能给自己带来快乐并对自己有意义的事、尽力追求自己想要的生活、尽可能与自己喜欢的人建立并维持亲密的关系。

用同样的强化物来强化期望行为是最简单的强化方式，但这种方式并不适用于改变沉溺型行为，因为这些活动本身就消耗了强化物。沉溺型行为的停止必须通过对“行为停止”这一表现实施奖励才能产生强化效应。奖励本身到底是什么并不重要，重要的是它必须能与自己所期望的行为之间建立起某种直接关联。

（2）惩罚。惩罚对于自我行为具有直接而复杂的影响。心理学家区分了两类惩罚：一类是当行为发生之后，一些不愉快的事情将要发生（如一个孩子说脏话会受到父母的呵斥）；另一类是当行为发生之后，一些令人愉快的事情将被取消（如一个孩子说脏话后父母不再带他去游乐园）。显然，惩罚不同于负强化。在负强化中，允许某人逃避或回避某些事情的行为由对不愉快事件的消除而得到强化；而在惩罚中，行为的可能性由以下两条途径得以减少：一是某件令人不快的事情紧随行为之后；二是某种行为发生后某些令人愉快的事情被收回。

正如强化一样，惩罚要起作用，惩罚物也必须在行为发生之后且只有当行为发生之后才会出现。相对于强化，惩罚对于人的行为的调节效应更为复杂。首先，惩罚的影响具有局限性。惩罚会引发强烈的情绪性反应，甚至可能引发敌对情绪。因此，在自我完善过程中应尽量避免使用惩罚策略。当个人不得不运用惩罚策略时，也应遵循以下原则：

①应通过取消某些积极事物而不是通过增加某些消极事物或运用厌恶刺激作为惩罚；

②只有当自我惩罚可以导致更多的正强化时才使用自我惩罚策略；

③将自我惩罚与正强化结合起来使用；

④使用预置惩罚作为威慑策略。预置是指提前作安排，以促使自己选择长期利益最大化的行为。预置的惩罚应能使人厌恶到自己确实不想招惹它。只有当不期望行为被强化至找不到强化物来对抗它时，预置惩罚才是合适的。此外，预置惩罚只能作为临时策略，当期望行为能得到积极后果的支持时就应立即停止。

其次，单纯的惩罚通常不会培养出新行为，而只能抑制它所针对的行为。虽然在某些情境下自我惩罚可能必需，但仅仅依靠自我惩罚的自我完善计划最终无法获得成功，有时甚至还可能会让事情变得更糟。如果对某种行为给予惩罚之后再对它实施强化，将可能提高行为对惩罚的阻抗，并降低强化的实际效果。有一种惩罚可在自我导向的早期阶段使用——预见问题行为的消极后果。提醒自己某些问题行为的消极后果不仅可用作预防问题行为的策略，而且还可用于建立和保持自我承诺。

总之，任何形式的自我惩罚都会产生问题，因此应该慎用。当问题行为出现时，个人应该优先考虑的是怎样去强化一种与之不兼容的良好行为，而不是对问题行为本身实施惩罚。

（3）消退。曾经得到强化而现在不再得到强化的行为开始减弱，称之为消退。消退实质上是人类为适应环境变化而内生出来的一类自我调节机制。消退现象普遍存在，如一对男女在一起愉快地相处了好几个月，但从某一天起，一种新的交往模式开始了：他给她打电话，可她总不在家；他给她留言，可她总不回复；她顺道去拜访他，而他看上去也显得并不怎么有兴趣。于是，曾经一直得到强化的行为不再得到强化。终于，他可能不再给她打电话，而她也可能不再顺道去拜访他。

消退不同于惩罚。在消退中，并没有某种相关性后果紧随行为之后。在上例中，假如这位女士说“不要再给我打电话了，我不想和你说话!”，那么，她就是在对他“打电话”这种行为实施惩罚；假如这位女士仅仅只是不回电话，即她什么也没有做，那么，她就是在表现出行为消退。行为从强化到消退常常表现为行为的发生频率开始时上升，之后渐渐下降。如果这位女士仅仅只是对他的这些电话不予理睬（消退），接下来的事情很可能是：最初他的电话打得更多了；然后开始下降，直至完全消失。

然而，并非所有行为都会自然消退，有时，消退还具有戏剧性的效果。如果行为每次发生之后都能得到强化，这种强化被称之为持续性强化；如果行为发生之后，有时能得到强化，有时不能得到强化，这种强化被称之为间歇性强化。间歇性强化具有独特的效应：它让行为变得更加难以消退。假如上述这位女士只是因为粗心才没有回他电话，他给她打电话的行为就会得到强化，亦即他对她的追求可能会变得更加热烈。间歇性强化有助于解释为什么某些适应不良行为具有持续性。有些人之所以一直做自己不想去做的某些事情，往往就在于这类行为得到了间歇性强化。事实上，许多适应不良行为之所以持续发生，就在于它们得到了间歇性强化。因此，准确辨识并正确运用间歇性强化策略，将会有助于自我完善计划的成功实施。

3. 前提控制机制

人的行为除了受到行为后果的影响外，还受到行为前提的控制。当某种前提唤醒后来得到强化的行为时，就意味着人的行为已与环境达成了某种平衡。一旦人的行为与其前提、后果融为一体，并且个人不再需要有意识地自我调节介入时，那就意味着这种行为已经实现了自动化。

人的绝大多数行为都受到提示信号的控制。当行为在某种刺激出现时能得到强化，而在该刺激缺乏时得不到强化；或者当某种行为仅同某种刺激一起发生时才能得到强化，那么，该刺激或前提就变成了行为的提示。绝大多数操作性行为都受到前提刺激或提示信号（如自我导向陈述等）的影响。事实上，个人每时每刻都要接收来自环境的提示信号，其中引起某种特定行为的提示称为鉴别性刺激（discriminative stimuli）。通过自我观察，个人完全能够鉴别出那些可能会对自我行为产生强化或惩罚效应的不同情境。这种鉴别的过程实质上就是一种自我学习的过程，我们称之为鉴别性学习。

如果前提是某件不愉快事件即将发生的提示信号，那么，它就会导致某种回避行为的产生。回避性学习对消退具有高阻抗性，这就是许多神经质的或适应不良的行为是如何被习得，并且一直存在的内在根本原因。只要控制回避行为的提示还在继续发挥作用，那么，个人就仍会回避那些曾经让自己感到不愉快的情境。针对这种不良反应的自我完善策略，就是让自己逐渐进入那些先前回避但现在已不再是问题的特定情境之中去，从而让自己确信自己并不会从这种情境中得到惩罚。

人的行为发展一般都要经历“他人调节—自我调节—自动化地由刺激控制”这样的程序。一旦某一前提与某一行为之间建立起了直接联结，该前提就获得了对该行为的刺激控制。此时，个人会以一种自动化的方式来对该前提刺激做出反应。刺激控制的影响几乎无法抗拒，某些个人希望改变的不良行为之所以难以被克服，往往就在于它们受到了某种前提刺激的控制。针对这些不良行为的自我完善策略，就是要打破这种前提刺激控制，并对其进行重构，如通过插入新的前提来替代原有前提。当自动化提示是某种自我导向式语言时，通过插入新的自我导向式语言前提替代原有的自我导向式语言前提（如用“只要坚持就能做好！”替代“我无法做好”）往往能够有效打断原刺激控制。即使自动化程序尚未完全建立起来，及时打破不良刺激控制也是十分必要的。此外，通过安排一种期望行为在某种前提下发生，并让强化紧随其后，也能建立起某种新的反应模式。事实上，个人完全可以通过这种方式去主动创造出一种新的合意的自动化程序。

4. 反射机制

人的自动化控制行为往往是由人的内在非习得性激发机制所导致的。这些存在着原始的、控制性前提刺激的行为通常被称为反射作用。这类行为通常具有某些共同特点：受神经系统的控制，有运动系统的参与，在同族人群中具有高度的相似性等。由于这类行为是为了对前提性刺激做出反应而发生的，因此，它们有时也被称为反应性行为。反应性行为的基本特征是前提刺激足以导致特定行为——前提性刺激通过反应性过程而获得了对人的反应控制。前提对反应控制的重要性在于，依靠这种基本的过程，情绪性反应与某些特定前提之间能够建立起特定联系，从而使得某种前提性刺激可以诱发出相应的情绪性反应。

通过将诱发某种反应的刺激与末诱发这种反应的另一种刺激相匹配，就可以在两种刺激之间建立起相关性。这一过程被称为反应的条件化。个人在条件性刺激出现时对初始刺激做出了自动化反应，经过数次这样的配对之后，个人也会对这种条件性刺激本身做出几乎与对初始刺激完全相同的反应。这样，自动化反应就被传递到了最初是中性的前提（一种对行为不具有刺激控制的前提）上去。通过与一种已具条件控制的前提相联结的方式，曾经的中性刺激就变成了条件刺激（一种对行为具有控制性的刺激）。于是，一种新的刺激性控制便建立起来了。

上述过程可用图表的方式表示（如表 6－5 所示）：假设有一诱发某种反应的前提 A_1，假如 A_1总是与另一前提 A_2相伴随，那么，经过若干次这样的联系之后，A_2就会发展出一种几乎与 A_1相同的刺激控制。如果这种反应是一种情绪化的反应，那么，通过这种反应性条件化过程，新的前提 A_2将会发展出一种即使 A_1没有发生也会诱发出这种情绪化反应的能力。于是，A_2就成了一种条件刺激。然后，这种条件刺激 A_2又可与另一种新的中性刺激 A_3相配对，而 A_3也会诱发出相同的情绪性反应。A_2与 A_3（然后是 A_3与 A_4，A_4与 A_5，依此类推）的这种配对，被称为高阶条件化（higher-order conditioning）。

表 6-5　　反应性行为的高阶条件化

反射作用	A_1 → 反应	自动化的、非习得性的、被激发的反应
反应性条件化	$\begin{cases} A_1 \\ A_2 \rightarrow \text{反应} \end{cases}$	把这种“激发性”刺激与某些新的中性刺激配对
条件性反应	A_2 → 反应	在 A_1 不出现的情况下，A_2 产生了这种反应
高阶条件化	$\begin{cases} A_2 \\ A_3 \rightarrow \text{反应} \end{cases}$	A_2（条件化刺激）与一种新的中性刺激配对
高阶条件性反应	A_3 → 反应	现在 A_1、A_2 和 A_3 都能诱发出这种反应，它常常是某种情绪

显然，高阶条件化过程要比简单的反射作用隐秘得多，以至于常常不被人注意到。事实上，个人从未完全了解自己神秘的情绪及其反应模式，因为高阶条件化是在极隐秘的情况下发生的。

更进一步地，一旦某种情绪业已存在，它就可能成为同时发生的某种思维的诱发条件。如，某种情境诱发出了某种有关特定的人或事的悲伤思绪。个人可能并不希望再现那些会让自己感觉很糟的特定的人或事的思绪，甚至可能试图去压抑它们。然而，当同样的悲伤情绪在某一天被感觉到时，个人很难避免重现那些原本自己不想重现的思绪。情绪性条件化也可以直接产生，如，突然的巨响让人吓一大跳。而一旦某种条件性反应被建立起来后，一种新的刺激就可以与它相结合，这种新的前提也就获得了对这种情绪性反应的刺激性控制（高阶条件化）。经过类似的方式，情绪性反应可以被传递至生活中的许多新刺激上面去。当个人有了新的体验时，他可能会经过条件化情绪性反应机制与新的刺激之间建立起新的联结，最终，这种新刺激也能诱发出最初的情绪性反应。这一过程被称为“经典性条件反射”。

总之，通过条件化，前提可以诱发出自动化的情绪性反应。一般情况下，反应性条件化与操作性学习过程往往会同时进行。因此，大多数事件链既包含行为成分，也包含情绪成分。许多环境状况不但会引起人的行为反应，同时也会引起人的情绪反应。也就是说，前提不但会对人的行为产生影响，同时也会对人的情绪产生影响。如，有些恐惧是“认知性习得”的。有些环境状况之所以会对个人产生如此巨大的影响，不是因为这些状况的后果多么严重，而是因为个人对自己解释这些状况的方式是多么给力。

许多外界刺激是以语言形式存在的，因而，人的情绪反应往往会与某些特定语言形成条件化。如，当个人受到某种语言提示而回避某种危险情境时，他不仅仅只是在针对这种刺激，同时也是在针对描述这种刺激的语言而发展出了一种情绪性反应。当语言作为行为的前提而存在时，操作性过程及反应性过程就会同时出现。当个人对自己使用语言时，两种影响也会同时存在。因此，如果个人告诉自己某种情境是危险的或令人沮丧的，那么，在他实际遭遇这种情境之前，其实他就已经感受到了恐惧或沮丧情绪。事实上，个人对自己所讲的话既影响自己的行为，也影响自己的情绪。因此，通过重建自我陈述，个人完全可以产生出更多适应性情绪反应。这实在是一种十分简单、实用、有效的自我完善技术或策略。

5. 模仿学习机制

人的许多行为都是通过观察他人的行为而慢慢习得的，这种现象被称为模仿学习。模仿学习机制的存在，使得个人不仅能够不断地习得新行为，而且能够不断地去除不良的行为。

通过模仿而习得的新行为遵循与所有其他新行为相同的发展程序：首先让自己的新行为受到有意识的控制，然后通过练习与自我强化来达到自我调节，最后发展成新的自动化的行为反应模式。当然，模仿学习是一个非常复杂的过程，个人通过模仿而习得的某些行为也并非完全是对某一外在榜样行为的简单拷贝。一般情况下，个人会从自己的生活中寻找到许多的学习榜样，然后，从某一榜样身上借鉴某些行为，再从另一榜样身上借鉴另一些行为，将所有这些新习得行为融合起来，最终便形成了一个独特的自我。

模仿学习遵循与直接学习相同的原理。通常，个人可从榜样身上获得某些提示信号，如个人可能从榜样看到蛇而感到害怕的反应中获得同样的情绪性条件反射；同样的，通过观察榜样在自己感到害怕的刺激物面前表现镇静也能慢慢消除自己的害怕情绪。同时，榜样的行为后果也会影响个人的模仿学习效果。一般情况下，受到强化的模范行为会在自己身上得到加强，受到惩罚的模范行为会在自己身上得到削弱。

在自我完善过程中，个人完全可以利用模仿学习机制来建立自己新的合意的表现。如怕鸟的人可选择与不怕鸟的朋友为伴，通过观察他们如何从容面对各种鸟类，从而帮助自己慢慢克服对小鸟的害怕心理。

（六）自我完善的基本要略

自我完善计划的成功实施是多种因素综合作用的结果，其中既包括环境因素，也包括自我因素。在所有影响因素中，下列因素至关重要：目标意识、意志力、外部诱惑、自我效能感、复发应对等。

1. 强化目标意识

强烈的目标意识是自我导向行为的最佳动力。自我完善计划的失败很大程度上是由于个人尚不十分清楚自己的自我完善目标。个人对自我完善目标的犹疑极易导致个人放松对自我的控制。于是，在习惯性行为的自动化惯性的内在推动和高危情境诱惑的外在拉动下，个人不仅难以继续保持有效的自我控制，甚至还可能有意无意地将自己主动置于某种特定的高危情境之中，最终导致自我控制的完全失败。

因此，为了确保自我完善计划的成功实施，个人应该采取多种方式不断将自我完善目标带入自我意识中来，并让自己的自我完善目标同自己的日常生活紧密结合起来。总之，不断强化自己的目标意识是确保自我完善计划成功实施的第一基本要略。

2. 增强意志力

意志力是目标坚持或自我完善的决定性因素。自我完善不可能一蹴而就，目标实现更是需要个人的长期坚持。在走向成功的过程中，个人必须忍受单调的生活。要想在这种单调的生活中坚持下来，个人需要具备极强的意志力。没有自制力，任何人都难以自我完善；缺乏意志力，任何人都不可能取得成功。

意志力是由个人先天素质与后天努力所综合促成的。有人将意志力或自我控制力定义为个人所拥有的某种实体性心理存在。显然，这是一种二分法的定义：个人要么拥有意志力，要么不拥有意志力。当代行为主义认为，意志力并非某种心理实体，而是一种自我技能，亦即意志力完全可以后天习得，并且个人在某些情境下会比另外一些情境下表现得更具意志力。将意志力视为一种实体性的心理拥有不仅不符合客观事实，而且还会阻碍个人的自我完善。因为当个人确信自己“不具有足够意志力或自我控制力”时，他就不会尝试着去完善自己，因为这种尝试显得毫无意义——个人在努力之前即已预见到了失败的必然结果。将意志力完全视为一种后天习得的技能虽有益于个人的自我完善，但在科学性方面存在缺陷。因此，对意志力的全面而科学的理解应该是：意志力既是一种先天素养，也是一种后天技能，它是两者内在有机的统一。亦即意志力的形成既需要具备一定的先天生物学基础，同时又需要个人进行针对性的后天训练或练习。一方面，不同的人，其意志力的先天素养存在很大差异。另一方面，不管个人的先天素养如何，只要自己愿意努力，就能提高自我意志力。个人的先天素养是既定的，并且无法改变；个人真正能够把握住的只有后天的努力。因此，后天努力对于自我完善与个人成功更为重要。

意志力不是抽象的，而是具体的，意志力的提高需要个人结合具体事项开展有针对性的训练。个人实施自我完善计划或目标坚持，即是锻炼个人意志力的最好方式。个人正努力消除的坏习惯实际上正是以前所习得的一种自动化行为。个人要想养成新的自动化行为，就必须付出足够努力，并进行足够练习。任何新行为的掌握都会犯错，实质上，错误不过是对需要更多练习的一种信息反馈。事实上，当个人犯错、屈服于诱惑或倒退回原来的不良生活方式中去的时候，往往意味着个人缺乏足够的练习。因此，在自我完善过程中，个人不必过于责备自己的错误，而应将错误归因为缺乏足够的练习。总之，个人完全可以通过练习发展出自己的意志力，并且不断提高自己的意志力。

3. *妥善应对诱惑*

在走向成功的过程中，或者说，在自我实现的过程中，阻止个人实施自我完善计划的外在诱惑很多。个人只有妥善应对诱惑才能成功完善自我。个人抵抗诱惑的过程，也就是个人习得并且运用意志力的过程，同时，也是个人自我完善的过程。

（1）为了妥善应对诱惑，个人必须制订好应对诱惑的计划。诱惑几乎总是存在，如果没有一个预先的应对计划，自我完善计划的实施就难以成功。反之，如果个人有了应对预案，就能从容地应对诱惑。当然，应对方案应该切实有效，并且具有可操作性。

（2）成功应对诱惑的关键在于能找到一些可用来替代诱惑的事情，而不仅仅只是一味地抗拒诱惑。无疑，应对诱惑需要意志力的参与。然而，一味地运用意志力必将导致自我控制力的懈怠，并降低其效能。长期一味地抵抗诱惑，自我控制力就会变得越来越弱，个人成功抵抗诱惑的可能性就会变得越来越小。

（3）要善于运用多种方法应对诱惑。应对诱惑的方法很多，如分散注意力、回避诱惑情境、锻炼与运动、提醒自己屈从诱惑的严重后果、延迟技术等。每一种方法都有其各自的特点，并有特定的适用对象或条件。实证研究表明，成功运用了应对技术的人取得成功的机会更多，而未运用应对技术或应对技术运用不适当的人取得成功的机会更少。在所有方法中，分散注意力可能是最具广泛适用性的方法。个人选择不直接抗拒诱惑，而是转移注意力，将能有效减轻自我控制的压力，也就相应地降低了自我控制倦怠的可能性。有时，人们屈服于外在诱惑仅仅由于自己已被持续的自我控制弄得疲惫不堪了。与分散注意力效果相类似的应对技术是回避诱惑情境。诱惑太大或来得太快极易颠覆个人的自我控制力，此时，最好的办法就是回避。研究发现，个人在一天中的某一时段更易屈服，搞清自己的这一生理规律将有助于个人对诱惑的成功应对。此外，积极的情绪能够有效提高个人的自我控制意愿与自我控制能力，因此，增加自己的积极情绪将有助于个人成功地抵抗诱惑。

4. 增强自我效能感

在自我完善过程中及时获取成功的经验至关重要。成功能够提高个人的自我效能感，而自我效能感的获得又有助于个人获得更大的成功。

自我完善必须在自我主导与自我控制之下进行。自我主导与自我控制不仅意味着个人能够自我导向与自我选择，而且还意味着个人能够自我掌控。自我完善不仅需要个人具备自我完善的意志与意愿，而且还需要个人具备自我改变的能力，以及对于这种能力的坚定信心。为了建立预期新行为，个人必须相信自己完全能够自我掌控，亦即必须具备足够的自我效能感。自我效能感是一种最好的自我控制技能，它意味着个人拥有取得成功的足够信心。个人能够在诱惑面前成功克制自我的最重要原因，或许就在于个人相信自己完全能够做到这一点。如果个人认为克服某一不良行为的成功应归功于自我控制之外的其他因素，他就难以取得成功；反之，如果个人认为自己完全有能力克服不良行为，他就更有可能取得成功。然而，只有当个人真实体验到了自我克制的成功之后，他才可能真正建立起自信。虽然开始时成功可能很小，但只要体验到了，个人就能逐渐累积起足够的信心。事实上，能力与信心相辅相成。一方面，能力的提升有助于信心的建立；另一方面，信心的提升也有助于能力的提高。显然，如果个人相信自己能够成功应对自我失误与环境诱惑，他就真的能够更容易地应对它们，并在这种成功的应对过程中持续地提升自我能力。

为了更快地获得自我效能感，个人在实施自我完善计划时应首先定出任务的难易等级，然后选择从最容易的任务开始，再逐渐过渡到难度较大的任务。这样做可确保个人在自我完善计划实施的前期阶段避开令人泄气的失败，并尽快获得成功的经验，进而积累起足够的自信。此外，个人还能从中习得完成任务的某些技能，最终将会有助于自己对目标的坚持。

5. 充分享受阶段性成功所带来的快乐

任何阶段性成功都能为下一阶段的成功奠定更加良好的基础。在目标坚持的过程中，个人所获得的阶段性成功能给自己带来快乐与自信，进而为个人取得进一步的成功提供激励。

心理学研究表明，自我信念往往能够产生自我验证式的效果。人的期望影响行为，进而影响行为的结果。因此，如果个人预期自己会失败，他就会刻意地去寻找自己失败的理由，从而给自己的心理与行为带来消极影响；如果个人预期自己会成功，他就会刻意地去寻找自己成功的线索，从而给自己的心理与行为带来积极影响。最终，个人所得到的往往也就是个人所期望的。

个人如何看待问题往往会影响个人如何去解决问题。个人是否具有成功应对问题的信念将会影响他解决问题的努力程度，最终将对问题的解决结果产生直接的影响。实证研究表明，对自己能力怀有哪怕是不现实的乐观态度的学生，也总是会比那些持悲观态度的学生更易取得好成绩。有的人倾向于肯定自己的失败而不愿肯定自己的成功，他们通常认为“失败是因为自己的过错，而成功主要靠运气”。这是典型的悲观主义思维方式。乐观主义者通常认为，“失败是因为自己努力不够，而成功主要因为自己能力强”。悲观主义者对未来持悲观的态度，他们倾向于回避问题，并在挑战面前选择退缩；而乐观主义者总是期待自己将会拥有一个更加美好的未来，他们倾向于直面问题，并且集中注意力于问题的解决。当乐观主义的思维方式与现实主义的行事方式两相结合时，个人的未来也就真的会如其所期许的那样变得越来越美好。

研究表明：乐观主义者比悲观主义者普遍更幸福、更成功。乐观的态度与乐观主义思维方式并非天生，而是完全可以后天习得。亦即个人完全可以依靠自我努力培养出乐观的态度与乐观主义思维方式。个人充分享受阶段性成功的快乐，就是在培养自己乐观的生活态度与乐观主义思维方式。因此，每当自己取得成功时，无论这种成功多么微小，个人都应对它予以充分关注，并且充分享受成功所能带给自己的快乐。

6. 成功地应对复发

去除不良行为或建立良好行为并非易事。在自我完善过程中，个人将不可避免地遭遇复发。个人只有成功地应对复发，才可能最终实现自己的自我完善目标。

在研究如何成功应对复发之前，有必要区分失误与复发。所谓失误，是指个人由于疏漏或理解不当而出现了差错。当失误发生时，个人执行了自己试图想要避免的不良行为。所谓复发，是指个人又完全回复到自己原来的不良行为模式中去了。显然，复发不同于失误，但与失误密切相关。事实上，在成功实现自我控制目标之前，人们往往都会失误。“冰冻三尺，非一日之寒”，由于不良行为业已形成习惯，个人要想在短时间内完全去除它们并非易事。因此，个人应充分预料到自己的可能失误，而最重要的，是要防止失误演变成为复发。当然，失误并不必然会导致复发。事实上，在自我完善或目标坚持的过程中，绝大多数人都会失误。虽然失误不可避免，但过多的失误也会提高复发的可能性。因此，预防复发的关键，就是要有效地降低失误的概率。为此，个人应对失误保持高度警惕，并及时采取有效措施应对可能的失误。

失误与自我效能感密切相关，而自我效能感又与个人能否成功应对高危情境密切相关。这样，就在“高危情境—行为应对—自我效能感—失误—复发”之间形成了一条逻辑链。据此，我们可以建立起复发的认知—行为模型（如图 6 - 4 所示）。由该模型可知，系统地预防复发包括以下三个基本步骤：

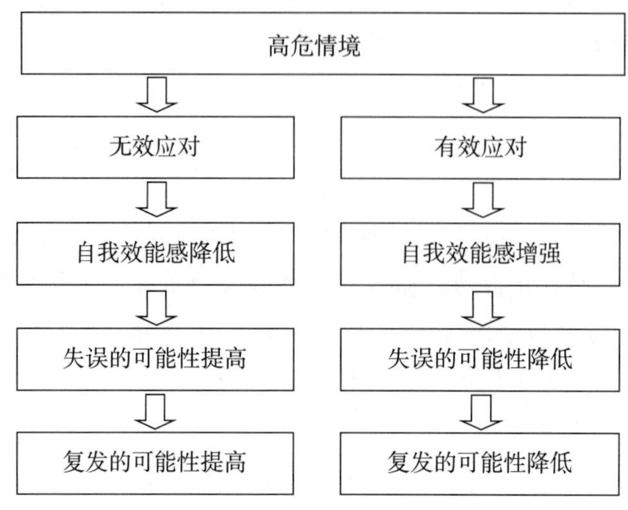

图 6-4 复发的认知—行为模型

（1）辨别高危情境。高危情境是指极易导致不良行为复发的情境。当然，某一情境是否是高危情境完全取决于个人，亦即对某一个人来说具有不可抗拒的情境诱惑，对另一个人来说可能毫无诱惑。人们通常认为，某种不良行为的复发主要源自个人的内在心理渴求，然而，心理渴求本身并不必然会导致不良行为的复发，如某些吸烟者在戒烟多年后仍渴望吸烟，但他们并未复发。许多不良行为的复发主要源自高危情境。以下是极易导致不良行为复发的四类高危情境：

①消极情绪。许多消极情绪（如抑郁、愤怒、泄气、烦闷、焦虑等）对每个人来说都是高危情境，它们极易让人心烦意乱，最终将导致自我失控。

②危险的社会环境。危险的社会环境是指别人都在其中执行自己正努力去除的某种行为（如吸烟）的一类情境。毫无疑问，与那些正执行自己打算停止的不良行为的人相处，将极易导致不良行为的复发。

③沉溺性行为。某些沉溺性行为（如饮酒、网络游戏等）会降低个人的自我觉察力，弱化个人对原有不良习惯的防卫，从而最终导致不良行为的复发。

④意外遭遇诱惑。个人突然遭遇曾经导致自己产生不良行为的事情也是一种高危情境。这种情境往往会在个人来不及思考之前就作为前提控制自己。当然，不同问题行为的高危情境不一样，如戒赌的人在担心自己财务状况时

更易复发，戒烟者最易在低自我效能感时复发，减肥者最易在心情变坏时复发等。因此，意识到意外诱惑的存在并事先制定有效的应对预案非常重要。显然，那些能够采取有效应对措施的人会比那些仅仅依靠个人运气的人更有可能成功应对复发。

（2）有效应对高危情境。在识别高危情境之后，紧接就是如何应对高危情境。高危情境极易导致不良行为的复发，但是，高危情境并不必然会导致不良行为的复发。如果个人能成功应对高危情境，他将因此而获得某种自我效能感，并提高自我完善的技能，最终将能极大地降低复发的可能性；反之，如果个人不能有效应对高危情境，他就难以获得自我效能感，甚至还有可能降低自我效能感，最终将会大大提高复发的可能性。因此，个人越是能够有效应对高危情境，他就越是能够成功地避免复发。

不同的高危情境需要运用不同的应对方法。为此，个人需要掌握应对各类高危情境的不同技能或方法。源自自身的高危情境需要在自我观察与自我记录的基础上寻求具体的应对方法；源自外部的高危情境需要在辨别高危情境的基础上有针对性地采取相应的应对措施。一般来说，应对高危情境的最简单有效的方法就是回避。然而，有些情境可以回避，有些情境无法回避。如个人不可能不吃东西，即使他想控制自己的暴食暴饮行为；个人也不可能为了杜绝酗酒而永远放弃与朋友聚会的机会等。此时，个人需要详细列出诱使自己失误的情境细节，并从中找出存在的具体问题，然后，综合运用各种问题解决技能（如自我警醒，给自己下达执行某种应对行为的明确指令，提醒自己牢记已制订的理性原则以避免自我放纵，提醒自己改变所带来的益处，分散注意力让自己从对诱惑物的热望中冷却下来，采取与诱惑物不相关的想法以减少思维的情绪效应，回顾自己以前成功应对相似高危情境的经验等）来妥善应对高危情境。

（3）防止失误演变为复发。为防止失误演变为复发，个人应有应对失误的相应预案。实证研究表明，成功的自我改变者都有应对失误的计划，而失败者通常没有应对失误的计划。其次，要根据实际情况不断完善计划。最后，失误发生后应对要及时。为此，个人要努力做好四点：一是调整好自我心态以构筑起阻止失误演变成为复发的心理防线。个人应充分意识到，失误并不意味着自我完善的失败，也不意味着自己已对自我失去控制，因而，个人无须自我责备，更不能自我放纵。二是及时分析到底是哪些因素导致了失误，并找到相应的应对措施。三是继续执行原自我完善计划，同时保持自我观察与自我记录。每当出现失误时，个人往往容易因心烦意乱而停止自我观察与自我记录。正是这种停止促成了失误向复发的转变，最终导致了整个计划的失败。四是争取各种可行的外部支持，如求助于专业人士。当然，个人必须始终坚持自我导向。专业人士只能帮助自己解决问题，而不能替代自己解决问题，解决问题的人永远只能是自己。亦即个人永远应该坚持以自我应对为主，以争取外部支持为辅。

（七）自我完善的障碍

自我完善的障碍来自两个方面：内部障碍与外部障碍。外部障碍是指环境障碍，主要是指高危情境。个人应对高危情境的基本思路，就是要及时而有效地应对，以避免高危情境所诱发的失误演变成为复发。内部障碍是指自我障碍，主要体现在如下几个方面：

第一，自我完善的最大障碍来自个人对原有不良行为方式的适应与依赖。其实，任何长时间持续的行为都会给个人带来一些好处，如不参加锻炼者能充分享受到闲适的乐趣，不思进取者能充分享受到不作为的无拘无束的自由等。此外，个人会对自己长期持续的不良行为模式产生一定程度的生理或心理适应与依赖，如，酗酒者会对酒精产生依赖，吸毒者会对毒品产生依赖等。

第二，个人的自我认知通常不客观、不准确、不全面。反映到自我完善上，就是个人所制订的自我完善计划通常并不完善。

第三，在自我完善计划的实施过程中，个人难免会犯一些错误，并遭受一些挫折，进而诱发一些消极情绪与消极思维，甚至可能导致个人放弃自己的自我完善计划。为此，个人需要学习一些必要的应对技能，如学会自我调控注意力，即不将注意力集中在挫折与消极情绪上，而是集中在自我完善目标上；避免作无谓的社会比较，而只是关注计划的进展；进行积极的自我暗示，充分肯定自己所取得的进步等。

第四，对自我完善过程的长期性与艰巨性缺乏足够的认识与充分的准备。自我完善不可能一蹴而就，许多新行为需要反复练习才能建立起来，并且需要长期维持才能形成习惯。新行为的建立通常遵循如下步骤：一是要事先拟订自然强化计划。自然强化的方法很多，个人可根据自我个性及环境条件自主选择。二是将自我管理转化成为间歇式的强化程序，以便提高自己对新行为消退的阻抗。新行为的每次执行都能得到强化，但如果将新行为迁移至其他情境中去，由于原有强化已不再出现，曾经得到强化的新行为就有可能消退。阻抗消退的最好办法就是使用间歇式强化；同时，保持对新行为的持续观察与记录；而一旦发现新行为出现持续性下降，就必须回到原有的强化程序中去。三是拟订迁移至新情境的计划。四是不能刚达到目标就停止执行，而是要进行大量的过度学习与训练。超过犯错水平的练习叫过度学习。过度学习越多，越容易将训练内容迁移至新情境中去。当一种行为发展成为习惯时，就会与特定情境建立起联系。但在形成习惯之前，必须经过反复练习。只有当练习超过某一既定阀值之后，新行为才能变成无意识的习惯。有些目标甚至可能需要个人付出终生努力，如个人一旦嗜酒成性，就必须终身对此保持警惕。总之，个人必须丢掉速战速决的幻想，抱定长期坚持的决心。同时，保持自我观察与自我记录，并对失误做好充分的应对准备。唯有如此，方能日益逼近自己想要达到的目标。

第五，许多人通常都对自我期望过高，而一旦没有达到自己的理想目标，就会感到十分失望，甚至因此而放弃自己的自我完善计划。事实上，自我完善之路注定将是一条不完善之路，个人必须充分地认识到这一点，并且充分地接纳这一点。由于原有的不良行为已经自动化，当个人面临外界诱惑时，或当个人面临内、外压力时，旧的不良习惯很容易复发。为此，个人必须对高危情境保持高度警惕。特别是，当出现失误时，个人千万不要轻易放弃自己的自我完善计划。

（八）典型的自我完善问题

个人成功在很大程度上决定于个人是否具有积极的思维、情绪与行为。因此，自我完善必须紧紧围绕着自己的思维、情绪或行为来进行。以下就是一些有关个人思维、情绪或行为的典型的自我完善问题。

1. 焦虑与紧张

焦虑与紧张是一类典型的不良情绪，过度的焦虑与紧张将对自我健康、幸福以及个人成功产生严重影响。因此，个人需要制订出应对它们的专门的自我完善计划，并将其纳入总的自我完善计划之中去。

在制订专门的自我完善计划之前，个人必须首先弄清楚如下三个基本问题：诱发焦虑与紧张情绪的具体情境（前提）是什么？自我焦虑与紧张的具体表现是什么？焦虑与紧张情绪是否得到了某种强化？

第一，个人必须认真作好自我观察与自我记录，以便能够弄清诱发焦虑与紧张情绪的具体情境。同时，要对情绪的表现强度进行等级评价。事实上，仅仅通过追踪、记录与评价焦虑与紧张情绪本身即能有效地降低它们。然后，个人还要认真分析引发焦虑与紧张的提示信息，以便能够找到引发过度焦虑与紧张的内外情境因素，并且找到相应的应对措施。特别是，个人要密切留意自己是否存在“导致焦虑的情境是不可控的”之类的思想。事实上，正是这种不良的自我陈述最终导致个人可能采取令人更不满意的处理方式。

第二，要及时应对焦虑与紧张情绪。为了缓解或去除焦虑与紧张情绪，个人应制订出包括提出不兼容反应在内的应对计划。为了促进不兼容反应对焦虑与紧张情绪的替代，个人在应对阶段的自我观察与自我记录中应特别留意那些能让自己感觉良好之事，而不是一味地将注意力集中在导致自我产生焦虑与紧张情绪的事件上，因为那样做只会更加强化自己的焦虑与紧张情绪。运用不兼容表现替代焦虑与紧张情绪的方法很多，常用的方法有自我放松、改进自我指令、想象预演、现实预演等。练习的最佳顺序应为：放松→改进的自我指令→想象性预演→在实际情境中完成相同的过程。此外，研究表明，有规律的运动与锻炼能够有效降低普遍的焦虑与紧张感，同时提升个人的自我效能感。

第三，应妥善运用后果强化。有两种基本策略可用于降低焦虑与紧张情绪的后果强化：一种是避免对逃避行为进行强化；另一种是增加对应激反应的强化。逃避某些情境虽可暂时避免焦虑与紧张，但这种方式存在严重的缺陷：新的、成功的应对技能没有机会掌握，建立新行为的机会却又溜走了。另外，逃避行为本身存在“自我强化”的问题，并且这种逃避行为很容易发展成为一种习惯，最终必将引发严重后果。如通过酗酒或猛吃零食的方式逃避焦虑虽能获得短期收益，但会带来灾难性的长期后果。此外，强化新行为应建立在能够控制诱发焦虑和紧张情绪的前提，并使新行为能够更适当、更有条理地产生的基础之上。总之，强化策略应该成为应对不良情绪计划的一部分。在应对焦虑与紧张情绪时，每次新行为的完成都应及时实施诸如自我鼓励、自我表扬之类的积极的自我陈述式的自我强化，以及新的、有效的内隐强化。这样，个人也就不会从逃避策略中去寻求自我奖励与自我慰藉了。

2. 抑郁与低自尊

抑郁与低自尊普遍存在于大多数正常人身上。它们的存在极大地降低了个人的生活质量，并严重妨碍个人成功。因此，个人有必要将克服抑郁与低自尊确立为自己的自我完善目标。

个人情绪影响个人如何看待自己。情绪将对记忆产生影响，进而会影响个人对自己的看法。抑郁者通常以消极的眼光看待一切（包括自己），并对其记忆深刻。抑郁会让人的视野变得灰暗，久而久之，个人也就真的会将这种消极视野误认为客观现实。抑郁导致个人产生消极思维，而消极思维反过来又会引发更多的抑郁情绪，最终形成恶性循环。过多地将注意力集中于自己的抑郁情绪还将导致个人自尊水平的降低。事实上，抑郁和低自尊密切相关，两者之间往往相伴相随、相辅相成，并且相互强化。

消除抑郁与低自尊的基本策略之一，就是要控制诱发抑郁与低自尊的具体情境。抑郁与低自尊存在许多前提，如果个人能将克服抑郁与低自尊的目标确定为改变诱发抑郁与低自尊的具体问题，将能大大提高克服抑郁与低自尊的成功概率。人的抑郁与低自尊往往是由那些令自己烦恼的特定问题所引发的，如，过高的行为标准、过于苛刻的自我批评、将失败泛化到整个自我概念中去的心理倾向等。因此，个人应及时将这些具体问题记录下来，并且设定专门的目标去改变它们。

消除抑郁与低自尊的基本策略之二，就是要找到那些能够替代抑郁与低自尊的新行为——那些能给自己带来快乐体验的活动。经常定期参加这些活动，并对它们保持记录，将能有效改善个人的抑郁与低自尊。千万不要忽略那些小的愉快，正是它们的存在使得个人改善抑郁与低自尊的效果得以不断累积。实际上，仅仅通过增加对愉快事件的注意本身即能有效地改善抑郁与低自尊。每当个人注意到自己的情绪变化时，就应尝试着去发现其发生变化背后的原因。如抑郁与低自尊者往往为自己设立过高的标准，他们的自我陈述中充斥着太多的“应该”、攀比与完美主义思想等。为此，个人应该找到相应的措施去矫正它们，如重新审视自我标准、自我陈述、自我评判等。个人尤其要警惕消极的自我陈述。抑郁与低自尊者往往倾向于消极地自我评价、自我贬损。此时，通过增加积极的自我陈述，并创造肯定自己所做的积极事情的清晰、具体的自我报告，即可有效缓解自己的抑郁与低自尊强度。特别是，个人不能只观察与记录自己生活中的糟糕的部分，而是要更多地记录那些积极的情绪与事件，以便自己能够逐渐校正自己的消极记忆。研究表明，体育运动与锻炼能有效降低抑郁与低自尊。运动与锻炼是情绪压抑及精力衰退的最可靠的矫正物，这种益处既来自于有氧运动，也来自于无氧运动。此外，全神贯注于某一特定任务也能减少自我心境的情绪化，如，通过将自我注意力集中于工作上即能有效减轻抑郁。总之，通过综合运用各种自我完善技术（如自我观察、自我记录、自我放松、压力控制、修正自我报告、运动与锻炼、注意力转移等），个人完全可以有效克服自己的抑郁与低自尊。

消除抑郁与低自尊的基本策略之三，就是要善于运用强化策略。在克服抑郁与低自尊的自我努力过程中，个人要善于运用各类自我强化技术，如通过愉快的活动进行强化，用真实的自我赞扬代替损毁性的自我评价，对每一种期望的新行为进行口头的自我强化、有效的内隐强化或合意的物质奖励，等等。

3. 运动与锻炼

运动与锻炼能有效增进自我健康，进而为个人成功奠定良好的基础。因此，养成运动与锻炼的良好习惯或去除妨碍个人运动与锻炼的消极思维、情绪与行为等，应该成为个人的自我完善目标。

在制订专门的自我完善计划之前，个人首先必须弄清楚促进或阻止自己进行运动与锻炼的前提是什么，并据此确立自己的目标。然后，针对每一种可能的前提提出相应的应对办法。

运动与锻炼应该严格遵循如下基本原则：循序渐进、锲而不舍。个人通过合理的程序为自己设定合适的目标更能带来自己良好的行为表现。为此，个人为自己所设定的运动与锻炼目标必须科学、合理。特别是，个人切不可为自己设定没有完成任务时的惩罚性目标，因为这样做只会逼迫自己更快地退出计划。刚开始时，个人可以选择先从散步或慢跑等轻微运动开始，然后视情况而定逐渐加大运动量。在执行有规律的运动与锻炼计划的初期阶段，个人需要克服的首要障碍是运动与锻炼所引发的机体紧张与肌肉酸痛。如在跑步或武术锻炼的早期阶段所出现的肌肉酸痛与身心疲惫等生理反应极易导致个人停止执行自己的锻炼计划。此时，个人应借助于积极的自我指令来帮助自己坚持下来。那些能将自我注意力从疼痛中分散开来的自我指令比起那些不顾疼痛强迫自己干下去的自我指令更能有助于个人对目标的坚持。

为了建立有规律的运动与锻炼新行为，个人应该学会使用强化策略，直至新行为形成习惯。强化至关重要，特别是在肌肉酸痛与身心疲惫正产生惩罚性效果的初期阶段。当然，对于成功的锻炼者来说，疲劳和肌肉酸痛也能成为某种特定的正强化物——良好锻炼效果的一种提示信息。个人可以同时选用多种强化技术——与完成任务相关的愉快事件、积极的自我陈述、自我表扬、想象场景的内隐强化、物质奖励等。此外，通过借助于某些技术手段（如室内运动的大面积墙面镜）来观察自己的行为表现，也能获得某种强化效果。在实施计划的整个过程中，个人都应以一种简洁的形式做好记录，并将这种记录贴在书桌或床头等显要位置，以便自己每天都能看到自己正在取得的进步。这样做，将能有效激励自己对既定目标的坚持。

4. 学习管理

自我完善实质上是一种自我发现式的学习，而有效的学习管理能极大地提高学习的效率与效果。因此，提高管理学习的能力，应该成为自我完善的重要目标。

在制订一个完善的学习管理计划之前，个人必须搞清楚自己在学习活动中到底是如何安排时间的。为此，个人需要认真观察自己的学习活动，并及时做好记录。①个人需要记录自己处于学习情境中的时间与真正用于学习的时间，以便弄清楚自己在学习活动中的时间分配，从而推断出自己的学习效率。很多人将可能会发现，自己真正用于学习的时间其实只占自己处于学习情境中时间的极小比例。②个人需要记录与学习相关的其他情况，如自己所采用的学习方法，自己的学习技能变化等。显然，如果个人能够不断改善自己的学习方法与学习技能，那么，自己的学习效率将会变得越来越高，自己的学习效果将会变得越来越好。③个人需要记录自己处于学习情境中的非学习行为及其后果，如自己本打算学习，结果却在看电视或与朋友聊天等。显然，如果个人能够有效管理好自己的非学习活动，那么，他就有可能更有效地管理好自己的学习活动。

学习管理的一个基本策略，就是要对自己的学习活动进行有效的前提控制。实证研究表明，以下四种方法对于前提控制十分有效：

(1) 时间表。以星期为单位，给自己有规律的学习制订出时间表，并且精确记录自己每天的完成情况。

(2) 目标的自我提醒。每天提醒自己合理利用时间，并不断做出改进。

(3) 合理组织所有活动。个人应对自己每天应做之事列出一张清单，并按事情的轻重缓急进行排序，然后以此为据安排自己一天的活动。

(4) 自我指令。用自我指令的方式强化自己的目标意识将会有助于个人更好地完成它们。

学习管理的另一基本策略，就是要善于运用强化。强化对于学习新行为的建立至关重要。事实上，高效的学习者的一个显著特点，就在于他们掌握了某些自我强化技能，并懂得如何对自己的学习行为及时进行强化。在没有形成良好的学习习惯之前，强化显得尤为重要。当学习受到阻碍时，强化是提高学习效率的最有效手段。强化的方法很多，如，通过将学习与愉快的事情建立起联系的方式就能获得某种强化效果。

5. 社会交往

个人所存在的一些社会交往障碍（如无法与人相处、害羞、社交焦虑、缺乏社交技能等）将对个人开展正常的社交活动产生严重的负面影响。显然，个人必须克服这些障碍方能与人建立起助益性的人际关系，从而为个人成功创造良好的外部条件。

在制订专门的自我完善计划之前，个人首先必须通过自我观察与自我记录找到自己的社交障碍，并以此为据确立自己的自我完善目标；然后围绕这些目标制订出相应的自我完善计划；最后将计划付诸实施。

有社交障碍的人常常回避某些特定的社交情境。为此，个人必须找到那些诱发不良反应的社交情境（如结识新人、与陌生人交谈、成为他人注意的焦点、在众人面前发言或被人评价等），并制订出相应的前提控制策略。控制社交前提的方法很多，如自我指令就是一种有效的前提控制工具，积极的自我指令常常可以帮助个人有效地改善社交情境。

克服社交障碍的关键在于找到与社交障碍不兼容的替代性反应，如更少关注自己或更多关注他人就是与害羞表现不兼容的替代性反应；放松练习是与社交焦虑不兼容的替代性反应等。严重的社交焦虑者往往存在某些消极的自我陈述与自我暗示，为此，个人必须设法找到它们，然后再用积极的自我陈述与自我暗示来替代消极的自我陈述与自我暗示。当然，如果人际关系实在过于令人苦恼，回避也不失为一种暂时性的替代反应。此外，建立良好的社交新行为离不开社交技巧的运用，如将注意力集中于他人身上、从他人感兴趣的话题开始、学会倾听、态度真诚、换位思考、保持与他人的目光接触、放松练习等。

最后，个人必须学会使用强化策略。强化适用于一切社交活动。而任何时候，惩罚都不应成为一种人际交流方式。人际间的许多问题往往都是先从某一方的惩罚行为开始的。惩罚刺激对方报复，最终将会形成恶性循环，直至双方关系的彻底破裂。打破这种恶性循环的最有效方法就是逆向操作，然后强化这种行为。如请求对方帮自己一个小忙，并借此向对方表达感谢，然后再表达自己的善意与友好等。

三、自我实现与目标实现

成功包括目标确定、目标坚持与目标实现三个基本要素，或者说，个人成功需经历目标确定、目标坚持与目标实现三个阶段。在成功的三个基本要素中，个人更为看重的往往是最后一个要素——目标实现。因为只有当个人真正实现了自己的预定目标之后，他才算是真正地获得了圆满的成功。目标实现是个人成功的根本性标志。

个人成功或自我实现是过程与结果的内在统一。目标实现意味着个人借由成功的过程获得了成功的结果。显然，只有现实的成功——目标实现才能真正确证个人的自我能力，并且彰显个人的存在价值。也只有当个人真正实现了自己的预定目标之后，他才可能真正体验到一种自我实现感。实际上，个人每实现一个目标，都是一次成功的自我实现。正是从这个意义上讲，我们说，目标实现与自我实现具有内在的同一性。

另外，系统的成功（广义的成功）是由相互耦合的一系列成功（狭义的成功）所共同促成的。因此，每一次目标的实现不仅从结果上确证了个人的一次成功，而且还将为个人实现下一个目标创造良好的前提条件。事实上，个人的每一次目标实现不仅能为个人的下一次成功创造有利的前提条件，而且还将为个人对下一个目标的坚持提供有效的激励与直接的强化。目标的实现意味着个人长期的目标坚持与持续的自我努力终于有了一个理想的结果，并且获得了良好的回报，因而，个人不仅能够从目标的实现中获得一种自我效能感，而且还能够从这种阶段性目标或局部性目标的实现中获得一种基于阶段性成功或局部性成功的自我实现感。

由于系统的个人成功是由若干阶段性成功或局部性成功所共同促成的，而每一次阶段性成功或局部性成功都能为个人带来一种自我实现感。因而，个人努力获取系统成功的过程，同时也就是个人持续地自我实现的过程。

第三节　自我实现的基本途径

个人的自我实现是具体的而不是抽象的，是现实的而不是虚幻的。个人的自我实现具体实现于个人的自我成长过程之中，并且需要由个人的现实生活来具体承载。事实上，个人每一次的具体成功都承载着个人的一次现实的自我实现。正是从这人意义上讲，我们说，从个人成功来考察个人的自我实现，或者从个人的自我实现来考虑个人成功，两者之间具有内在的同一性。

正常人的自我奋斗目标必然紧紧围绕着基本需求满足与健康自我形成这两条基本主线。然而，人的存在状态不同，人的基本需求满足与自我成长也会不同，从而导致个人所追求的生活目标也会相应地不同。虽然自我实现的具体方式很多，但从根本上讲，个人的自我实现主要通过寻求基本需求的有效满足以形成一个健康的自我，同时，致力于不断改善现实的自我存在状态。

一、致力于形成健康的自我

致力于寻求基本需求的有效满足以形成一个健康的自我，既是人的自我成长内在基本趋向，也是人性的内在基本诉求。健康自我形成以个人自由选择与自我主导为基本前提，以自我全面发展为根本途径，以自我创造力为主要标志。自我的健康成长，也就是要实现自我的和谐发展。而自我的和谐发展，也就是要在个人自由选择与自我主导下实现自我的全面发展。一个自我全面发展的正常人，必然同时也是一个极具自我创造力的人。总之，个人只有实现自我自由，并在自我主导下努力形成一个健康的自我，才能充分激发自己的自我潜能，并实现自我的全面发展。也只有这样，个人才会变得更具自我创造力，并且才能最终达到自我成长的终极目标：自我实现。

事实上，每一个正常人都具有趋向健康并实现自我的内在动机。基本需求的有效满足是健康自我形成的基本前提。人的基本需求越是能够得到合乎健康原则的有效满足，人的内在心理与外在行为就越有可能向着健康自我形成与自我实现的方向发生积极而有意义的改变。如，变得更具表达性和亲社会性。个人行为越是变得更具自发性和亲社会性，就越易引发他人的相应积极反应，进而促成助益性人际关系的形成。

从自我成长的角度来看，健康自我形成与自我实现是完全内在一致的。个人的自我实现，实际上就是个人在自我价值体系引导下的自我成长；而个人的自我成长，实际上就是个人在向着自我成长终极目标不断前进的持续的自我实现。当个人回归真实的自我，并建立起了助益性的人际关系之后，个人的健康自我就会更易形成；而一个自我日趋健康的正常人，将会更加容易达到自我成长的终极目标：自我实现。

总之，自我成长内在基本趋向就是要形成一个健康的自我，而系统的个人成功就是要在确保自我健康成长的前提下达到自我成长的终极目标——自我实现。

二、致力于寻求基本需求的有效满足

基本需求满足是个人成功的内在根本动力。显然，个人必然会终生追求衣食无忧、居有定所、自我安全、情有所归、受到承认与尊敬、有所偏好、自我实现等。事实上，任何正常人在成功获取各类基本需求的满足之后，都会不同程度地体验到一种原初的生命存在感。这是一种最基本的自我实现感，但恰恰是这种最基本的自我实现感最有助于自我的健康成长。人的行为不善，往往源于基本需求被剥夺所导致的自我实现感的缺失而形成的一种自我障碍。假如人的基本需求能够得到及时而有效的满足，人的行为不善现象就会大大减少，人的自我潜能就能更正常地发展，自我也就更能自发地向着自我成长的终极目标前进。

（1）基本需求满足与健康自我形成之间存在着确定性的内在因果关系。

首先，基本需求的有效满足是健康自我形成的基本前提。一般情况下，个人最想要的往往也是对自己最有益的。基本需求为人所必需，因而，基本需求的有效满足也就最能促进自我的健康成长。事实上，任何一次基本需求的有效满足，都是一次促进自我健康成长的良好机会。普遍的临床研究表明，当食、衣、住、性、安全、情感、尊严、偏好、自我实现基本需求等都能得到有效满足时，人的各项生理机能往往能够发挥得更好，如自我感觉更加灵敏、个人思维更加敏捷，生理上患各种疾病的概率也大大降低。由于人的基本需求的满足是整个自我的满足，相应的，基本需求满足对于人的自我成长的促进也必然是对整个自我的健康成长的促进，而非仅仅只是对自我的某一部分的健康成长的促进。基本需求的满足越充分、全面，它对健康自我形成的促进效果就会越广泛、明显。显然，在其他条件完全相同的情况下，一个安全、情感基本需求都能得到有效满足的人，会比一个只有安全基本需求或情感基本需求能够得到有效满足的人更为健康。依此类推。

（2）自我健康者往往得益于自我成长早期阶段极少受到基本需求满足的被剥夺或被威胁，或源于对基本需求满足的被剥夺或被威胁所导致的不良后果的成功克服。在人的自我成长早期阶段，基本需求的有效满足对于个人一生的成长都至关重要。一个幼年时期基本需求一直得到充分满足的人将能发展出一种承受基本需求暂时性匮乏的超强能力，并且这种能力还将慢慢积淀而发展成为积极的自我人格的一部分，最终将促进个人成长成为一个更加完整、统一、独立与坚强的人。而自我的完整、统一与人格的独立、坚强反过来又会进一步提高个人忍受基本需求暂时性匮乏的能力。当然，基本需求匮乏本身也有助于提高个人对于基本需求匮乏的适应力与忍耐力，如那些长期被迫忍饥挨饿的人更能忍受食物的匮乏。然而，这两种“能力”的性质是完全不同的。究竟哪一种能力所发挥的作用更大一些，存在着较大的个体差异性。

（3）基本需求的有效满足与人的一般性优秀品质的形成也密切相关。研究表明，幼年时的基本需求满足与成年后的良好性格形成之间存在着内在的、本质的、必然的联系。事实上，健康成年人的许多优秀品质都是幼年时基本需求能够得到有效满足的一种必然结果。如基本需求满足能让人体验到更多积极、健康的情绪，这对于个人形成积极、乐观的性格至关重要。

三、致力于改善自我存在状态

人的基本需求能否得到有效满足，健康自我能否最终形成，取决于人的自我存在状态能否得到持续改善。个人追求系统成功的过程，或者说，个人追求自我实现的过程，实际上，也就是个人致力于不断改善自我存在状态的过程。

人的存在状态是由多种因素所综合促成的，其中，决定性的因素有三个：社会基础、经济基础与自我成长。个人致力于不断改善自我存在状态，也就是要致力于不断改善自己的经济基础、不断完善自己的社会性人际关系、不断促进自我的进一步成长。人的存在状态由低到高依次分为生存存在层次、生活存在层次与价值存在层次。在不同的存在状态，个人所拥有的经济基础、社会基础以及自我成长水平完全不同，相应的，个人的主导基本需求以及基本需求的满足方式也会完全不同。

然而，无论个人处于何种存在状态，个人的现实存在都必须遵循本然存在的基本规律。人的本然存在基本规律体现为个人持续地追求自我的健康成长。本然存在的实质不是按照预定的程式或外在决定的绝对的或终极性的“理性”命令去存在和生活，而是按照人的本然要求去存在和生活。本然存在的目标旨在使自我远离抽象的“理性”规范而重回人类存在的自觉意识，它呵护的是人的自由本性，并为自我生成不断注入新的生活灵性，不断提供着生命的终极关怀。这种本然存在的生活是人的自我生成与自我发展的自然显现与本然澄明，它着眼于促进人的内在本性的自然舒展与自由展开，而不是要对自我成长进行无端的“理性”干预或“理性”引导；它致力于追求人的自由个性与自我解放，而不是屈从于某种外在权威，并受其胁迫；它的目光投向的是能够从中寻求到生命意义与存在价值的现实生活，而不是旨在追求某种抽象的、虚幻的“理性”生活。

个人遵循本然存在基本规律，意味着个人处于不同存在状态将会追求不同的自我存在目标。当个人处于生存状态时，个人主要追求自我生存。此时，个人的所有存在性活动必然紧紧围绕着这一目标的最终实现而具体展开。当个人越过生存威胁的严酷约束而进入生活状态之后，个人主要追求自我幸福。此时，个人的所有存在性活动也必然紧紧围绕着这一目标的最终实现而全面展开。事实上，幸福生活并不只是人生的一个方面，它实际上就是个人的整个人生。因为，即使处于生存状态或价值状态，个人也渴求幸福。显然，如果存在着却并不快乐，那么，人又何必拼死努力以求得自身的存在呢?

显然，人的一切社会性活动并不只是仅仅为了保存生命并寻求快乐，尽管保存生命与寻求快乐也是自我存在的最基本与最重要目标。除此之外，人还渴望着体验生命的意义与存在的价值，亦即人天生具有一种实现自我的内在渴求。这种对生命意义或存在价值的自我实现的渴求，就是人的价值需求。无论人对价值需求的自我觉醒程度如何，也无论人所处社会文化背景如何，人的价值需求始终存在着，因为渴望充分发挥并充分体现作为一个独特生命存在体的自身价值，是人性的最基本诉求。尽管不同的人在对待人生目标的态度上存在着差异，但是，任何正常人都必然具有相同的价值追求：自我潜能的充分发挥、主观价值的意义导向、存在价值的实现体验。

价值存在状态以生活存在状态为基础，它是对生活状态的进一步丰富与拓展。事实上，两者之间很难截然分开，因为两者业已融为一体。显然，每个人都有自己心目中的理想生活，而个人的理想生活必然完全契合于自己的价值诉求。正是个人的价值需求强烈地驱动着个人不断地去追寻自己心中的梦想，不断地去寻求自己真正想要的理想生活。自我就在这一过程中得到了最充分的发展，存在价值就是在这一过程中得到了最充分的彰显，生命意义就是在这一过程中得到了最充分的体现。

人的存在状态可进一步区分为现实存在状态与理想存在状态。现实存在状态是个人的实际存在状态，它是现实条件所能提供给个人的或者现实条件允许个人达到的存在状态；理想存在状态是个人自我建构并期望达到的存在状态，它为个人寻求基本需求的进一步满足与健康自我的进一步形成确立了奋斗的目标，并指明了前进的方向。一般情况下，个人的现实存在状态与理想存在状态之间并不完全一致。正是这种不一致引发了个人经常性的内心冲突与成长焦虑；却也为个人的自我发展指明了前进的方向。个人致力于追求成功人生的过程，实际上也就是个人致力于不断实现自我现实存在向自我理想存在持续逼近的过程，同时，也就是个人持续的自我实现的过程。

第四节　自我实现的境界

自我实现是自我成长的终极目标。然而，个人所追求的自我实现并非是一种终极的静止状态，而是一个不断变化发展的运动过程。随着自我的进一步成长，个人将会不断地迈向更高层次的自我实现。与此同时，个人的自我成功观念也将发生相应的变化。具体来说，个人的自我实现需历经如下三重境界：

一、发展自我

发展自我就是要充分发展并有效发挥自我潜能，人的自我实现首先意味着能够充分发展并有效发挥自我潜能。个人系统成功的基本目标就是要成长成为一个独特化的“人”，而人的自我潜能是独特化的“人”的内在根本依据。因此，个人追求系统的成功，首先表现为个人要致力于充分发展并有效发挥自我潜能。

希望自我潜能能够得到不断的发掘、展现或表达，是人的一种内在基本诉求；同时，它也是自我人性的一个有机组成部分。人的自我潜能十分巨大，自我实现就是要在顺应自我天性的基础上不断发展并有效发挥自身潜能，以最终达到自我的内在和谐、完整与自由，亦即最终形成一个独特的自我。事实上，正常人都希望能更好地发掘自身潜能、充分地利用个人天赋来实现自我理想，都希望自己的一生能获得更大的发展，并取得更大的成功。虽然正常人都具有充分实现自我的内在潜力，然而，只有极少数人能够充分发展并有效发挥自我潜能。究其原因，除了受到环境的严厉制约之外，个人没有充分意识到自身所蕴含着的巨大潜能也可能是其中最重要的原因。因此，个人追求自我实现，首先要求个人能够充分意识到自身所蕴藏着的巨大潜能，并在此基础上寻找到适合自己的最有效方式来充分地发展并有效地发挥自我潜能。

个人要实现自我的全面发展必须遵循自我本性，而非违背自我本性。“人的需要亦即人的本性”，在需要满足上不仅体现了人的生物本性，而且体现了人的社会本性。事实上，人的自我全面发展本身就隐含着人的需要能够得到全面而有效满足这一基本前提。

自我潜能的充分发展与有效发挥最有益于个人的健康自我形成，而健康自我形成反过来又会从根本上激发个人的自我创造力，进而促进自我潜能的更充分发展与更有效发挥。这样，就在健康自我的形成与自我潜能的发展与发挥之间形成了一种良性循环。正是由于自我潜能的充分发展与自我创造力的充分表达为个人成功创造了良好的条件，从而使得个人有可能从自我成功中体验到一种存在的价值感和生命的意义感，亦即个人的自我价值感建立在其自我潜能能够得到充分发展与有效发挥的基础之上。也只有当个人的自我潜能够得到充分发挥时，他才可能赢得广泛的社会认同与尊敬，从而彰显其自我存在的价值。

二、实现自我

个人获取成功的人生，也就是要在全面完善自我的基础上充分地实现自我。个人以自我实现为最终目标、以自我完善为基本途径、以自我潜能的充分发展与有效发挥为主要方式的自我成长的过程，也就是个人的本质力量得以不断确证的过程。实现自我，就是要充分地体现自我价值。从某种意义上讲，人的自我实现实际上也就是人的自我价值的实现。亦即自我实现除了要充分发展与有效发挥自我潜能以形成一个独特的自我之外，还包括确立自我价值体系以寻求自我的存在价值与生命意义。实际上，追求生命意义与存在价值同成为独特的自我，两者之间完全内在一致。

实现自我的基本前提是个人必须能够确立起一个自我价值体系。当自我成长到一定阶段时，个人最迫切的需要就是确立起一个自我价值体系。自我价值体系是人的内在精神支柱，有了它，人的生命就不会再迷失方向，人的生活就不会再百无聊赖，人的精神就不会再无所依归。事实上，个人最大的痛苦莫过于自我精神支柱的缺失或崩溃。自我价值体系的确立将赋予个人一种强烈的责任感和使命感，它能将个人的所有日常生活按照某种确定的内在逻辑有机地统一起来。当然，人的自我价值体系的确立并非一个孤立的事件，它同人的基本需求满足、人的存在状态改善、人的自我成长等密切相关。事实上，人的自我价值体系的形成是人的基本需求、自我存在状态与自我成长等多种因素综合作用的结果。

自我价值体系的建构源自个人偏好，确立自我价值体系的过程实际上也就是一个以个人偏好为导向的自我形成的过程：个人的特有潜质产生特有偏好，进而促成了独特的自我价值体系的形成。正是由于人的偏好差异造成了人对自我、文化和世界认知的差异，进而导致了人的价值体系的差异。个人如此，其实，社会文化亦如此。文化差异实质上是每种文化都只选择了人类文化可能性集合中的一部分来予以发展所形成的一种必然结果。既然人的自我价值体系的确立过程是一个以个人偏好为导向的自我价值的建构过程，那么，只有当自我价值的建构完全秉承自我偏好而非受制于内外强制力时，自我价值体系才会真正契合于自我本性。也惟其这样，个人才会忠诚于自己的价值观，并且才可能在自我成长的过程中持续地体验到一种存在的价值感与生命的意义感，从而不断促进自我的健康成长。也正因为如此，我们说，自我实现与健康自我形成具有内在的同一性。在人的自我实现过程中，或者说，在人的健康自我形成过程中，当自我潜能被不断激发出来并得到充分发挥时，个人将能持续地从现实生活中体验到生活的乐趣，这样的自我成长过程实际上也就是一个享受美好生活的过程，同时也是一个不断确证自我存在价值与生命意义的过程。

人类的价值创造活动是多种多样的——既包括原始人制造和使用工具，也包括现代的流水化作业；既包括农作物的种植和加工，也包括科学研究与艺术创造……正是在价值创造的过程中，人类展现出了不同于动物的本质特性，并且确证了自身的本质力量与存在价值。个人只有通过不断展现自我的本质力量，才能逐渐获得一种对于自身存在价值的肯定性评价。个人对生活的满足感和幸福感往往就来自于个人对自身存在价值的肯定性评价的自我体验之中。

总之，当一个正常人确立起了一个自我价值体系，并且专注于自我价值的实现时，他最能充分发展并有效发挥自我潜能，从而使得自我能够达到一种最少障碍、最有组织的最高效率状态，同时能够表现出极强的环境适应能力，最终能够充分地实现自我。

三、超越自我

自我实现的最高境界，就是要实现对自我存在的不断超越。最高层次的自我实现意味着个人对自己的人生有了一种超越性的感悟与体认，并将这种超越性的感悟与体认转化成为了个人的一种自觉的生活实践与人生追求。所谓个人对自己的人生有了一种超越性的感悟与体认，是指个人已经获得了一种终极性的人生情怀——个人对生命的意义、存在的价值、人在宇宙中的地位等事关存在的一些根本性问题的追问与探索有了一种终极性的圆满解答，并能从中获得一种终极性的感悟、体认、崇尚与慰藉。

人的最伟大之处就在于人能够不断地超越自己。个人实现对自我存在的超越，也就是要求个人能够跳出自我本身，并且超越自我本身——能够从整个世界乃至宇宙的视野来看待自我存在与人生命运，能够充分认识并且充分尊重与欣赏他人乃至宇宙万物的存在性价值，能够将自我与整个世界乃至宇宙万物融为一体。也只有当个人能够真正超越狭隘的自我时，他才能真正地实现自我内在的和谐。而一个处处以自我为中心的人，其自我情怀必将因此而变得越来越狭隘、越来越自私，其个人生活也必将会因此而变得越来越单调、越来越乏味。如果个人没有机会实现并超越自我，他就会越来越趋向于形成一个小我。小我实质上是各种形态的他人的内化，而非一个基于自我充分发展与充分实现的独特的自我。

总之，为了充分发展并有效发挥自我潜能，个人必须忠实于自我本性，并且致力于形成一个独特的自我。为此，个人必须倾听自我内在的声音，并且勇于展现真实的自我。个人要努力弄清楚自己到底是什么样的人，到底喜欢什么、不喜欢什么，到底希望探索什么，到底希望成为什么等。在此基础上，选择自己真正偏爱并真正适合自己的自我实现方式。只有这样，个人才算是遵从了自我本性，才能够从根本上确保自我的健康成长。对于任何一个正常人来讲，形成一个健康的自我是第一位的。因为只有形成了一个健康的自我，个人才会在生活的各个方面表现出创造力。也只有在形成了一个健康的自我的前提下，个人才不会绝对地以自我为中心，并且固执于自我；相反，他会不断地完善自我、不断地发展自我、不断地实现自我，并且不断地超越自我。

参考文献

［1］伏羲，周文王．周易［M］．沈阳：万卷出版公司，2009.

［2］黄帝，岐伯．黄帝内经［M］．姚春鹏，译注．北京：中华书局，2010.

［3］黄元吉．道德经注释［M］．蒋门马，校注．北京：中华书局，2012.

［4］朱熹．四书集注［M］．海口：海南出版社，1992.

［5］荀况．荀子校释（上、下册）［M］．王天海，校释．上海：上海古籍出版社，2005.

［6］刘向．管子精解［M］．北京：海潮出版社，2012.

［7］冯友兰．中国哲学史（上、下册）［M］．上海：华东师范大学出版社，2011.

［8］黄金南，等．系统哲学［M］．台北：东方出版社，2012.

［9］魏宏森．系统论：系统科学哲学［M］．世界图书出版公司，2009.

［10］范冬萍．复杂系统突现论［M］．北京：人民出版社，2011.

［11］邬焜．古代哲学中的信息、系统、复杂性思想［M］．北京：商务印书馆，2010.

［12］王耘．复杂性生态哲学［M］．北京：社会科学文献出版社，2008.

［13］佘振苏，倪志勇．人体复杂系统科学探索［M］．北京：科学出版社，2012.

［14］霍兰．隐秩序：适应性造就复杂性［M］．周晓牧，韩晖，译．上海：上海科技教育出版社，2011.

［15］亚里士多德．形而上学［M］．苗力田，译．北京：中国人民大学出版社，2003.

[16] 康德. 实践理性批判 [M]. 李秋零，译注. 北京：中国人民大学出版社，2011.

[17] 达尔文. 物种起源 [M]. 舒德干，等，译. 北京：北京大学出版社，2005.

[18] 达尔文. 人类的由来及性选择 [M]. 叶笃庄，杨习之，译. 北京：北京大学出版社，2009.

[19] 达尔文. 人类和动物的表情 [M]. 周邦立，译. 北京：北京大学出版社，2009.

[20] 李晓明. 人的基本需求与自我成长 [M]. 北京：中国财富出版社，2012.

[21] 格雷. 男人来自火星，女人来自金星 [M]. 于海生，译. 长春：吉林文史出版社，2007.

[22] 巴湘. 和谐论 [M]. 北京：世界知识出版社，2010.

[23] 贝曼. 萨提亚冥想：内在和谐、人际和谐与世界和平 [M]. 钟谷兰，译. 北京：中国轻工业出版社，2009.

[24] 普里戈金. 从存在到演化 [M]. 曾庆宏，严士健，马本堃，等，译. 北京：北京大学出版社，2007.

[25] 和什格图. 存在与价值 [M]. 北京：人民出版社，2011.

[26] 萨特. 存在与虚无 [M]. 陈宣良，等，译. 北京：生活·读书·新知三联书店，2012.

[27] 张田勘. 生命存在的理由 [M]. 北京：北京大学出版社，2011.

[28] 理查德·阿皮格纳内西，奥斯卡·扎拉特. 视读存在主义 [M]. 孙小龙，译. 合肥：安徽文艺出版社，2008.

[29] 罗素. 罗素说：快乐生活 [M]. 吴默朗，译. 北京：现代出版社，2010.

[30] 罗素. 罗素说：幸福人生 [M]. 吴默朗，译. 北京：现代出版社，2010.

[31] 沙哈尔. 幸福的方法 [M]. 汪冰，刘骏杰，译. 北京：当代中国出版社，2007.

[32] 王滟明，邹简. 哈佛积极心理学笔记：哈佛教授的幸福处方 [M]. 北

京：中国言实出版社，2011.

［33］华生，夏普．自我导向行为［M］．9 版．陈侠，钟小族，陈丽，译．北京：中国人民大学出版社，2009.

［34］郝宁．积极心理学：阳光人生指南［M］．北京：北京大学出版社，2009.

［35］许金声．通心［M］．北京：北京航空航天大学出版社，2008.

［36］许金声．人格三要素改变命运［M］．北京：北京航空航天大学出版社，2008.

［37］林语堂．人生不过如此［M］．西安：陕西师范大学出版社，2007.

［38］威特．卡尔·威特的教育［M］．刘恒新，译．北京：京华出版社，2001.

［39］傅敏．傅雷家书［M］．北京：生活·读书·新知三联书店，1990.

［40］戴尔·卡耐基．人性的弱点全集［M］．袁玲，译．北京：中国发展出版社，2008.

［41］戴尔·卡耐基．演讲的艺术［M］．王红星，译．北京：中国华侨出版社，2010.

［42］戴尔·卡耐基．卡耐基人性的忠告全集［M］．袁勤，等，编译．杭州：浙江人民出版社，2007.

［43］戴尔·卡耐基．战胜你的弱点［M］．常载厚，编译．北京：中国华侨出版社，2000.

［44］戴尔·卡耐基．人性的优点［M］．柳青，编译．海拉尔：内蒙古文化出版社，2001.

［45］戴尔·卡耐基．成功秘笈［M］．柳青，编译．海拉尔：内蒙古文化出版社，2001.

［46］孙庆和．乔瑟夫·摩菲博士潜意识成功学［M］．北京：中国物资出版社，1999.

［47］阿考斯，朗契尼克．病夫治国［M］．郭宏安，译．南京：江苏人民出版社，2005.

［48］斯腾伯格．超越 IQ——人类智力的三元理论［M］．俞晓琳，吴国宏，译．上海：华东师范大学出版社，2004.

[49] 斯腾伯格，格里格伦科．成功智力教学——提高学生的学习能力与学习成绩［M］．张庆林，等，译．北京：中国轻工业出版社，2002.

[50] 王本法，刘翠莲．从三元智力到成功智力——斯腾伯格对传统智力理论的两次超越［J］．南京师大学报：社会科学版，2008（4）：108－112，128.

[51] 周芳．10Q密码：决定人生成败的10把钥匙［M］．北京：人民邮电出版社，2011.

[52] 乔顺．赢商：注定成为赢家的10项指标［M］．北京：北京邮电大学出版社，2007.

[53] 罗宾．唤醒心中的巨人［M］．北京：中国城市出版社，2011.

[54] 安东尼·罗宾．激发无限潜能［M］．杨茂蒙，译．北京：中国城市出版社，2012.

[55] 丹尼尔·戈尔曼．情商：为什么情商比智商更重要［M］．杨春晓，译．北京：中信出版社，2010.

[56] 丹尼尔·戈尔曼．情商（实践版）［M］．杨春晓，译．北京：中信出版社，2012.

[57] 丹尼尔·戈尔曼．情商2［M］．魏平，等，译．北京：中信出版社，2010.

[58] 咸奎汀．情商决定孩子的未来［M］．毛旦旦，译．武汉：武汉出版社，2012.

[59] 斯坦，布克．情商优势：情商与成功［M］.3版．陈晶，顾天天，译．北京：电子工业出版社，2012.

[60] 大卫·阿迪科特．营造环境而非控制孩子：情商教育新主张［M］．卢文清，译．南京：江苏人民出版社，2013.

[61] 龚勋．AQ逆商［M］．北京：华夏出版社，2013.

[62] 龚勋．MQ德商故事［M］．重庆：重庆出版社，2012.

[63] 陈泰中．逆商——通向成功的挫折教育［M］．北京：中国经济出版社，2006.

[64] 罗伯特·清崎，莎伦·莱希特．富爸爸·穷爸爸［M］．萧明，译．海口：南海出版社，2011.

［65］罗伯特·清崎，莎伦·莱希特．富爸爸商学院［M］．萧明，译．海口：南海出版社，2011.

［66］罗伯特·清崎，莎伦·莱希特．富爸爸财富大趋势［M］．萧明，译．海口：南海出版社，2011.

［67］罗伯特·清崎，莎伦·莱希特．富爸爸成功创业的10堂必修课［M］．萧明，译．海口：南海出版社，2011.

［68］罗伯特·清崎，莎伦·莱希特．富爸爸年轻富有［M］．萧明，译．海口：南海出版社，2011.

［69］罗伯特·清崎，莎伦·莱希特．富爸爸年轻退休［M］．萧明，译．海口：南海出版社，2009.

［70］罗伯特·清崎，约翰·弗莱明，金·清崎．富爸爸21世纪的生意［M］．王戎，译．海口：南海出版社，2012.

［71］罗伯特·清崎．富爸爸不公平的优势［M］．宋宏宇，苑立文，译．海口：南海出版社，2012.

［72］罗伯特·清崎．富爸爸·富人的阴谋［M］．朱颖，译．海口：南海出版社，2010.

［73］金·清崎．富爸爸女人一定要有钱［M］．灵思泉，朱建英，译．海口：南海出版社，2011.

［74］罗伯特·清崎，埃米·清崎．富爸爸财务自由心灵富足［M］．刘思佳，译．海口：南海出版社，2011.

［75］达纳·佐哈，伊恩·马歇尔．灵商：人的终极智力［M］．王毅，兆平，译．上海：上海人民出版社，2001.

［76］梁勤．灵商——人类成功与幸福的缔造力［J］．决策咨询通讯，2007（3）：58－61.

［77］李宗吾．厚黑学全书［M］．南京：江苏文艺出版社，2011.

［78］朱津宁．美国厚黑学——人生必胜之道［M］．北京：中国友谊出版公司，1998.

［79］朱津宁．新厚黑学之爱Q［M］．北京：中国友谊出版公司，2004.

［80］朱津宁．精制新厚黑学（绘本）［M］．北京：中国友谊出版公司，2004.

[81] 朱津宁．新厚黑学 [M]．3 版．郑锦来，译．北京：中国友谊出版公司．2005.

[82] 意林图书编．管好你的羡慕嫉妒恨 [M]．长春：吉林摄影出版社，2011.

[83] 王极盛．心商 MQ——学生最新成功法宝 [M]．北京：工商出版社，1997.

[84] 王极盛．好心理 好成绩 [M]．桂林：漓江出版社，2011.

[85] 谢华真．健商 HQ——健康高于财富 [M]．北京：中国社会出版社，2001.

[86] 谢华真．儿童健商 [M]．北京：中国社会出版社，2009.

[87] 李放．思维诊所…洗脑 [M]．北京：中国档案出版社，2004.

[88] 单宝，李放．最优者生存的能力 [M]．北京：中国档案出版社，2004.

[89] 何名申．创新思维与创新能力 [M]．北京：中国档案出版社，2004.

[90] 李全起．创造能力与创造思维 [M]．北京：中国档案出版社，2004.

[91] 李全起．思维最省力原理试说 [J]．发明与革新，1994 (4)：14－15.

[92] 李全起．对创造与创新的再思考 [J]．科学中国人，2001 (7)：58－59.

[93] 许燕．21 世纪家庭教育主业：志商·情商·智商 [J]．21 世纪，1997 (6)：38－40.

[94] 许燕．让工作带来健康与幸福 [J]．中国记者，2005 (12)：63－64.

[95] 许燕，王芳，蒋奖．职业枯竭：研究现状与展望 [J]．西南师范大学学报，2006，32 (5)：7－11.

[96] 柳恒超，许燕．情绪研究的新趋向：从有意识情绪到无意识情绪 [J]．北京师范大学学报：社会科学版，2008 (6)：43－52.

[97] 崔自铎．人的意商：一个全新的概念 [J]．理论前沿，1999 (15)：6－7.

［98］崔自铎．人生哲学论纲［J］．江汉论坛，2007（4）：49－50.

［99］刘吉．胆商：人才素质的第三因素［J］．中国大学生就业，2002（9）：4－5.

［100］曹峻．情商德商创商［J］．四川教育，2001（1）：12.

［101］康怀远．中国成语中的成功学阐释［J］．重庆三峡学院学报，2003，19（4）：28－32.

［102］孙婧，张祥浩．中国哲学的成功论［J］．学海，2011（5）：183－186.

［103］刘英杰．哲学本性与人的本性［J］．学习与探索，2004（3）：24－26.

［104］夏从亚，盖立涛．从“认识你自己”到“成为你自己”——论人的生成维度、自由维度的开启［J］．学习论坛，2010，26（5）：60－63.

［105］李翠荣．人性和谐问题探究［J］．社会科学家，2010（12）：99－100，104.

［106］王登峰，黄希庭．自我和谐与社会和谐［J］．西南大学学报：人文社会科学版，2007，33（1）：1－7.

［107］陈红，杨芳侠．论二元论的生存理念与人的身心和谐［J］．学理论，2011（12）：35－36.

［108］刘翠娜．进化心理学地位追求模块的研究述评［J］．心理学探新，2008，28（4）：18－21，40.

［109］宋君卿，王鉴忠．职业生涯管理理论历史演进和发展趋势［J］．生产力研究，2008（23）：129－131.

［110］张方玉．幸福：人的全面发展的生活指向［J］．天府新论，2010（1）：36－39.

［111］苗元江，朱晓红．自我决定理论及其幸福感研究［J］．北京教育学院学报：自然科学版，2009，4（4）：6－9，49.

［112］何建华．信仰的生存论根源及儒学的现代价值［J］．伦理学研究，2009（4）：66－72.

［113］岳广垠．以人为本首先要研究人的需要［J］．商场现代化，2007（4X）：398.

［114］王双桥．论人的需要的特征［J］．湘潭大学社会科学学报，2002，26（6）：37-42.

［115］李颖．人的需要与人的解放［J］．求实，2008（12）：30-32.

［116］赵磊．人的问题研究理路简论［J］．山西师大学报：社会科学版，2008，35（4）：12-14.

［117］董亚旎．人的需要——社会发展的原动力［J］．安徽文学（下半月），2009（12）：378-379.

［118］彭晓辉．初论人的性需要多相系统层次结构说［J］．中国性科学，2004，13（4）：8-11.

［119］肖群忠．儒家为己之学传统的现代意义［J］．齐鲁学刊，2002（5）：5-9.

［120］刘峰．道家学派与斯多亚学派幸福观之比较［J］．湖南第一师范学报，2007，7（1）：69-70.

［121］蔡春玲．对幸福的哲学思考［J］．学术探索，2007（2）：7-10.

［122］王燕．国内外主观幸福感的研究进展［J］．科学对社会的影响，2007（2）：9-12.

［123］田若飞．国内外关于幸福的跨学科研究综述［J］．上海教育科研，2007（7）：31-34.

［124］李志，谢朝晖．国内主观幸福感研究文献述评［J］．重庆大学学报：社会科学版，2006，12（4）：83-88.

［125］任志洪，叶一舵．国内外关于主观幸福感影响因素研究述评［J］．福建师范大学学报：哲学社会科学版，2006（4）：152-158.

［126］张忠仁．积极心理学的幸福能力观［J］．理论界，2006（5）：140-141.

［127］卢娟．几种幸福观的科学理解［J］．科学之友，2005（11）：85-86.

［128］肖崇好，谢亚兰．控制感与主观幸福感关系的研究［J］．中国健康心理学杂志，2007，15（6）：514-516

［129］张晚林．论儒家对幸福问题的解决［J］．中南大学学报：社会科学版，2005，11（3）：289-293.

[130] 孙英. 论人生目的 [J]. 浙江社会科学, 2002 (4): 112-116.

[131] 孙英. 论幸福本性 [J]. 思想战线, 2002 (2): 26-29.

[132] 孙英. 论幸福的实现 [J]. 学习与探索, 2003 (3): 27-30.

[133] 皮家胜. 论幸福是人生的终极目的 [J]. 江汉论坛, 2003 (8): 34-37, 101.

[134] 万黎, 夏凌翔. 试论幸福感与健全人格的关系 [J]. 西南师范大学学报: 人文社会科学版, 2004, 30 (6): 19-21.

[135] 曾飞, 黄维德. 收入和幸福间关系研究 [J]. 华东经济管理, 2006, 20 (7): 154-158.

[136] 邢占军, 黄立清. 西方哲学史上的两种主要幸福观与当代主观幸福感研究 [J]. 理论探讨, 2004 (1): 32-35.

[137] 李儒林, 张进辅, 梁新刚. 影响主观幸福感的相关因素理论 [J]. 中国心理卫生杂志, 2003, 17 (11): 783-785.

[138] 徐维东, 吴明证, 邱扶东. 自尊与主观幸福感关系研究 [J]. 心理科学, 2005, 28 (3): 562-565.

[139] 乔岩岩, 郭建新, 张小兵. 《内经·上古天真经》中的自我实现思想内涵浅析 [J]. 中医药学刊, 2001, 19 (6): 586-587.

[140] 潘美意. 个性全面发展理论与自我实现理论比较与评析 [J]. 广东广播电视大学学报, 2001 (3): 73-76.

[141] 陈朝新, 潘美意. "人的全面发展"学说和"自我实现"理论的比较研究 [J]. 玉林师范学院学报: 哲学社会科学, 2005, 26 (6): 81-85.

[142] 汪信砚. 社会理想与人的全面发展 [J]. 社会科学, 2003 (2): 79-84.

[143] 郑剑虹, 黄希庭. 西方自我实现研究现状 [J]. 心理科学进展, 2004, 12 (2): 296-303.

[144] 洪胜杓. 先秦儒家人论的现代价值 [J]. 东岳论丛, 2002, 23 (5): 127-129.

[145] 陈益. 小成成于勤 大成成于嬉 [J]. 内蒙古师范大学学报: 教育科学版, 2005, 18 (10): 16-18.

[146] 李新生. 艺术教育与人的全面发展 [J]. 教育探索, 2004 (3):

76 - 78.

［147］张陆，佐斌．自我实现的幸福——心理幸福感研究述评［J］．心理科学进展，2007，15（1）：135 - 139.

［148］卜长莉．自我实现的人——马斯洛的健康人格模型［J］．北华大学学报：社会科学版，2002，3（4）：36 - 39.

［149］周帆，王登峰．人格特质与外显自尊和内隐自尊的关系［J］．心理学报，2005，37（1）：100 - 105.

［150］孙晓敏，薛刚．自我管理研究回顾与展望［J］．心理科学进展，2008，16（1）：106 - 113.

［151］王益明，金瑜．自我管理研究述评［J］．心理科学，2002，25（4）：453 - 456，464.

［152］胡伟希．生命与休闲［J］．新视野，2003（5）：73 - 74.

［153］刘艳，邹泓．自我建构理论的发展与评价［J］．心理科学，2007，30（5）：1272 - 1275.

［154］辜垣尧．自我设限动力及相关研究［J］．学理论，2009（14）：62 - 63.

［155］陈建文，王滔．自尊与自我效能关系的辨析［J］．心理科学进展，2007，15（4）：624 - 630.

［156］倪凤琨．自尊与攻击行为的关系述评［J］．心理科学进展，2005，13（1）：66 - 71.

［157］刘皓明，张积家．自尊结构研究的发展趋势［J］．心理科学进展，2004，12（4）：567 - 572.

［158］吴明证，梁宁建，孙晓玲，等．自尊水平与自尊稳定性的关系：完美主义的中介作用［J］．应用心理学，2008，14（4）：324 - 329.

［159］贺善侃．理想人格和人生价值［J］．上海师范大学学报：社会科学版，2001，30（3）：31 - 35.

［160］王德军．从旅游看人的生存超越性［J］．兰州学刊，2006（12）：80 - 82.

［161］高绍君．存在论视域中的人的价值［J］．湖南文理学院学报：社会科学版，2004，29（2）：11 - 15.

[162] 豆宏健．基于个人成长和自我实现的创造性——卡尔·罗杰斯的创造观［J］．甘肃联合大学学报：社会科学版，2006，22（4）：110－113.

[163] 马捷莎．论人的自我实现［J］．黑龙江社会科学，2007（1）：51－54.

[164] 郑国铎．实践唯物主义的自我实现论纲［J］．山西师大学报：社会科学版，2002，29（2）：16－19.

[165] 冯川．儒家自我实现观在今天面临的挑战［J］．云南大学学报：哲学社会科学版，2002，1（1）：24－28.

[166] 张含宇．三重驱动的人际信任机制［J］．西安交通大学学报：社会科学版，2006，26（3）：29－33.

[167] 黄炎平．深层生态伦理的理论基础［J］．中州学刊，2002（5）：157－160.

[168] 张士才，丛大川．自我实现型人格是新时期的理想人格［J］．理论探讨，2003（3）：45.

[169] 孙锐．试论宗教的人生价值观［J］．学术探索，2003（6）：16－18.

[170] 王云．试论古希腊人生价值观的现世向度［J］．济南大学学报，2007，17（4）：57－60.

[171] 张雨海，陈泽新．儒家人生价值观的认同与批判［J］．长春大学学报，2001，11（5）：47－50.

[172] 彭伟忠．人生价值的结构［J］．华南师范大学学报：社会科学版，2006（4）：129－131.

[173] 彭伟忠．人生价值的根据和本质探析［J］．华南理工大学学报：社会科学版，2006，8（4）：6－10.

[174] 葛巧玉．人生价值层次初探［J］．安阳大学学报，2002（2）：72－89.

[175] EKMAN P. Handbook of Cognition and Emotion［M］. UK Sussex：John Wiley & Sons，Ltd，1999.

[176] DAMASIO A R. The Feeling of What Happens：Body and Emotion in the Making of Conscious［M］. New York：Harcourt Brace，1999.

[177] LEDOUX J. The Emotional Brain: The Mysterious Underpinnings of Emotional Life [M]. New York: Simon & Schuster, 1996.

[178] ROLLS E T. The Brain and Emotion [M]. Oxford, UK: Oxford University Press, 1999.

[179] GOODALE M A, MILNER M A. Sight Unseen: An Exploration of Conscious and Unconscious Vision [M]. Oxford, UK: Oxford University Press, 2004.

[180] PERUSSE D. Cultural and Reproductive Success in Industrial Societies: Testing the Relationship at Proximate and Ultimate Levels [J]. Behavioral and Brain Sciences, 1993, 16: 267-322.

[181] MEALEY L, DAOOD C, KRAGE M. Enhanced Memory for Faces of Cheaters [J]. Ethnology and Sociobiology, 1996, 17: 119-128.

[182] STEMBERG R J. The Theory of Successful Intelligence [J]. Review of General Psychology, 1999, 3 (4): 292-316.

[183] STEMBERG R J. The Rainbow Project: Enhancing the SAT Through Assessments of Analytical, Practical and Creative Skills [J]. Intelligence, 2006, 34 (4): 321-350.

[184] WINKIELMAN P, KNUTSON B, PAULUS M, et al. Affective Influence on Judgments and Decisions: Moving Towards Core Mechanisms [J]. Review of General Psychology, 2007, 11 (2): 179-192.

[185] RUSSELL J A. Core Affect and the Psychological Construction of Emotion [J]. Psychological Review, 2003, 110 (1): 145-172.

[186] LAMBIE J A, MARCEL A J. Consciousness and the Varieties of Emotion Experience: A Theoretical Framework [J]. Psychological Review, 2002 (109): 219-259.

[187] WINKIELMAN P, BERRIDGE K C, WILBARGER J L, et al. Unconscious Affective Reactions to Masked Happy Versus Angry Faces Influence Consumption Behavior and Judgments of Value [J]. Personality and Social Psychology Bulletin, 2005, 31 (1): 121-135.

[188] TELLEGEN A, LYKKEN D T, BOUCHAND T J, et al. Personality Similarity in Twin Reared and Together [J]. Journal of Personality and Social Psy-

chology, 1998, 54 (6): 1031 -1039.

[189] RIM Y. Happiness and Coping Styles [J]. Personality and Individual Difference, 1993, 14: 617 -618.

[190] SUH E. Culture, Identity Consistency and Subjective Well-being [J]. Journal of Personality and Social Psychology, 2002, 83 (6): 1378 -1390.

[191] DIENER E, BISWAS-DIENER R. Will Money Increase Subjective Well-being? [J]. Social Indicators Research, 2002, 57: 119 -169.

[192] SHELDON K M, ELLIOT A J, et al. Self-concordance and Subjective Well-being in Four Cultures [J]. Journal of Cross-culture Psychology, 2004, 35 (2): 209.

[193] KENNON M S, TIM KASSER. Goals, Congruence and Positive Well-being: New Empirical Support or Humanistic Theories [J]. The Journal of Humanistic Psychology, 2001, 41 (1): 30.

[194] ROBERT CUMMINS. Personal Income and Subjective Well-being: A Review [J]. Journal of Happiness Studies, 2000 (6): 133 -158.

[195] KWAN C M L, LOVE G D, RYFF C D, et al. The Role of Self-enhancing Evaluations in A Successful Life Transition [J]. Psychology and Aging, 2003, 18 (1): 3 -12.

[196] ROBERT W L. Toward A Unifying Theoretical and Practical Perspective on Well-being and Psychosocial Adjustment [J]. Journal of Counseling Psychology, 2004, 51 (4): 482 -509.

[197] NORMAN P LI. Mate Preference Necessities in Long-and Short-Term Mating: People Prioritize in Themselves What Their Mates Prioritize in Them [J]. Acta Psychologica Sinica, 2007, 39 (3): 528 -535.

[198] LORIG K R, HOLMAN H R. Self-Management Education: History, Definition, Outcomes and Mechanisms [J]. Annual of Behavioral Medicine, 2003, 26 (1): 1 -7.

[199] GREGG J A, CALLAGHAN G M, HAYES S C, et al. Improving Diabetes Self-management Through Acceptance, Mindfulness and Values: A Randomized Controlled Trial [J]. Journal of Consulting and Clinical Psychology, 2007,

75 (2): 336 -343.

[200] CROCKER J, PARK L E. The Costly Pursuit of Self-esteem [J]. Psychological Bulletin, 2004, 130 (3): 392 -414.

[201] FRANK R, DE RAEDT, JAN DE HOUWER. Implicit but not Explicit Self-esteem Predicts Future Depressive Symptomatology [J]. Behavior Research and Therapy, 2007, 45 (10): 2448 -2455.

[202] STRACK F, DEUTSCH R. Reflective and Impulsive Determinants of Social Behavior [J]. Personality and Social Psychology Review, 2004, 8 (3): 220 -247.

[203] HOFMANN W, FRIESE M, STRACK F. Impulse and Self-control from A Dual-systems Perspective [J]. Perspectives on Psychological Science, 2009, 4 (2): 162 -176.

后　记

每一个正常人都渴望成功，每一个正常人都渴望自己能够拥有一个成功的人生。然而，到底“什么是成功?”“什么是成功的人生?”，并不是每一个人都能全面而准确地回答这些问题。如果个人不能全面而准确地回答这些问题，他就很难在自己的现实生活中更快、更好地成功，最终也就难以获得一个成功的人生。

一般情况下，人们所理解的所谓成功，通常是指个人在某一特定事项上取得了成功——个人“实现了自己想要达到的预定目标”。显然，这种“成功”所强调的只是个人在某一局部性事项或阶段性任务上取得了成功，而并不是指个人的整个人生的成功。显然，这是一种狭义的成功。狭义的成功是一种短期的、局部的、单项指标意义上的成功，而不是一种长期的、整体的、指标体系意义上的成功。诚然，个人取得短期的、局部的、单项指标意义上的成功也很重要。然而，如果这些短期的、局部的、单项指标意义上的成功不能实现相互耦合，并且有效地整合成为一个有机统一的整体的话，它对于成功人生的促进作用将是十分有限的。

换言之，为了获得一个成功的人生，个人必须从长期性、整体性、指标体系意义上来理解个人成功，或者说，必须从系统的角度来理解个人成功。系统的个人成功是一种短期成功与长期成功高度统一、局部成功与整体成功有效耦合、单项指标实现与指标体系实现相互依存意义上的成功。个人追求系统的成功，也就是要追求一个成功的人生。

当然，系统的个人成功是一个十分复杂的问题，它是内外各种因素综合作用的结果。获取系统的个人成功更是一项十分复杂的系统工程，它需要个人对自己的整个人生进行系统思考，并在此基础上做出系统规划、付出系统努力。

以往的成功学理论往往偏重于从技术层面上来对某一成功要素进行研究，而缺乏对个人成功的系统分析。诚然，就某一个或某一类成功要素进行深入研究十分必要。但是，如果不对个人成功以及决定个人成功的相关因素进行系统分析，就无法构建起一个科学的成功学理论体系。显然，用这种片面的成功学理论来指导个人获取成功人生的伟大实践，将势必难以获得理想的效果。或许，这正是成功学理论体系至今无法建立起来，并且无法为人们所广泛接受的内在根本原因。

本书旨在能够从根本上改变成功学理论研究的这一现状。本书以系统理论为基础，对个人成功进行了深入研究，全面回答了“什么是成功”“什么是成功的人生”这些成功学的基本理论问题。本书的研究成果能够帮助那些渴望成功却又不能正确理解成功与成功人生的年轻学子们尽快摆脱自我内心的困惑。显然，个人只有搞清楚“什么是成功”“什么是成功的人生”这些成功学的基本理论问题，他才可能尽早确立起自己的成功人生观，个人的自我成长与人生追求才可能少走许多弯路。当然，本书对于那些一直没有思考过这些问题，或者说，一直没有想清楚这些问题的成年朋友来讲，也将大有裨益。它能帮助他们更好地理解成功、更好地理解人生，最终将能有助于他们获得一个成功的人生。

总之，搞清楚“什么是成功”“什么是成功人生”这些成功学的基本理论问题，对于个人来说至关重要。显然，只有当个人能够全面而深刻地理解并正确地回答这些问题之后，他才可能自觉地从系统成功的高度来思考自己的人生，从而合理而有效地确立自己的人生目标以及自我成长的各阶段性目标，并将各阶段性目标与人生总目标有机地统一起来。一旦个人确立起了自己明确而坚定的人生目标以及自我成长的各阶段性目标，并且执着而持久地坚持自己的目标，个人就会在自己的现实生活中持续地获得阶段性的成功或局部性的成功，最终，将能获得一个自己想要的成功人生。

李晓明

2013 年 2 月